AF721490

Kohlhammer

Dieter Wagner

Moden und Mythen im Personalmanagement

Verlag W. Kohlhammer

Umschlagabbildung: AkosHorvathWorks – stock.adobe.com

1. Auflage 2026

Gesamtherstellung: W. Kohlhammer GmbH, Heßbrühlstr. 69, 70565 Stuttgart
produktsicherheit@kohlhammer.de

Print:
ISBN 978-3-17-046049-2

E-Book-Formate:
pdf: ISBN 978-3-17-046050-8
epub: ISBN 978-3-17-046051-5

Vorwort

Liebe Leserin und lieber Leser,

getreu dem Ausspruch des Schauspielers und Buchautors Joachim Meyerhoff ist es fraglich, wann es wieder so sein wird, »wie es nie war« (Meyerhoff 2015). Man kann aber auch sagen: »Vieles wird als neu, d.h. als niemals Dagewesenes verkauft, was es schon früher trotzdem schon einmal gab.«

Damit sind wir bei den Moden und Mythen im Management angelangt, wobei das Personalmanagement mit seinen Verknüpfungen zur Organisation und zur Führung hier im Vordergrund stehen soll. Natürlich gibt es immer wieder gravierende Veränderungen insbesondere im technologischen und im politischen Umfeld. Menschen verändern sich hingegen nicht so stark. Und vielleicht ist es trotz allem die Sehnsucht nach dem Bewahrenden, das uns als neu erscheinende Mode attraktiv scheint, weil es ja alle machen.

Ich bedanke mich beim Kohlhammer-Verlag, insbesondere bei Herrn Uwe Fliegauf und Herrn David Jäger, für die tatkräftige Unterstützung und für den Rat, kein (neues?) wissenschaftliches Werk zu schreiben, sondern ein Sachbuch.

Ich bedanke mich aber auch bei meiner lieben Ehefrau Traudi, die geduldig und auch manchmal etwas genervt meine permanenten, schon lange andauernden Workaholic-Phasen erduldet hat, trotz eigenem Beruf und Haushalt, unseren Kindern und Enkelkindern, und mich dabei häufig mit ihrem gesunden Menschenverstand auf den Boden der Tatsachen zurückholte, wie es der kleine Junge in dem Märchen von des »Kaisers neuen Kleidern« gemacht hat.

Potsdam, im Frühling 2026

Dieter Wagner

Inhalt

Wozu dieses Buch?

Zweifellos sind die technologischen Veränderungen seit Beginn der Industrialisierung bis heute gravierend. Und dies wird so bleiben. Das gilt sowohl für die Fertigungs-, aber auch immer mehr auch für die Informations- und Kommunikationstechnologien.

Gravierende Änderungen gab es im 19. Jahrhundert durch das Aufkommen des Kapitalismus und dem damit einhergehenden Imperialismus, später durch die Konflikte zwischen Kapitalismus und dem sich diktatorisch entwickelnden Sozialismus. Heute kommt das globale kapitalistische Wirtschaftssystem an seine Grenzen: Erstens trägt die derzeitige Regierung der USA zur Auflösung des regelbasierten Wirtschaftens ebenso bei wie der durch die Kommunistische Partei staatlich gelenkte Kapitalismus in China. Die sog. Blockfreien Staaten sind einerseits skeptisch gegenüber dem sich freiheitlich gebenden Westen und tendieren andererseits wegen erlebter Enttäuschungen tendenziell ins Lager Chinas und Russlands. Insbesondere Indien und Brasilien stehen hier derzeit »zwischen den Stühlen«.

Technologischer Fortschritt und Wirtschaftswachstum haben nun in vielen Ländern in Abhängigkeit vom jeweiligen Wirtschaftssystem zu entsprechenden Verwaltungsbürokratien geführt und zur Entwicklung von Unternehmen unterschiedlicher Größen mit zunehmender Konzentration, auch international. Industriebürokratien sind die Folge, die ebenfalls gesteuert werden müssen. Gleichzeitig zeigt die Verleihung des Nobelpreises für Wirtschaft im Jahre 2025, dass nachhaltiges Wachstum auf Innovationen beruht, welche im Erfolgsfall zur Verdrängung traditioneller Technologien führen.

In den mit der Bürokratie kämpfenden Organisationen sind Menschen tätig mit unterschiedlichen Führungs- und Ausführungsfunktionen. Um erfolgreich und wirkungsvoll arbeiten zu können, gibt es vielfältiges Expertenwissen und wissenschaftliche Erkenntnisse, die fortlaufend zunehmen.

Hierbei wird oft der These gefolgt, dass die Personen sich nicht so schnell verändern können und wollen, wie die Umwelt es erfordert. »Reduktion von Komplexität« ist die Devise. Dies birgt wiederum die Gefahr in sich, dass man zum »schrecklichen Vereinfachen« neigt und auch zur fehlenden Reflexion, was bereits frühere Erfahrungen betrifft. Insofern entsteht die Gefahr, dass sich Moden entwickeln, weil »alle es so machen wollen« und zu Mythen über die Erfolgsträchtigkeit des Machens und des radikalen Änderns bis hin zur Abschaffung.

Im Folgenden sollen entsprechende Entwicklungen auch anhand historischer Rückblicksbetrachtungen dargestellt und reflektiert werden. Dabei kann schon jetzt festgestellt werden, dass auch Pendelbewegungen zu beobachten sind, wo entweder der (krisenbezogene) Sachzwang oder die Rücksicht auf (vermeintlich) humane Zwänge und Zöpfe im Vordergrund stand und steht.

I
Zwölf Thesen zu Moden und Mythen im (Personal-)Management

Eine ernsthafte Beschäftigung mit dem Phänomen des Managements geht auf die Anfänge der Industrialisierung zurück. Davor sprach man eher von Manufakturen als von Fabriken; dabei ist »Management« ein angloamerikanischer Ausdruck, der in der Industrialisierungsphase entstand und sich dann insbesondere nach dem Zweiten Weltkrieg ausbreitete. Zugleich bestand immer ein enges Wechselverhältnis zwischen Wirtschaft und Verwaltung (vgl. Kocka 2024).

So gab es immer wieder Pioniere, welche sich mit Verwaltungsreformen beschäftigten. Hier ist z. B. bereits Napoleon mit seinen Reformen im Staatsrecht zu nennen, aber auch Stein und Hardenberg, welche nach der Niederlage Preußens durch Napoleon mit dazu beitrugen, dass der preußische und später der Staat im Deutschen Reich effizienter wurden. Allgemein kann man wohl sagen, dass reformerische Überlegungen zur staatlichen Verwaltung früher ansetzten als praktische und theoretische Überlegungen zur sinnvollen Strukturierung von Industriefabriken.

Insgesamt kann man bereits im 19. Jahrhundert von beträchtlichen Veränderungen in Verwaltung und Wirtschaft sprechen, insbesondere ab der zweiten Hälfte, und dabei, was die Industrialisierung betraf, zunächst in England und dann auf dem Kontinent. Im Folgenden soll zunächst ein thesenhafter Überblick zu den vielfältigen Veränderungen und den entsprechenden Auswirkungen erfolgen.

1. Seit Beginn der Industrialisierung ist die reale Welt immer komplexer und dynamischer geworden

Sicherlich hat die Erfindung der Dampfmaschinentechnologie, der Elektrizität sowie der Fortschritt in der Chemie, z. B. im Bereich synthetischer Farben und der Entwicklung bahnbrechender Arzneimittel (z. B. gegen Cholera und andere ansteckende Krankheiten), die mit unzureichender Hygiene zusammenhingen, zu wesentlichen Veränderungen beigetragen: so entstanden im 19. Jahrhundert Stadtteile, in denen die neu benötigten Arbeitskräfte wohnten bzw. hausten. Der Verkehrssektor entwickelte sich mit Eisenbahnen, Straßenbahnen und Automobilen.

Man muss aber auch feststellen, dass diese bahnbrechenden Veränderungen jeweils eine gewisse Zeit benötigten, bis sie durch weitere Innovationen ergänzt oder abgelöst wurden. Hinzu kam, dass die neuen Produkte, die nun angeboten wurden und offensichtlich auf viele unbefriedigte Kundenbedürfnisse stießen, in immer größeren Regionen verkauft wurden, die wiederum verkehrstechnisch immer besser erschlossen wurden.

Insgesamt ist festzustellen, dass sich der technische Fortschritt im Laufe der Jahre bis heute immer mehr beschleunigte. Insofern ist von einer steigenden Dynamik die Rede, die mit einer zunehmenden Komplexität einhergeht (► Dar. I.1). Einerseits umfassten bestimmte Entwicklungen mehrere Jahrzehnte wie z. B. die chemischen Innovationen, die mit der Kohle und anderen Rohstoffen zusammenhingen und später die sogenannte Erdölchemie betrafen, die bis heute dominiert und nun zum Teil durch alternative, tendenziell nicht fossile Rohstoffe substituiert wird. Andererseits vollziehen sich die Veränderungen in der Informations- und Kommunikationstechnologie in immer schnellerem Maße, einhergehend mit immer kleineren und kapazitativ umfassenderen Bauteilen, immer stärkerer globaler Vernetzung und zunehmender künstlicher Intelligenz.

Komplexität und Dynamik sind das eine, zunehmende Globalisierung kommt noch hinzu. Auch wenn z. B. aktuell Zölle und Gegenzölle wieder einmal zunehmend eingeführt werden sollten, um laut Donald Trump angebliche Wettbewerbsverzerrungen zu korrigieren, haben der Welthandel und die internationalen Interdependenzen in den vergangenen Jahrzehnten stetig zugenommen.

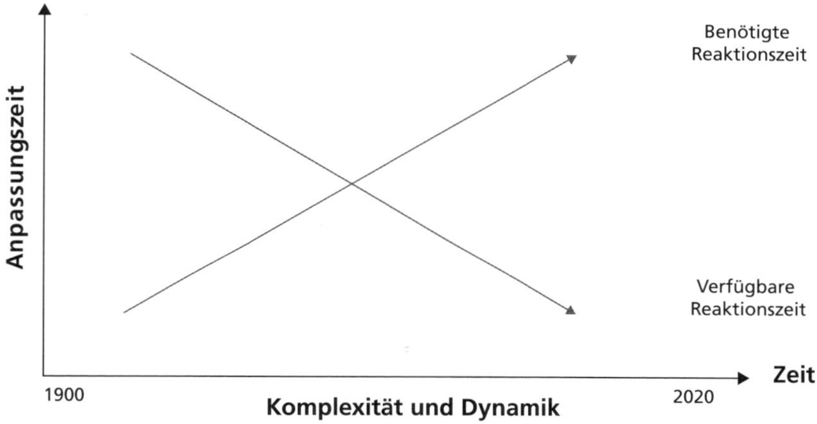

Dar. I.1: Zeitschere: (Idee: Knut Bleicher) weniger Zeit, um Veränderungen umzusetzen

Andererseits ist ungewiss, wann und wo es zu abnehmenden Entwicklungen und Ablösungen kommen kann. Deshalb ist heute zusammenfassend von der »VUCA-World« (Johansen 2012) die Rede, bestehend aus den Anfangsbuchstaben von

- Volatile schwankend
- Uncertain unsicher
- Complex kompliziert
- Ambiguous mehrdeutig

Vieles ist also nicht mehr so, wie es einmal war, und es ist nicht garantiert, dass vieles weiterhin bleiben oder sogar wiederkommen wird. Imperialistische Tendenzen und Verstöße gegen Regeln mit der Macht des Stärkeren sind aktuell wieder en vogue. Deshalb entstehen Unsicherheiten und Ängste, die im politischen Raum immer stärker populistisch ausgenutzt werden. Der steigende Wohlstand und global zeitweilig abnehmende und jetzt wieder zunehmende Hungersnöte (Mose 2025) können nicht darüber hinwegtäuschen, dass es regional zu nicht hinnehmbaren oder gar grausamen Entwicklungen kommt, der Klimawandel zunehmend unsere natürlichen Ressourcen gefährdet und damit auch das Wohlstandsniveau.

2. Durch zunehmende Vernetzungen und Interdependenzen werden nahezu alle Lebensbereiche weltweit erfasst.

Insgesamt haben wirtschaftliche Verflechtungen und technologische Entwicklungen dazu geführt, dass die globalen Vernetzungen und Interdependenzen ständig zugenommen haben. Geblieben sind allerdings unterschiedliche Wirtschaftssysteme und unterschiedliche politische Vorstellungen zur politischen Steuerung (Demokratie oder Diktatur) bei einer beängstigenden Tendenz zu autokratischen und populistischen Herrschaftsstrukturen in fast allen Erdteilen unserer Welt sowie unterschiedlichen Wertvorstellungen und tolerierten oder bekämpften Erscheinungsformen abweichenden Verhaltens.

Trotz zunehmendem Wohlstand insgesamt bzw. positiven wirtschaftlichen Entwicklungen in vielen Ländern wie auch z. T. in Afrika und Südamerika haben Kriege, Hungersnöte und klimatische Katastrophen gleichzeitig zugenommen und führen zu massiven Flüchtlingsströmen sowohl aus politischen als auch aus wirtschaftlichen Motiven. Hierbei fällt auf – wie der technologische Fortschritt bei den Kommunikationstechnologien zeigt –, dass international weitreichende Kommunikationen zeitnah erfolgen können, denn auch die Vernetzung hat zugenommen. Technischer Fortschritt und klimatische Veränderungen begleiten also diese Entwicklung. Gewarnt wurde aber schon vor fünfzig Jahren, z. B. von Dennis Meadows 1972 im Auftrag des Club of Rome (Meadows 1972).

3. Seit den Verlautbarungen des Clubs of Rome von 1972 werden die Grenzen des Wachstums immer wieder diskutiert – mit welcher Wirkung?

Halten wir fest: mittlerweile wohnen auf der Erde 7 bis 8 Milliarden Menschen. Ohne Kriege und Klimakatastrophen könnten eigentlich alle (noch) ernährt werden (Moser 2025). Offensichtlich sind nun aber tatsächlich Grenzen erreicht, die insbesondere auf den menschengemachten Raubbau an natürlichen Ressourcen zurückzuführen sind. Andererseits besteht in nahezu allen »entwickelten« Ländern aus demografischen Gründen ein zunehmender Bedarf an Fach- und Führungskräften. Auch in Afrika nimmt nun langsam der Bevölkerungszuwachs ab. Prognosen zeigen, dass in ca. 50 Jahren insgesamt eine Stagnation der Erdbevölkerung eintreten kann.

In dem 1972 erschienenen Buch von Dennis Meadows über die »Grenzen des Wachstums« spielten die Endlichkeit des Ressourcenverbrauchs und auch das Bevölkerungswachstum die entscheidende Rolle. Lange Zeit wurde danach auf vielen Tagungen und Kongressen für ein qualitatives Wachstum geworben, ohne dass Entscheidendes geschah. Allerdings sorgt die Natur nun selbst für Limitationen durch zunehmenden Starkregen, Erdrutsche und Hitzewellen einerseits, aber auch durch eine doch nun zu erwartende Stagnation und eine darauf hoffentlich folgende Abnahme des Bevölkerungswachstums (Dreyer 2024).

Die Folgen des demografischen Wandels haben inzwischen alle relevanten Wirtschaftsnationen erreicht, dabei auch China und die USA. Unterschiede bestehen hier allerdings bezüglich des Durchschnittsalters, weil insbesondere in Japan und Deutschland die Abnahme der Geburtenzahlen schon recht früh begonnen hatte.

Obwohl fossile Brennstoffe nach wie vor rege abgebaut werden, und in den USA sogar im Rahmen der Politik von Präsident Trump weitere Steigerungen zu erwarten sind, ist dennoch nicht zu verkennen, dass erneuerbare Energien, die durch Windräder und Solarzellen (Photovoltaik) gewonnen werden, kostengünstiger sind als der Abbau von Kohle und mittelfristig der Einsatz von Gas. Umstritten ist, ob moderne Kernkrafttechnologien zukünftig noch eine Chance haben. Einerseits würde die Umwelt vordergründig entlastet, andererseits ist die Endlagerproblematik noch nicht gelöst.

Umgekehrt sind noch weitere Innovationen erforderlich, um erneuerbare Energien längere Zeit speichern zu können. Auch der Einsatz von Wasserstoff und die Produktion von Brennstoffzellen stoßen noch an Probleme bezüglich Effizienz und Wirkungsgrad. Es ist also hier noch viel zu tun, um tatsächlich von fossilen Rohstoffen unabhängig zu werden. Fatal wäre es insbesondere, wenn der diesbezügliche Transformationsprozess stockt oder mittendrin abgebrochen würde. Allerdings ist der Energiehunger in China so groß, dass dort einerseits fossile Rohstoffe weiter benötigt werden, aber dieses Land andererseits zum Vorreiter bei der Solar- und der Windenergie geworden ist.

Innovationen sind abhängig von gut ausgebildetem, kreativem Personal. Hier besteht nun ein zunehmender Bedarf in allen Ländern mit einer alternden Bevölkerung, auch wenn der technische Fortschritt hinsichtlich Elektromobilität und künstlicher Intelligenz weniger Arbeitskräfte erfordern mag. Grenzen des Wachstums sind nun eben doch in bestimmten Bereichen zu erkennen, auch wenn Dennis Meadows es sich anders vorgestellt hat.

Wirtschaft, Verwaltung und Gesellschaft befinden sich also auf einem Scheideweg. Einerseits ist es nicht unrealistisch, dass unsere Erde ihrer Flora und Fauna beraubt und wir Menschen wie einst die Saurier aussterben werden. Andererseits bestehen immer noch Chancen, das Schlimmste abzuwenden und durch radikale (disruptive) Innovationen die Weichen für eine Welt zu schaffen, die den Nachhaltigkeitszielen der UN entspricht. Hierzu gehören (Griggs et al. 2013):

- eine Welt ohne Hunger
- eine Welt ohne Armut
- gesundes Leben für alle
- hochwertige Bildung durch lebenslanges Lernen
- Gerechtigkeit der Geschlechter
- nachhaltige Bewirtschaftung von Wasser und Abwasser
- Zugang zu nachhaltiger und zeitgemäßer Energie
- inklusives und nachhaltiges Wirtschaftswachstum
- weniger Ungleichheit zwischen den Staaten
- nachhaltige Stadtentwicklung
- nachhaltige Konsum- und Produktionsmuster
- Bekämpfung des Klimawandels und seiner Auswirkungen
- Schutz und Erhaltung der Ozeane und Meere
- Schutz und Erhaltung der Landökosysteme
- Frieden, inklusive und justizfeste Institutionen sowie freier Zugang dazu
- globale Partnerschaft für nachhaltige Entwicklung stärken

Dazu kann man nur sagen: »Träumen wir noch oder: Wann leben wir schon so?«

4. Innovationen vielfältiger Art sind nötig, damit die Nachhaltigkeitsziele profitabel erreicht werden und zum (globalen) Wachstum beitragen.

Die Nachhaltigkeitsziele können zwar einerseits Innovationen verzögern; etwa, wenn traditionelle Geschäftsmodelle offenkundig geschützt werden sollen. Sie können aber auch zu neuen Innovationen herausfordern, wie es bei der zurzeit aktuellen Entwicklung moderner Speichergeräte und Batteriesysteme, neuartiger Recyclingverfahren etc. der Fall ist.

Hier kommt der Art der staatlichen Lenkung und Förderung große Bedeutung zu: Wie das aktuelle Beispiel der Trump-Regierung in den USA zeigt, wird nun die Entwicklung des Fracking wieder gefördert. Entscheidend ist dabei seine Profitabilität. Wenn gleichzeitig die E-Mobilität in den meisten Ländern gefördert würde oder erneuerbare Energien bereits stark vertreten sind, wäre das zweifelhaft. Aber, wenn gleichzeitig beim Fracking auch die Gasförderung steigt und in Europa bzw. in Deutschland mehr Flüssiggas nachgefragt wird, ist womöglich das Gegenteil der Fall und die Elektromobilität wäre dann gefährdet.

Insofern fallen Innovationen nicht einfach vom Himmel. Entscheidend ist immer, welcher Bedarf in Wirtschaft und Gesellschaft besteht oder sich entwickelt, und ob stabile wirtschaftliche Erfolgsaussichten bestehen. Diese Prognosen können dann mit der Nachhaltigkeit in Konflikt geraten.

Somit besteht das übergeordnete Ziel im gesellschaftlichen Zweck (Purpose) und einer Versöhnung von ökonomischen und ökologischen Interessen weltweit. Entscheidend ist dabei das Zusammenspiel von Wirtschaft, Politik und Verwaltung, um den Forschergeist wirksam zu fördern und Anreize zu setzen.

5. Traditionen als Vorgänger von Mythen

Moden sind sicherlich ein Produkt der weiter oben beschriebenen VUCA-Welt. Sie wechseln relativ häufig, wie man das recht anschaulich bei der Textil-Mode verfolgen kann. Dagegen sind Traditionen und Baustile langlebiger. Im Falle der katholischen Kirche können sie Jahrhunderte lang dauern. Aber der Reformstau ist dann auch offensichtlich.

Baustile wie Romanik, Gotik, Renaissance, Barock, Neoklassizismus konnten die Jahrhundertlänge durchaus noch locker überschreiten. Bleibt man bei diesem Thema, dann wird deutlich, dass Dokumentation und Kommunikation eine wichtige Rolle gespielt haben, etwa im Zusammenhang mit Berufen, die in abgeschotteten Zünften zusammengeschlossen waren, und die ihre Regeln und ihre geheimen Rituale und Fertigkeiten in hohem Maße mündlich überliefert haben. Bauzeichnungen und statische Berechnungen gab es sehr wohl. Sie waren aber auch nur schwer zu vervielfältigen und benötigten bis zu ihrer Fertigstellung wesentlich mehr Zeit als heute. In den Klöstern waren unzählige Mönche und Nonnen damit beschäftigt, Ursprungstexte abzuschreiben.

Mit dem Fortschritt in der Baukunst, der nicht zuletzt auch mit wandernden Gesellen und Meistern zusammenhing, und mit der Erfindung des Buchdrucks und von Druckmaschinen beschleunigten sich diese Prozesse. Und es war z. B. in der Gotik möglich, mit dem fortgeschrittenen Know-how Kathedralen zu bauen mit neuartigen Pfeilern und Fenstern, die höher und lichtdurchlässiger waren als die romanischen Vorgänger.

Auf diese Weise änderte sich der Baustil; Gotik war z. B. moderner als Romanik. Und da es wandernde Fachleute gab, die im Rahmen ihrer Zünfte in anderen Regionen unterwegs waren und reiche Städte oder Kirchenbezirke entstanden, die es sich leisten konnten und letztlich schöner sein wollten als die anderen, wurden die Neuerungen nachgeahmt.

6. Wie und warum sind »Moden« entstanden?

Moden sind kurzlebiger als Traditionen. Gleichwohl können Traditionen weiterhin längere Zeit für eine Mode stilbildend wirken. Unser Thema ist unweigerlich mit folgenden Phänomenen verbunden (► Dar. I.2).

- naturwissenschaftlich-technischer Fortschritt ermöglicht neuartige Fertigungsverfahren und Verwaltungsprozeduren auf Massenbasis
- es bilden sich professionelle Berufsgruppen heraus, die zunehmend an wissenschaftlichen Lehranstalten ausgebildet werden und sich neben dem Forschungs-Know-how mindestens genau so stark für die Anwendung in der Praxis interessieren.
- Im Gefolge dieser Arbeitsteilung von Forschung und Transfer entstehen lukrative Berufsfelder für Beratung und Training. Dabei können diese Berufsfelder

durchaus forschungsbasiert sein. Nur auf lange Sicht ist es schwierig, beides gleichzeitig gut zu machen

- Last but not least sollten die Rezepte der Berater und Trainer möglichst stark duplizierbar sein. Dies senkt die Kosten und befriedigt den weiter oben bereits beschriebenen Nachahmungstrieb einerseits und ist dann ein lukratives Geschäftsmodell für die Anbieter andererseits.

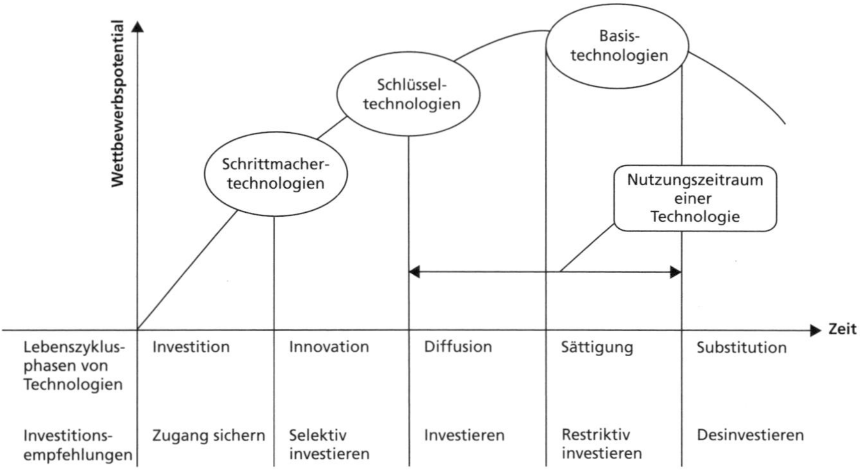

Dar. I.2: technologischer Wandel im Zeitablauf (Schmeisser 2010, S. 46)

7. Immer wieder wird versucht, Bürokratisierung und Größenwachstum einzudämmen: Die Erfolge sind ernüchternd.

Die bisherige Entwicklung in Politik, Wirtschaft und Verwaltung in allen sogenannten Industriestaaten hat inzwischen zu vielfältigen bürokratischen Verwerfungen geführt. Dies gilt unabhängig davon, ob es sich um ein demokratisch oder ein autokratisch verfasstes Land handelt. Allerdings besteht insofern ein gewaltiger Unterschied, weil in einer Demokratie eine funktionierende Justiz als dritte Gewalt existiert, in der man insbesondere in den Bereichen des Privat-, des Gesellschafts- und des Öffentlichen Rechts (Verwaltungsrecht) seine Rechte geltend machen kann. Eine Bürokratie in einer Diktatur ist also niemandem zu wünschen. Bürokratie in einer Demokratie ist somit auch schützenswert!

U.a. Karl Marx hatte recht, dass erfolgreiche kapitalistische Unternehmen wachsen (müssen), einerseits, um sich bietende Chancen am Markt zu nutzen, aber auch, um steigenden Preisen und Kosten durch Ausnutzung von Größenvorteilen entgegenzuwirken (Sombart 1909). Im Gefolge davon kommt es zu Konzentrationserscheinungen und zur Herausbildung von Oligopolen und Monopolen. In realsozialistischen Systemen bildeten sich Kombinate, welche in Größe und Bürokratisierungsgrad den Konzernen in der Marktwirtschaft in nichts nachstehen, abgesehen von hybriden Riesenunternehmen in kommunistisch-marktwirtschaftlichen Systemen wie in China, welche insbesondere im Bereich Telekommunikationsindustrie, Social Media und Bezahlsysteme auch international erfolgreich sind.

Die Bürokratie in der öffentlichen Verwaltung ist sowohl für Privatpersonen als auch für die Wirtschaft gleichermaßen von Bedeutung; werden doch durch sie Aktivitäten auf allen Ebenen und in allen Bereichen beeinflusst. Allerdings muss man stets im Auge behalten, dass Bürokratie primär nicht Selbstzweck ist, sondern in der Regel gut gemeint ist. Wenn vielleicht auch manches Mal zu gut. Zu bedenken ist auch, dass z.B. viele Gesetze und Verordnungen, die etwa dem Schutz der Natur dienen, umfangreiche, komplexe Beantragungs- und Abrechnungsmodalitäten mit sich bringen, welche z.B. Landwirte, Freiberufler oder Industriebereiche zeitlich und finanziell übermäßig beanspruchen.

Entscheidend dürfte das Bild sein, dass man in den Verwaltungen, aber auch im Parlament von den Bürgern hat: handelt es sich um eine Misstrauens- oder um eine Vertrauensorganisation? Wieso gibt es z.B. nicht mehr Pauschalregelungen? Ein weiteres Problem liegt darin, dass der Nachholbedarf in Deutschland dazu führt, dass zunächst einmal, wie aktuell im Gesundheitssektor (etwa die elektronische Patientenakte) oder in der Finanzverwaltung (E-Rechnungen und E-Belegwesen), Hard- und Softwareinvestitionen erforderlich sind, die manche Personen finanziell oder vor allem technisch überfordern können. Sicherlich ist nach einiger Zeit mit einem Rationalisierungsgewinn zu rechnen, falls nicht immer wieder neue Modifikationen dazu kommen, aber zunächst wird der subjektiv gefühlte Bürokratisierungsgrad noch gesteigert. Insofern ist dem nun endlich in Deutschland eingerichteten Digitalisierungsministerium viel Erfolg zu wünschen (Rudzio 2025).

Während im öffentlichen Sektor Verwaltungsvereinfachungen häufig mit Zentralisierungsmaßnahmen einhergehen, z. B. bei Reformen der Kommunalverwaltung, was zu weiteren Wegen führt, falls man nicht doch digital kommunizieren kann, versucht man es im privaten Sektor u.a. mit Flexibilisierungs- und Individualisierungsmaßnahmen, etwa mit der rechtlichen Verselbständigung von Tochterunternehmen (Jann 2025).

Die Konzentrationstendenzen werden allerdings häufig nicht davon berührt. Allerdings ist festzustellen, dass viele Unternehmen angesichts ihres sich ausfächernden Produktprogramms ihre Organisationsstruktur immer wieder an die Markterfordernisse anpassen (► Dar. I.3). Das führt zwar durchaus für eine kurze Zeit zu einer gewissen Entbürokratisierung. Häufig verschafft es aber nur vorübergehende Verschnaufpausen im Kampf gegen die Bürokratisierung (Pichler 2024).

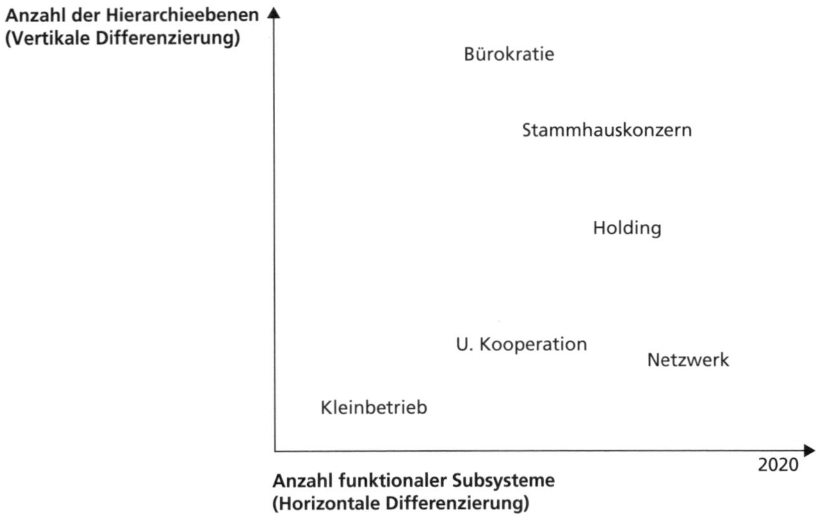

Dar. I.3: Entbürokratisierung durch mehr Marktnähe (nach Macharzina/Wolf 2010, S. 543)

Wird das Produktportfolio zu groß, zu unübersichtlich oder schwerer beherrschbar, sind Ausgliederungen zu beobachten, die zu neuen Börsennotierungen führen können. Dies war z. B. beim Siemens-Konzern und der Abspaltung des Halbleiterproduzenten Infineon zu beobachten oder aktuell bei Thyssen-Krupp, wo man die Stahlsparte sanieren muss und man sich deshalb von bislang lukrativen Geschäftszweigen, wie z. B. der Aufzugssparte, getrennt hat.

Es kann aber auch vorkommen, dass die Kartellbehörden eine Entflechtung vorschreiben. Dies geschah in den USA vor vielen Jahren beim Telefonriesen Bell und ist bei Google Inc. zu beobachten, wo vom US-Justizministerium der Biden-Regierung eine zu große Marktmacht unterstellt wird. Allerdings ist fraglich, ob diese Linie von der aktuellen Trump-Administration weiterverfolgt wird.

Als Fazit kann konstatiert werden, dass wie bei der Hydra in der griechischen Sage oder bei bestimmten Pflanzen, die geteilt wurden, immer wieder neue Köpfe nachwachsen, so dass nach einer gewissen Zeit das (internationale) Größenwachstum weitergeht. Die Gesamtorganisation wächst also weiter. Die Bürokratie bleibt bestehen.

8. Regelmäßig wurde durch Berater und Managementgurus versucht, neue Managementkonzepte zu ersinnen, um dem beschriebenen Wandel angemessen zu begegnen.

Wenn wir uns nun auf die Zeitspanne von den Anfängen der Industrialisierung bis heute und in die in etwa absehbare Zukunft konzentrieren, dann hat es immer wieder innovative und ehrgeizige Köpfe gegeben, durch welche Innovationen entstanden sind. Dazu gehören sicherlich auch ein visionäres Denken und Fantasie für das Machbare und das sich Lohnende und letztlich auch etwas »Glück des Tüchtigen«.

Nach meiner Ansicht spielte zunächst die naturwissenschaftliche und die technische Entwicklung eine ausschlaggebende Rolle. Dabei kam es vor etlichen Jahren sowohl zur Herausbildung mathematisch-naturwissenschaftlicher Fakultäten aus den philosophischen Fakultäten der Universitäten heraus und parallel zur Entstehung technischer Hochschulen.

Fakultäten für die Wirtschafts- und die Verwaltungswissenschaften bildeten sich erst später und hatten sowohl eine mehr praktische Ausrichtung an beruflich orientierten Schulen oder Akademien sowie, was die Verwaltung betrifft, auch eine Anbindung an die Jurisprudenz. Dabei war die Volkswirtschaftslehre an den

Universitäten zunächst salonfähiger als die Betriebswirtschaftslehre bzw. die sich später in den USA herausbildende Managementlehre.

Den Nährboden für die Beratung in der Praxis bildeten einerseits die sich entwickelnde Bürokratieforschung und -lehre, gespeist aus Jura, Soziologie und Verwaltungs-Know-how und die Entstehung von zunächst eher technologisch ausgerichteten Arbeitswissenschaften. Zu nennen sind hier insbesondere der Franzose Henri Fayol und der US-Amerikaner Frederik W. Taylor. Später kamen bereits in den 20er Jahren des 20. Jahrhunderts die Erkenntnisse der Human-Relations-Bewegung hinzu, gespeist aus verschiedenen Sozialwissenschaften wie Soziologie, Psychologie und den Erziehungswissenschaften (vgl. Staehle et al. 2025).

Betrachtet man diese verschiedenen Disziplinen, ist es unmittelbar einleuchtend, dass der Berufsstand des Praktikers, der sich in den immer größer werdenden Firmen versuchte zu professionalisieren, leicht in Verwirrung geraten kann: Je nach der Ausbildungsrichtung der Firmenlenker stellte sich neben den (eher noch einfacheren) Grundsatzfragen bezüglich der naturwissenschaftlich-technischen Ausrichtung des Produktprogrammes und seiner Verbreitungsstrategie auf den relevanten Märkten des In- und Auslands, sachbezogenen Kapazitäts- und Finanzierungsfragen zunehmend auch die nicht immer rein sachbezogenen, sondern durchaus auch machtbezogenen Fragen nach der strategischen Ausrichtung des Unternehmens, dem Stellenwert der Mitarbeiter inklusive ihrer Eigenschaften und ihrer Qualifikation sowie den Grundsatzfragen der Führung (Pichler 2024).

Die Profession des Beraters bildete sich unweigerlich heraus. Hinzu kamen interne Auffassungsunterschiede innerhalb der Unternehmensführung und ihrer Aufsichtsgremien, je nach naturwissenschaftlich-technischem oder kaufmännischem Blickwinkel und nach Mentalität der Unternehmensleitung.

Zunächst bildeten wohl die einflussreichsten und die erfolgreichsten Personen im Top-Management, ihre Kreditgeber und Finanziers sowie evtl. die Geschäftspartner die Basis, um eigene strategische Überlegungen zu fundieren und dabei zu überdenken. In den USA gründeten bekannte Hochschullehrer Beratungsfirmen, um ihre Rezepte für Strategie, Organisation, Führung und Personal zu verbreiten bzw. diese zu vermarkten. Damit war zugleich die Basis für wiederholbare Rezepte gelegt, so dass allmählich durchaus branchenbezogene Imitationen entstanden. Manche Berater, die ihr Know-how aus einer erfolgreichen eigenen Praxis und/

oder aus Lehre und Forschung bezogen, gerieten dann in den Status eines »Managementgurus« wie z. B. Peter Drucker, Chester Barnard, Michael Porter oder John P. Kotter.

9. Die jeweils neuen Konzepte (Moden) können einen evolutionären als auch einen revolutionären Charakter aufweisen. Der situative Kontext wird häufig negiert. Plakative Begriffe begünstigen diese Entwicklung

Je mehr sich Rezepte verbreiten und andauern, desto eher entstehen Moden. Insbesondere die Nachahmer geraten dabei in den Verdacht, primär aus Opportunismus auf den Zug aufgesprungen zu sein. Da man aber nicht ständig seine Strategie wechseln kann, besteht dann die Gefahr, wegen der offensichtlich fehlenden Fantasie zu spät gekommen und kaum noch grundlegend erfolgreich zu sein (Kieser 1996).

Beim Pionier der Modewelle sind die Erfolgsaussichten höher, vorausgesetzt, man hat auf das richtige Pferd gesetzt und sich nicht verspekuliert. Dies gilt vor allem für eher revolutionäre Entwicklungen. So hat man eine gewisse Zeitlang vorgeschlagen, das Produktprogramm zu diversifizieren, um Risiken zu vermeiden (► Dar. I.5). Später war es modern, sich auf seine Kernkompetenzen zu konzentrieren und andere nicht so relevant erscheinende Produktfelder abzustoßen.

Insbesondere, wenn man imitiert, muss man sicher sein, dass die strategische Situation des eigenen Unternehmens passt. Dies setzt wiederum eigenständiges, konzeptionelles und fantasievolles Denken voraus, was nicht immer der Fall ist. Übrigens blieb auch die öffentliche Verwaltung von Modewellen nicht verschont, und zwar mit wechselseitig festzustellenden Einflüssen zwischen öffentlicher Verwaltung und Privatwirtschaft.

10. Wenn Erfahrungswissen negiert wird, besteht die Gefahr, dass »alter Wein in neue Schläuche gepumpt wird« oder umgekehrt.

Wenn Moden einem eher revolutionären bzw. disruptiven Trend folgen, ist es denkbar, dass beim übernächsten Modewechsel wieder bestimmte Dinge propagiert werden, die man früher schon mal angewendet hatte. Hier spielt das Erfahrungswissen eine wichtige Rolle. Gemäß dem Spruch »aus Erfahrung wird man klug«, ist nun ein Matching aus einer aktualisierten Situationsanalyse und den früher gemachten Erfahrungen sinnvoll.

Folgt man typischen Modetrends, so pendeln bestimmte Patentrezepte seit vielen Jahren um die Grundsatzfrage, ob die Aufgabe oder ob der Mensch im Mittelpunkt steht. Dabei entwickeln sich die Wellenbewegungen jeweils weiter auf einem anderen Niveau. Insofern kann man auch nicht auf Anhieb sagen oder erkennen, dass »neuer Wein in alte Schläuche gepumpt« wird. Gleichwohl macht man schnell immer wieder dieselben Fehler.

Stattdessen sollte der Begriff der »lernenden Organisation« oder des »Lernens in der Organisation« endlich ernst genommen werden, auch eventuell unter Berücksichtigung vorherrschender Traditionen in der jeweiligen Branche bzw. im relevanten Umfeld.

II. Wann sind Moden obsolet?

Wenn nun fast alle in Betracht kommenden Kunden am Markt mit dem einst neuartigen, innovativen Produkt »beglückt« worden sind, der Reiz des Neuen also erlischt, geht der Lebenszyklus einer Mode zu Ende (► Dar. I.2). Der einzigartige Wettbewerbsvorteil bzw. die »uniqe selling proposition« ist vorbei. Trotzdem kann das einstmals als besonders einzigartig gepriesene Produkt als Standardprodukt seinen Zweck erfüllen, so wie das z. B. bei Windows 10 von Microsoft der Fall ist. Trotzdem kommt jetzt Windows 11 etc..

Zumindest müsste das neue Produkt einzigartig mit Künstlicher Intelligenz verknüpft sein, die nun in aller Munde ist. Insofern gelten für die Herausbildung einer neuen Modewelle zumindest die folgenden Rahmenbedingungen:

- die Anwendungsvoraussetzungen haben sich geändert. Ähnlich wie bei einem Impfstoff schlägt die bislang erfolgreiche Variante nicht mehr an. Der Impfstoff muss angepasst und u. U. sogar vollkommen neu designt werden.

Im strategischen Management ist zu verfolgen, dass sich mit wachsender Unternehmensgröße die Organisationsstrukturen ändern. So wurde bei immer heterogener werdendem Produktprogramm und zunehmender Unternehmensgröße in den 60er Jahren die traditionelle funktionale Organisation durch die Sparten- oder Geschäftsbereichsorganisation abgelöst (► Dar. I.5).

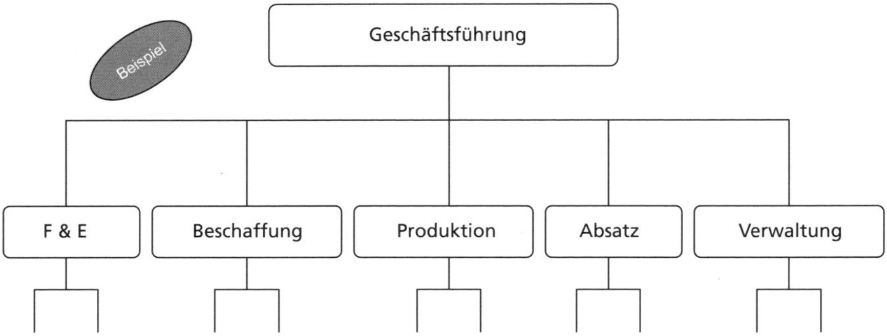

Dar. I.4: Verrichtungsmodell (funktionale Organisation)

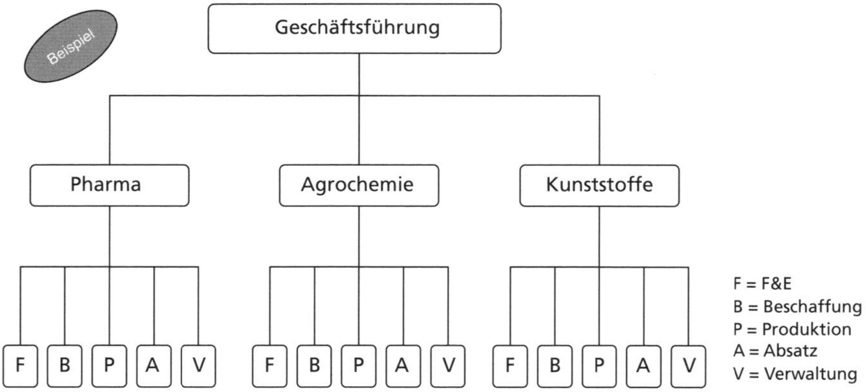

Dar. I.5: Objektmodell (Geschäftsbereichsorganisation)

Dadurch entstanden faktisch mehrere Sub-Unternehmen innerhalb eines Gesamtgebildes, womöglich mit eigenständiger Profit-Center-Rechnung; für entsprechend versierte Fachleute im Bereich strategisches Management, Organisation und Controlling ein lohnender Markt, der die Schlagkraft des betreffenden Unternehmens potenziell erhöhte und Wettbewerbsvorteile brachte, bis alle relevanten Wettbewerber es auch hatten.

Insofern ist gegen Management-Moden grundsätzlich nichts Substantielles einzuwenden. Bedenklich wird es allerdings, wenn die Imitation um der Imitation willen erfolgt: ein Effekt, der auch als der bekannte Tom-Sawyer-Effekt bezeichnet wird. Dann entstehen unweigerlich Mythen.

Allzu häufig und allzu schnell wird die Einführung einer Neuerung den eloquenten Vertretern renommierter Beratungsfirmen überlassen und nicht den eigenen Fachleuten. Natürlich ist gegen eine gründliche Schulung seitens der Berater nichts einzuwenden, aber man sollte darauf achten, dass das eigene Personal nicht demotiviert wird, und dass es kritisch sein darf.

Wenn man hingegen die eigenen Fachleute nicht hinreichend einbindet, vergibt man große Qualifizierungsgelegenheiten. Leider können viele Leute mit dem lebenslangen Lernen und der lernenden Organisation nicht viel anfangen. Damit vergibt man viele Chancen, und es kommt trotzdem zu Fehlinvestitionen.

12. Fazit

Nichts ist so beständig wie der Wandel. Er dringt in alle Bereiche ein und bildet ständig neue Fakten. Dabei darf man sich auf seinem Erfolg nicht leichtfertig ausruhen, viel zu lange hat sich die deutsche Industrie z. B. auf ihre Stärken in der Stahl-, Werkzeugmaschinen- und Automobilproduktion konzentriert und war konsterniert, als grundlegende Rahmenbedingungen bezüglich der Rohstoffseite plötzlich wegfielen oder weil andere Länder wie z. B. China aus ihren Schwächen Stärken machten, wie die Beispiele der Elektromobilität oder der Solarindustrie zeigten. Aktuell gilt Deutschlands Wirtschaft deshalb als Problemfall (Felder 2024).

Um die vielfältigen Probleme zu lösen, bedarf es sicherlich fundierter, nüchtern-sachlicher Analysen. Abzuraten ist von Rezepten, die suggerieren, dass man die »gute alte Zeit« wieder bekommen kann. Schutzzölle werden sicherlich nicht helfen, um Industriearbeitsplätze (z. B. in der Automobilindustrie) zurückzuholen. Arbeitsplätze, die sich ohnehin gewandelt haben, weil moderne Autos mobile Unterhaltungs-, Mobilitäts- und Fahrzeugsicherheitscomputer geworden sind. Tendenziell werden sie autonom fahrende, KI-gestützte Roboter. Hier bedarf es eher einer integrierten Innovationsstrategie, als bei der klassischen Antriebstechnik zu bleiben. Letzteres wäre dann wirklich »alter Wein in neuen Schläuchen«.

II
Historische Rückblicke

1 Konsequenzen für Organisation, Führung, Personal(-Management)

1.1 Bürokratie und (Militär)-Hierarchie

Moden und Mythen im Management (d.h. bezüglich Organisation, Führung, Personal) sind also untrennbar verbunden mit den Phänomenen Bürokratie und Hierarchie. Beides gab es bereits seit Längerem in den Heeren, die einer straffen Organisation bedurften, um größere Flächen beherrschen zu können. Hier kann man z. B. Alexander den Großen benennen, aber auch die mongolischen Herrscher mit und nach Dschingis Khan. Religiöse Organisationen sind ebenfalls zu nennen (die west- und die oströmische Kirche oder der Islam). Militär und Kirche ist gemeinsam, dass sie mit der staatlichen Bürokratie oft eng verbunden waren, auch wenn es etwa im Zeitalter der Aufklärung zu Trennungen von Staat und Kirche kam. Beim Militär ist die Bindung naturgemäß stärker; sie konnte in bestimmten Ländern (z. B. Südamerika, Griechenland) bis zum Militärputsch führen. Für die im 19. Jahrhundert entstehenden Industriebürokratien waren die genannten Organisationsstrukturen ein wichtiges Vorbild, auch wenn nicht alles vollkommen übernommen wurde (Elbe 2023).

1.2 Industrialisierung und (beginnende) Industriebürokratie

Wie im ersten Kapitel bereits ausgeführt, ist die eingehendere Beschäftigung mit Fragen von Organisation und (Personal-)Management in der Wirtschaft eng mit der Entwicklung des technischen Fortschritts bzw. mit bahnbrechenden Erfindungen verbunden, für die sowohl relevante Absatzmärkte entstanden als auch hinreichend viele Arbeitskräfte beschäftigt werden konnten.

Sicherlich gab es schon in der Antike Vorhaben, die jedem Vergleich mit heutigen Großbauprojekten standhalten würden. Von serieller Massenfertigung konnte man z. B. bei den Pyramiden aber sicherlich noch nicht sprechen. Das entstandene Know-how der Baufachleute konnte jedoch erfolgreich bei Folgeprojekten eingesetzt werden. Hinzu kam das über mehrere Jahrhunderte gepflegte Wissen im Bereich des Handels und des Bankwesens.

Vorreiter bei der industriellen Entwicklung im 19. Jahrhundert war England. Hier gab es nicht nur erste bahnbrechende technologische Entwicklungen, etwa bei Dampfmaschinen und Lokomotiven, sondern auch hinreichend viele Arbeitskräfte, die z. B. in den Kohlezechen arbeiteten. Es gab auch einen ideologischen Hintergrund hinsichtlich der arbeitsteiligen Bedienung freier Märkte und dies in Verbindung mit einem tolerierenden Staat. Adam Smith und David Riccardo sind hier zu nennen, welche als Urväter des Wirtschaftsliberalismus und des globalisierten Welthandels gelten (Ricardo 1817, Smith 1776). Von England aus wurden dann Frankreich und Deutschland beeinflusst.

Deutschland war zunächst bis zur Mitte des 19. Jahrhunderts ein Agrarstaat, der aus unzähligen Kleinstaaten bestand. Durch Freihandelszonen und durch die Herausbildung der Großmacht Preußen neben Österreich-Ungarn entstand bis zur Wende zum 20. Jahrhundert ein wirtschaftlicher Großraum, wobei insbesondere die folgenden Erfindungen bahnbrechend waren:

- Dampfmaschine 1835
- Farben 1850
- Elektrizität 1830
- Verbrennungsmotor 1883

Die Vereinigten Staaten sind im Unterschied zu England und Deutschland eher als Spätzünder zu bezeichnen. Hier sind allerdings dynamische Veränderungen ab 1850 in den Bereichen Bergbau, Stahl, Textilien, Leder, aber auch Fleisch und insbesondere Erdöl zu verzeichnen, welche an Dynamik Europa letztlich überholten. Dies blieb nicht ohne Konsequenzen für eine sich entwickelnde Industriestruktur und Industriebürokratie (Kocka 2024).

1.3 Konsequenzen für Management und Organisation

Grundsätzlich sind folgende Entwicklungen zu benennen:

Trennung von Eigentum und Unternehmensführung

Mit zunehmendem Unternehmenswachstum ist empirisch festzustellen, dass sich die ursprünglichen Gründer mit ihren Familien der Mithilfe von assistierenden Fachleuten bedienten, die heutzutage als Manager bezeichnet werden. Häufig bilden zunächst zwei Personen mehr oder weniger gleichberechtigt die Unternehmensspitze ab: die Person des Erfinders und die Person des kaufmännischen Partners (Barnard 1938).

Während ursprünglich der naturwissenschaftlich-technische Gründer im Zentrum steht, der die zentrale, innovative Produktidee im Auge hat, welche vielen Mitgliedern in der Gesellschaft einen Nutzen bezüglich Gesundheit, Mobilität, Wohlstand durch Preisvorteile etc. versprach, nahm der kaufmännisch-administrative Partner häufig an Bedeutung zu, weil mit zunehmendem Wachstum nicht nur die Produktion und die Forschung sowie Entwicklung profitierten, sondern auch die Aufgaben in den Bereichen Marketing und Vertrieb, Logistik sowie Finanz- und Rechnungswesen an Bedeutung gewannen. In der Folge ist es häufig zu Konflikten gekommen bzw. zu Trennungen und Fusionen wie die nachfolgenden Beispiele von Siemens und der Farbwerke Hoechst AG zeigen.

Im Prinzip sind beide Seiten voneinander abhängig: Ohne Markt kann man kein Produkt verkaufen, und ohne Produkt gibt es keinen Markt. Hinzu kommt der Bereich der Finanzen, denn für eine konsequente Markterschließung bedarf es häufig beträchtlicher Kapital- und Finanzmittel. Insofern hat dann auch der Einfluss von Banken und vermögenden Händlern zugenommen, die entweder Fremdkapital geliehen oder mittels Eigenkapital sich beteiligt haben. Typisches Beispiel ist hier die historische Kooperation zwischen der Familie Siemens und der Deutschen Bank.

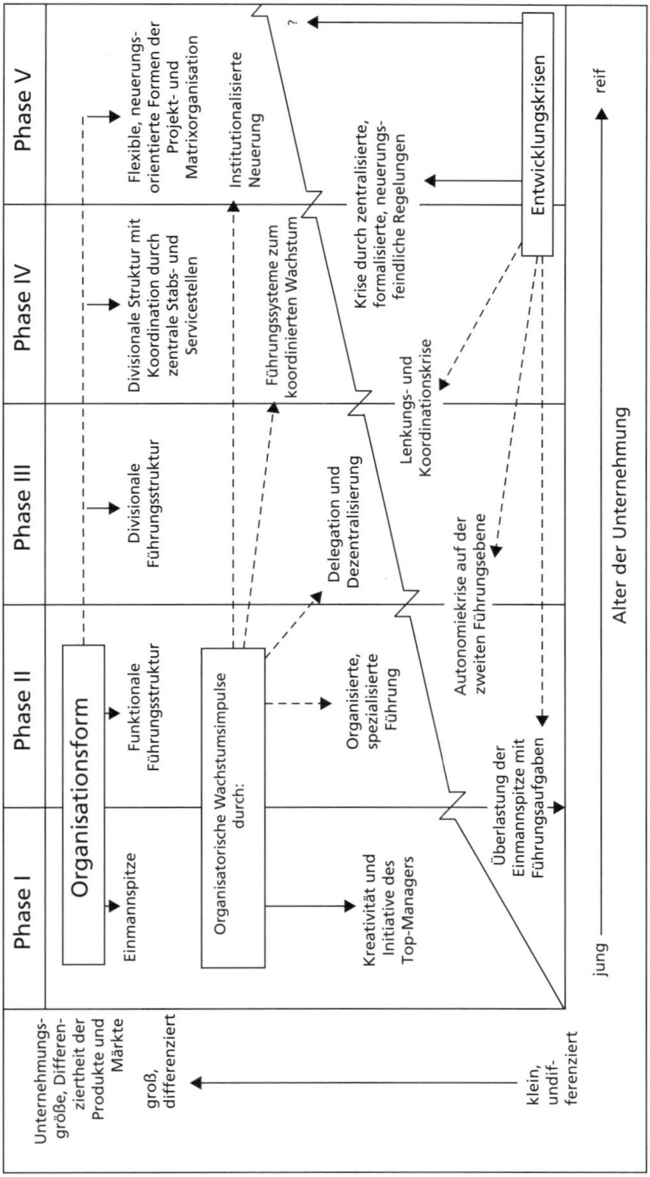

Dar. II.1: typische Managementprobleme in unterschiedlichen Wachstumsphasen (Wagner 1991, S. 73)

In Folge der Industrialisierung entstanden neue Berufe im naturwissenschaftlich-technischen Bereich und im kaufmännisch-administrativen Sektor, welche die klassische Handwerksausbildung ergänzten und zum Teil mittels Industrie- und Handelskammern zu einer ähnlichen, wenn nicht sogar größeren Bedeutung gelangten.

Mit der dualen Berufsausbildung war es jedoch nicht getan, weil auf den oberen Rängen der sich herausbildenden Unternehmenshierarchien auch akademisch ausgebildetes Personal nachgefragt wurde. So bildeten diplomierte und promovierte Personen unterschiedlicher Fachrichtungen in zunehmendem Maße den Background bzw. den Resonanzboden für die Unternehmensleitung. Damit erfolgte oftmals der Übergang von familienbezogenen zu bürokratischen Organisationsformen.

Instrumentalisierung der Leistung der Arbeiter

Wenn man die im Zuge der Industrialisierung sich herausbildenden Unternehmen als zunehmend bürokratischer werdende Gebilde betrachten kann, welche die bereits bestehenden Bürokratien der staatlichen, militärischen und kirchlichen Organe ergänzten, kommt man um die Frage der Herrschaftsausübung und der Machtverteilung nicht herum. Dabei muss man berücksichtigen, dass auf der politischen Ebene von einem allgemeinen, gleichen aktiven und passiven Wahlrecht für Männer und Frauen im 19. Jahrhundert noch nicht die Rede sein konnte. Das war in Frankreich als Republik eben so wenig der Fall wie in den Monarchien in England und im Deutschen Reich.

Das Sagen hatten die Eigentümer und ihre unmittelbaren Mitarbeiter, während die Arbeiter als die sogenannten Lohnabhängigen zunächst ziemlich rechtslos waren. Ausbeutung und Entfremdung führte insofern zur Bildung sozialistischer, sozialdemokratischer und kommunistischer Parteien, um den Belangen des vierten Standes, der sich neben dem Bürgertum herausbildete, allmählich auch politisch-parlamentarisches Gehör zu verschaffen.

Parallel bildeten sich Gewerkschaften unterschiedlicher ideologischer Ausrichtung und Radikalität heraus, welche die Interessen ihrer Arbeiter notfalls mit Arbeitskämpfen durchzusetzen versuchten. Von Mitbestimmung auf der Betriebsebene via Betriebsrat und auf der Unternehmensebene via Aufsichtsrat, wie es in Deutschland inzwischen seit der Weimarer Republik der Fall ist, konnte in den ersten Phasen der Industrialisierung keine Rede sein.

Eine Vorbildrolle nahmen in Deutschland in diesem Zusammenhang die sich herausbildenden Großunternehmen der Chemie- und der Elektroindustrie ein. Dort war dem relativ aufgeklärten Top-Management klar, dass man die Arbeiter im gewerblichen Bereich angemessen bezahlen und sozial gegen Krankheit und für die Altersversorgung absichern muss, damit man eine hinreichende Arbeitsproduktivität erhält. Gleichwohl war das Arbeitsumfeld autoritär bis repressiv und die Arbeitszeiten waren exzessiv.

Nicht zu vergessen seien die Angestellten. Soziologisch sahen sie sich in der Regel als etwas Besseres, ohne dabei unbedingt viel mehr Geld zu verdienen. Dafür gab es ein monatliches Gehalt und das Gefühl der Zugehörigkeit zu den Herrschenden. Anzug mit Hemd und Krawatte führte offensichtlich zu einem gewissen Gefühl der Überlegenheit. An der Lohnabhängigkeit änderte das allerdings nicht viel.

Bei den gewerblichen Arbeitnehmern, den »blue collar workers«, war das stärker der Fall. So kam es zu verschiedenen Entfremdungserscheinungen im Hinblick auf das hergestellte Produkt, dessen Sinn und Ganzheitlichkeit sie häufig nur bedingt verstanden und dabei noch die häufig gesundheitsschädlichen Rahmenbedingungen in Kauf nehmen mussten. Hinzu kam auch die Entfremdung von den Arbeitskollegen, solange sie nicht doch allmählich bemerkten, welche gemeinsamen Interessen sie verbanden, um der Ausbeutungssituation zu begegnen. Verständlicherweise ging auch das Verständnis für den Sinn der Arbeit häufig verloren.

Die Arbeitsbedingungen waren häufig unmenschlich. Die Steigerung der Arbeitsproduktivität steht zwar auch gegenwärtig noch stark im Fokus der Produktion, aber heute gibt es in den entwickelten Ländern diverse Schutz- und Mitbestimmungsgesetze. Allerdings wurde dies durch vielfältige Formen des Widerstandes erkauft: somit durch Streiks, Aufruhr, Demonstrationen und Leistungszurückhaltung (vgl. z. B. Wendt 2008).

Die »soziale Frage« war offensichtlich (Mandel 1983). Letztlich stieß die allzu brutale Steigerung der Arbeitsproduktivität an physische und psychische, aber auch an politische Grenzen. Dabei wurden die Probleme von den konservativen und liberalen Parteien lange kaum beachtet. Infolgedessen bildeten sich mit literarischer Unterstützung mehrerer Autoren wie Karl Marx, Friedrich Engels und Ferdinand Lassalle neue sozialistische und sozialdemokratische Parteien heraus, die mit fortschreitendem Wahlrecht für den vierten Stand in den Parlamenten trotz vielfältiger repressiver Maßnahmen an Einfluss gewannen (Sombart 1909).

Infolgedessen kam es im Deutschen Reich zu den Bismarck'schen Sozialreformen bezüglich einer damals recht fortschrittlichen Altersversorgung und Krankenversicherung, die für lange Zeit für viele andere Länder vorbildlich waren (Becker 2013). Dies wurde, wie bereits erwähnt, durch flankierende Maßnahmen der erfolgreichen, neu entstandenen Industriekomplexe wie Siemens, Hoechst, Bayer und BASF, Krupp und Thyssen flankiert. Hierzu zählten z. B. die Werkswohnungen, die in manchen Gegenden heute unter Denkmalschutz stehen, aber auch die Werksfürsorge.

Dabei bestanden und bestehen nach wie vor deutliche internationale Unterschiede. In den USA standen die Produktivitätssteigerungen und die Entlohnung im Vordergrund, Während in Frankreich und in England die Arbeitsbeziehungen stärker klassenkämpferisch ausgeprägt waren, verfolgte man in Deutschland eher eine Harmonisierungsstrategie, die später bis hin zur ideologisch verklärten Sozialpartnerschaft weiterentwickelt wurde. In den USA wird bis heute stattdessen eine solidarische Krankenversicherung ideologisch bekämpft und stagniert deshalb immer wieder. In Frankreich entwickelte sich eine radikale, durchaus klassenkämpferische Demonstrationskultur, bei der ökonomische Erfordernisse häufig interessen-egoistisch in den Hintergrund traten.

1.4 Gründerpersönlichkeiten

Im vorherigen Kapitel wurde bereits kurz auf die gewaltigen Veränderungen in der Frühzeit der Industrialisierung hingewiesen, welche der technische Fortschritt mit sich brachte. An diesen Übergangsstellen von der absoluten (Deutschland) zur konstitutionellen Monarchie (England, Frankreich) bzw. zur Stabilisierung der Demokratie (USA) ist es nicht verwunderlich, dass im 19. Jahrhundert und später ausgeprägte Gründerpersönlichkeiten als kapitalistische Entrepreneure in Erscheinung traten.

Industriemonarchen ähnelnd waren es vorwiegend bis ausschließlich autoritäre bzw. patriarchalische Personen. Hier sollen exemplarisch typische Unternehmer skizziert werden, die zugleich als Prototypen der charismatischen Führung gelten können.

Du Pont de Nemours

Bereits 1802, und zwar als Munitionsfirma, wurde von Eleuthère Iréneé du Pont in Wilmington, USA die Firma E. I. du Pont de Nemours and Company gegründet. Daraus wurde eines der weltweit größten Chemieunternehmen der Welt, spätestens nach der Fusion mit Dow Chemicals im Jahre 2019 als Firma Dupont de Nemours and Company (Piere 1977).

Du Pont startete als Sprengstoff- und Munitionsunternehmen in Frankreich. Im Zusammenhang mit der französischen Revolution, der u. a. König Ludwig XVI. und seine Frau Marie Antoinette zum Opfer fielen, und dem nachfolgenden Widerstand gegen Napoleon Bonapartes Machtstreben, emigrierte du Pont in die USA und setzte das Betätigungsfeld der Schießpulverproduktion zunächst fort.

Später kamen die anderen, typischen Betätigungsfelder eines Chemieunternehmens hinzu. So wurden bei der Fusion mit Dow Chemicals die Sparten Lebensmittel, Gesundheitsprodukte, Elektronik, Lacke und Kunstharze erwähnt. Nylon, Teflon und Kevlar sind bekannte Erfindungen. Heute ist die nach wie vor sehr reiche Familie Du Pont nur noch als Minderheitsaktionär beteiligt. Die Finanzdienstleister Vanguard und BlackRock sind relativ große Anteilseigner mit jeweils etwa 5 Prozent.

Durch das gewaltige Wachstum und auch durch die Fusion mit Dow Chemicals im Jahre 2019 geriet das Unternehmen in den Fokus der amerikanischen Kartellbehörden. Deshalb soll es bis 2026 zur Aufspaltung in drei Bereiche kommen: »New Dupont« mit verschiedenen Chemieaktivitäten, »Electronics« und »Wasser«

Hervorzuheben ist von Anfang an das Engagement von Du Pont in der Wohlfahrtspflege und die Unterstützung kostenloser Bildungsinstitutionen. Auch heute noch wird der Name Du Pont im Umkreis von Delaware mit vielen kulturellen, mäzenatischen und weiteren gemeinnützigen Aktivitäten in Verbindung gebracht. Mäzenatentum ist durchaus verbreitet. Es ist steuersparend, öffentlichkeitswirksam, aber auch gesellschaftlich nützlich.

August Borsig

August Borsig gründete 1837 bei Berlin eine Eisengießerei, die sich unter seinen Nachfolgern zur zeitweilig zweitgrößten Lokomotivenfabrik der Welt entwickelte. Der Sohn Albert Borsig folgte 1854. Dann hatte das Unternehmen bereits 6000 Mitarbeiter. Zur Produktpalette gehörten auch Pumpen und Kessel, Rohre und Kälteanlagen. Während des Ersten Weltkrieges kamen Geschosse, Geschütze und Torpedorohre hinzu (Bosetzky 2011).

1931 wird die AEG (»Allgemeine Electricitäts AG«) neuer Eigentümer der Lokomotivenproduktion. Die Familie Borsig scheidet aus. Es folgen Verstaatlichungen während der Nazizeit und der DDR-Zeit. 1950 entsteht die Borsig AG als Tochtergesellschaft von Rheinmetall, um wieder Dampferzeuger, Kälte- und Chemieanlagen etc. herzustellen. 1956 übernimmt die Salzgitter AG die Firma. Nach einem Zwischenspiel bei Babcock inkl. Insolvenz kommt es 2002 zu einem Neuanfang und 2008 zur Übernahme durch eine malaysische Firmengruppe. Inzwischen ist Borsig 175 Jahre alt und wieder Weltmarktführer im Bereich Spezialapparate.

Ähnlich wie bei Du Pont ist auch bei Firmenpatriarch Borsig festzustellen, dass bereits in den Gründerjahren und danach die soziale Wohlfahrt und die Bildung unterstützt wurde. Natürlich war das nicht uneigennützig, weil Fachpersonal dringend benötigt und das soziale Elend durch firmeneigene Krankenkassen und die Absicherung im Alter durch Rentenkassen abgefedert wurde.

Werner von Siemens

Werner von Siemens gründete 1847 die Telegraphen-Bauanstalt von Siemens & Halske, aus der später die Siemens AG hervorging. Wichtig sind sowohl seine Brüder (z.B. William in England) und verschiedene Teilhaber für die Unternehmensentwicklung an verschiedenen Standorten. Bahnbrechende Entwicklungen sind z.B. der Zeigertelegraph, die Telefonie und der Fernschreiber sowie die Mikroelektronik. Ein nachhaltiger Durchbruch ist im Computerbereich allerdings nicht gelungen, trotz der Übernahme von Nixdorf.

Ein charakteristischer Geschäftsbereich ist die Energieerzeugung und -verteilung. Ersteres erstreckt sich auf alle Kraftwerksarten, von konventionell bis zur Kernenergie. Weiterhin ist die Verkehrstechnik zu nennen, sowohl der Schienen- als auch der Straßenverkehr, der Schiff- und der Luftverkehr. Hinzu kommt die

Antriebs- und die Automatisierungstechnik, aber auch die Konsumgüter- und die Beleuchtungstechnik. Last but not least ist die Medizintechnik zu nennen mit den Bereichen Bildgebung, Labordiagnostik und personalisierte Therapien.

Das Unternehmen nennt dabei selbst folgende zeitliche Phasen:

- 1847 bis 1865 Unternehmensgründung und erste Expansion
- 1866–1896 Starkstromtechnik und Großprojekte (z. B. Dynamomaschinen, Indo- Europäische Telegrafenlinie, 1874/75 Transatlantikkabel, 1895 Kraftwerk in Südafrika
- 1897–1914 Produktionsstätten in Großbritannien, Russland, Österreich-Ungarn, Belgien und Spanien
- nach 1918 neue Unternehmen und Beteiligungen (z. B. mit Hugo Stinnes, Osram AG, weltweit eines der fünf größten Unternehmen seiner Branche
- ab 1933 verstärkte Aktivitäten für die Wehrmacht, 1939 größter Elektrokonzern der Welt, ausgelastet in der Kriegsproduktion, auch mit Heranziehung von Zwangsarbeitern
- ab 1945 Neuanfang in Bayern
- 1966 Gründung der Siemens AG, Fusion von Siemens & Halske, Siemens-Schuckert und Siemens-Reiniger
- ab 2010 grundsätzlicher Konzernumbau durch Abspaltung von Infineon (Halbleiter) Siemens Mobility und Siemens Energy.
- 1890 schied Werner von Siemens aus der Unternehmensleitung aus und übergab die Geschäfte an verschiedene Familienmitglieder. Im Zeitablauf ging der kapitalbezogene Einfluss der Familie fortlaufend zurück. Trotzdem ist man bestrebt, Familienmitglieder im Aufsichtsrat zu platzieren (Wittendorfer 2010).

Bereits ab 1872 gibt es auch bei Siemens betriebliche Sozialleistungen. Dies gilt insbesondere für die betriebliche Altersversorgung und die Einführung des 9-Stunden-Arbeitstages. Werner von Siemens und August Borsig haben sich übrigens persönlich gekannt und geschätzt. Insofern prägten sie die Gründerkultur regional und weltweit.

Carl Meister, Eugen Lucius, Adolf Brüning

Carl Meister, Eugen Lucius und Ludwig Müller gründeten 1863 die Teerfarbenfabrik Meister Lucius & Co., aus der 1865 die Farbwerke Meister Lucius & Brüning und später die Farbwerke Hoechst AG bzw. die Hoechst AG hervorgingen. Das Unternehmen begann 1863 als Farbenfabrik und produzierte aus Steinkohlenteer Fuchsin und Anilin und etwas später Aldehydgrün Alizarin (»Krapprot«). Das war kostengünstiger, als z. B. Indigoblau aus Pflanzen zu gewinnen.

1874 wurde eine Betriebskrankenkasse gegründet und ein systematischer betriebsärztlicher Dienst eingerichtet. Hinzu kamen Werkssiedlungen in den umliegenden Vororten. 1879 kam eine Pensionskasse hinzu, zunächst nur für die Angestellten, ab 1884 auch für die Arbeiter, 1883 wurden synthetische Arzneimittel hergestellt (z. B. Antipyrin und Pyramidon). 1904 wurde Adrenalin entwickelt und 1905 das Lokalanästhetikum Novocain. Emil von Behring und Paul Ehrlich waren Forscher, die mit der damals auch als »Rotfabrik« bezeichneten Firma eng kooperierten. So wurde z. B. 1910 Salvarsan entwickelt.

1914 bis 1918 standen kriegswichtige Güter wie Ammonium, Salpetersäure und Ammoniumnitrat im Vordergrund. 1916 entstand die Interessengemeinschaft (I.G.) Farben aus Farbwerke Hoechst, BASF und Bayer, ein Kartell zur Rohstoffversorgung und Absatzabsprachen in Kriegszeiten. Nach dem Ersten Weltkrieg konzentrierte man sich wieder auf Arzneimittel, Düngemittel und Pflanzenschutzmittel. 1923 wurde z. B. Insulin in Lizenz hergestellt. Aus dem Kartell I.G.-Farben wurde 1925 der Konzern I.G.-Farbenindustrie, und es folgte ab 1933 die nationalsozialistische Gleichschaltung mit Kriegswirtschaft ab 1939.

Ab 1947 begann nach der Entflechtung der IG-Farben ein Neuanfang unter US-Administration, auch um dringend benötigte Arzneimittel (z. B. das Insulin), Düngemittel und Pflanzenschutzmittel herzustellen. 1952 war das erste Geschäftsjahr in Eigenständigkeit. Ende der 50er Jahre erfolgte die Umstellung von der Kohle- auf die Petrochemie. 1970 endeten durch diverse Tausche die noch bestehenden Verflechtungen mit den Partnern aus der I.G.-Farben-Zeit. Von 1970 bis 1990 war das Unternehmen in 14 Sparten aufgeteilt. Das Unternehmen nannte sich nun Hoechst AG und stieg zeitweilig zum größten Chemiekonzern der Welt auf. 1991 wurden aus den Sparten mehr als 100 eigenverantwortliche Business Units.

Danach kam es zu unbefriedigenden Unternehmensrenditen, auch weil die Pharmasparte im Weltvergleich zurückfiel. Zeitweilig kursierte das allerdings relativ unrealistische Gespenst einer feindlichen Übernahme. Mit Jürgen Dormann trat 1994 erstmals ein Nicht-Chemiker an die Unternehmensspitze. Er propagierte das Shareholder-Value-Denken und konkretisierte dies mit der Zielsetzung, nur noch diejenigen Geschäftsbereiche weiter zu verfolgen, wo man zu den drei führenden Anbietern in der Welt gehörte. Immerhin wurden 1984 und 1995 16 Prozent Eigenkapitalrendite erzielt.

Danach stieß man jedoch an Wachstumsgrenzen und Integrationsproblemen nach komplizierten Fusionen, insbesondere im internationalen Pharmabereich. Deshalb wollte man eine Managementholding schaffen mit Konzentration auf Life Sciences. Nachdem ein Rückgang der Unternehmensrendite nicht mehr aufzuhalten war, wurden diverse Bereiche ausgegliedert und die Pharmasparte mit Rhône-Poulenc zur Firma Aventis fusioniert. Hoechst gab es dann nur noch als Zwischenholding für Aktivitäten in Deutschland. Das Stammwerk Höchst wurde ein Industriepark und Hoechst im Rahmen einer populären Management-Mode systematisch zerlegt (Schreier 2009).

So entstand unter Zugrundelegung des Shareholder-Value-Gedankens aus einem Unternehmen mit innovativen Produkten mit entsprechender Forschung und Entwicklung eine »Verkaufsfirma für rein marketingorientierte Präparate«. Hingegen konnten die beiden deutschen Konkurrenten BASF und Bayer sich zunächst noch erfolgreich weiterentwickeln. Aber auch bei Bayer kam es zeitversetzt zu Schwächephasen aufgrund von Fehlinvestitionen im Pharmabereich und Fehlern durch unglückliche Akquisitionen in den USA, etwa in Verbindung mit dem Pflanzenschutzmittel Glyphosat.

Leland Stanford

Leland Stanford war Mitbegründer der Central Pacific Railroad und wurde 1861 ihr Präsident. Im Unterschied zu August Borsig war er kein ausgebildeter Zimmermann und Stahlkocher bzw. Eisen- und Stahl-Technologe, sondern ein Jurist und Bank-Experte. Die Central Pacific Railroad baute im 19. Jahrhundert große Bahnlinien in den USA, z. B. über die Sierra Nevada. Zeitweilig war er auch Präsident der Southern Pacific Railroad. Die Eisenbahnwirtschaft hatte eine Schlüsselfunktion im Rahmen der wirtschaftlichen Expansion. Später wurde Stanford Governor von California, Senator in Washington und vor allem gründete er mit seiner Frau die Leland Stanford jr. Universität, die heute als eine der profiliertesten Privat-Universitäten in den USA anzusehen ist (Watts 2006).

Henry Ford

Henry Ford gründete 1903 mit elf weiteren Investoren die Ford Motor Company. Davor war er Maschinist und Mechaniker und arbeitete eine gewisse Zeit als Chefingenieur bei einer Firma von Thomas Edison, mit dem er eng befreundet war, und der ihn immer förderte. Die Firmengründung erfolgte nach Experimenten mit Verbrennungsmotoren.

Einen großen Erfolg erzielte Henry Ford mit dem Verkauf des Modells T, das einerseits aufgrund seiner rationellen und schlichten Bauweise für große Käuferschichten erschwinglich war und zugleich konsequent mit Fließbandfertigung produziert wurde. Henry Ford perfektionierte diese Philosophie immer weiter und war nur schwer zu überreden, anspruchsvollere PKWs zu bauen. Dabei sorgte er sich stets für die erforderliche Kaufkraft der Konsumenten, gleichzeitig aber auch für eine entsprechende Entlohnung der Arbeiter, damit sie sich ein Auto auch persönlich leisten konnten (Ford 2014). Wie bereits früher erwähnt und später noch einmal zu würdigen sein wird, war Henry Ford auch ein Wegbereiter des Scientific Managements im Anschluss an F. W. Taylor (Wolk 2019).

1.5 Fazit

Ohne Weiteres könnten noch viele, weitere Unternehmerpersönlichkeiten genannt werden, wie z. B. Thomas Alva Edison, der eng mit der Erfolgsgeschichte von General Electric verbunden ist. Oder Alexander Graham Bell, der die Telefonkommunikation revolutionierte.

In vielen Fällen handelt es sich um ehrgeizige, rast- und ruhelose innovative Tüftler, die entweder über eine solide handwerkliche Ausbildung verfügten, und zwar im Hinblick auf Mechanik und Elektrotechnik, später aber auch in Verbindung mit Naturwissenschaften wie Physik und Chemie oder Medizin. Dabei stand der Transfergedanke stark im Vordergrund. Einerseits ging es um Nützlichkeit und

Wirtschaftlichkeit in der Anwendung, aber zunehmend war auch entsprechende Forschung erforderlich, um bis dato bestehende Grenzen in Physik, Chemie und Medizin zu überschreiten:

- Borsig und seine Vorläufer in England, Frankreich und den USA mussten z.B. lernen, wie man Dampfmaschinen perfektioniert oder die Elastizität von Eisen und Stahl verbessert.
- Siemens und Edison gelang es, z.B. im Bereich der Telegraphie neue Wirkungsformen zu erschließen oder elektrische Fahrzeuge wie z.B. Straßenbahnen zu entwickeln.
- Chemikern wie Du Pont und Meister, Lucius und Brüning gelang es, z.B. synthetische Farben, Düngemittel oder Fasern zu entwickeln
- Medizinern wie Robert Koch und Paul Ehrlich haben es geschafft, Medikamente zu erschaffen, um z.B. Diphtherie und Keuchhusten einzudämmen.
- Gleichzeitig haben zunehmend kompetente Fachleute in der Fabrikorganisation und in der sich entwickelnden Betriebswirtschaftslehre wertvolle Beiträge geleistet, damit das hinter den Erfindungen stehende Geschäftsmodell zur erfolgreichen Umsetzung kommt. Auch Juristen und Banker konnten hier wichtige Beiträge leisten.

Im Ergebnis wuchsen die erfolgreichen Unternehmen mehr und mehr, und es kam auch zu Fusionen, Firmenverkäufen und Liquidationen. Insofern können auch Unternehmen leben und sterben. Dabei liegen zwei Philosophien im Widerstreit: das Zielmodell und das langfristiger ausgerichtete Bestandsmodell. Im Idealfall ergänzen sich beide Konzepte. Es kann aber auch sein, dass mit einer erfolgreichen Zielerfüllung die Substanz des Unternehmens abnimmt und umgekehrt. Es ist also auch etwas dran, wenn man sagt, dass man »gehen soll, wenn es am schönsten ist«, d.h. man muss die Zeichen der Zeit erkennen, um sich erfolgreich verändern zu können.

2 Wissenschaftliche Forschung zu Industrialisierung, Bürokratisierung und Management

Parallel zur Industrialisierung in den relevanten Ländern USA, Frankreich, England und Deutschland sind verschiedene Professionalisierungsschübe zu verzeichnen. Sie betreffen folgende Bereiche:

- Das politische System im Hinblick auf die Demokratisierung in verschiedenem Ausmaß im internationalen Vergleich, autokratische Phasen nicht ausgeschlossen,
- die öffentliche Verwaltung und die Verwaltungsbediensteten, wobei im Kontinentaleuropa militärische und adlige Eliten bis zum Ende des Kaiserreiches in Deutschland privilegiert waren,
- die Rechtswissenschaften,
- die technischen und naturwissenschaftlichen Wissenschaften,
- die Wirtschafts- und Sozialwissenschaften (zunächst die Nationalökonomie und die Soziologie), später die Betriebswirtschaftslehre und last but not least als Querschnittsfach
- die Managementwissenschaften.

Es ist evident, dass sich diese Bereiche wechselseitig durchdrangen. Dies gilt insbesondere für die ersten drei und für die letzten drei Bereiche untereinander und dann auch wechselseitig.

Der politisch-administrative Komplex mit der starken Verankerung in den Rechtswissenschaften, die die Verwaltungseliten ausbildeten und zusammen mit Militär und Adel das ideologische Rückgrat der bürgerlichen Gesellschaft verkörperten, geriet mit dem steigenden Einfluss der Arbeiterklasse und ihrer ideologischen Unterstützer in Wissenschaft und Kultur unter zunehmenden Veränderungsdruck. Jeder sich neu formierende Industriebetrieb war zugleich eine Herrschaftsorganisation, bei der sich die Frage nach dem gerechten Lohn stellte, von einer Beteiligung am Gewinn oder am Vermögen ganz zu schweigen. Ebenso stellte sich die Frage nach der angemessenen Teilhabe an den operativen und an den strategischen Entscheidungen.

Der wissenschaftlich-kulturelle Komplex entwickelte sich auf der Grundlage der Veränderungen im soeben genannten ersten Bereich. Insbesondere die naturwissenschaftlich-technischen Wissenschaften erlebten eine rasante Blütezeit mit bahnbrechenden gesundheits- und wohlstandssteigernden Effekten sowie einer steigenden Arbeitsproduktivität. Damit stellte sich wiederum die Frage nach der Beteiligung am Gewinn durch einen gerechten Lohn. Die vermeintlich unideologischen und technokratischen Natur- und Ingenieurwissenschaften bildeten letztlich eine starke Basis für die erwähnten Wohlstandseffekte. Dabei ist nicht zu verkennen, auch wenn es häufig übersehen wird, dass ein gerechter Lohn sich nicht mit vermeintlich wissenschaftlich-technokratischen Methoden ermitteln lässt. Ohne den positiven Effekt von Verteilungsformeln und Ursache-Wirkungs-Berechnungen zu verkennen, handelt es sich letztlich doch immer um eine Machtfrage.

Deswegen sind die Gesellschaftswissenschaften (Soziologie, Philosophie, Nationalökonomie) im Rahmen der Industrialisierungsbewegungen sehr wichtig, weil sich aus ihnen Erkenntnisse und Ideologien speisten, welche nicht zuletzt für die Frage »Kapitalismus oder Sozialismus?« bedeutsam sind (Kocka 2024).

2.1 Bürokratische Ansätze

Max Weber gilt als der klassische Gelehrte, an dem man mit seinen Überlegungen zur Bürokratie nicht vorbeikommt. Sowohl die Nationalökonomie als auch die Soziologie reklamieren ihn als einen ihrer Urväter (Weber 1972). Bürokratie gilt nach Weber für behördenähnliche Organisationen, und zwar in Staat und Kirche ebenso wie in großen Privatbetrieben, Parteien und Armeen (Weber 1972, S. 126). Im Angloamerikanischen spricht man auch von »public administration« und von »business administration«.

Bürokratie und zweckrationale Herrschaft sind untrennbar miteinander verbunden. Dabei werden die Zwecke nach Weber als gesetzt betrachtet. Insofern haben auch Diktaturen eine Bürokratie, die dann positivistisch und vorschnell als legal betrachtet wird. Weitere Merkmale sind die Arbeitsteilung, eine nach Rängen geordnete Hierarchie, professionelles Personal, das als Beamter agiert. Deshalb sprach man früher u. a. auch von Bankbeamten.

Das Bürokratiephänomen ist für unsere Problematik in mehrerlei Hinsicht von Bedeutung:

- Bürokratie ist regelbasiert und ordnungsstiftend
- Bürokratie gilt als Kontrollinstrument
- Nach dem ehernen Gesetz der Oligarchie nach Michels tendieren alle Organisationen, auch Parteien etc. zu oligarchischen Strukturen.
- Bürokratien gelten als dysfunktional und sind am besten immer wieder einzudämmen.
- Bürokratieabbau ist wie Sisyphos-Arbeit

2.2 Administrative Ansätze

Typischer Vertreter ist Henri Fayol (Fayol 1916). Management- und Organisationsprobleme gelten bei ihm für alle Organisationen generell und lassen sich in technische, kommerzielle, finanzielle, Sicherheits-, Buchhaltungs- und in administrative Funktionen unterteilen. Wichtiger Vertreter ist auch L. Gulick, der in Anlehnung an Fayol zwischen

- Planning
- Organizing
- Staffing
- Directing
- Coordinating
- Reporting und
- Budgeting

unterschied und in der Abkürzung POSDCORB umschloss. Damit sind eigentlich alle wesentlichen Managementfunktionen zusammengefasst, die tatsächlich, wenn auch in unterschiedlicher Gewichtung, in allen größeren Organisationen anzutreffen sind (Gulick 1987).

Für unsere Modenbetrachtung ist nicht zuletzt das Prinzip der Einheit der Auftragserteilung relevant. In diesem klassisch-hierarchischen Einliniensystem gibt es für jede Stelle eine eindeutig vorgesetzte Stelle, und sofern es sich um eine Leitungsstelle handelt, mindestens eine, meistens mehrere eindeutig zugeordnete untergeordnete Stellen (► Dar. II.2).

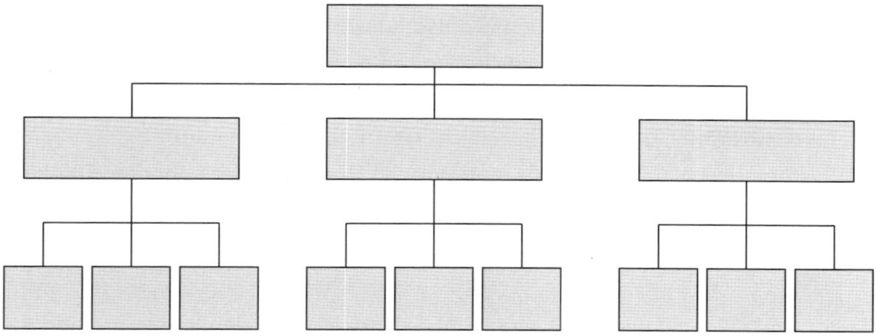

Dar. II.2: typisches Einlinienmodell (Schreyögg 2003, S. 158)

Die Anzahl der Ebenen in der Organisationsstruktur dokumentiert die Leitungstiefe, die Anzahl der direkt untergeordneten Stellen wird als Leitungsspanne bezeichnet. Ähnlich den Handwerksregeln beim Kirchenbau gibt es Daumenregeln für Leitungstiefe und Leitungsspanne, wobei die Organisationsgröße nach Mitarbeiterzahl und regionaler Ausdehnung ja auch noch zu beachten ist. Auf jeden Fall wird zwischen flachen und tief gestaffelten Hierarchien in Großorganisationen unterschieden und Leitungsspannen typischerweise von bis zu acht in administrativen und deutlich mehr in Produktionsbereichen. Eine mathematische, konsistente Formel gibt es allerdings nicht. Es sind Erfahrungsregeln wie bei den Baumeistern des Mittelalters.

2.3 Scientific Management

Vor dem Hintergrund der naturwissenschaftlich-technischen und der gesellschaftlichen Umwälzungen im Hinblick auf die Entstehung der Arbeiterschichten und der staatlichen Veränderungen in Europa und in den USA entwickelte F. W. Taylor seine »Principles of Scientific Management« (Taylor 1911). Zuvor hatte bereits Adam Smith sich grundlegend mit den Vorteilen der Arbeitsteilung beschäftigt, während Karl Marx stärker die bereits beschriebenen Entfremdungs- und Verelendungsaspekte betonte.

Taylor und seine Kollegen Gilbreth, Gantt und Barth sahen die besagten Veränderungen in erster Linie als große Chance, um auch die Arbeiter durch ein spezifisches Leistungsdenken an den Wohlstandsvorteilen partizipieren zu lassen. Diese ingenieurmäßigen Ansätze waren mit folgenden Prinzipien verknüpft:

- Leistungslohn (Akkordlohn) als wichtige Anreizkomponente
- Systematische Zeitstudien als methodische Grundlage der Lohngerechtigkeit
- Trennung von Planung und Ausführung und Kontrolle in einer
- Funktionalen Organisation (Verrichtungsmodell)

Taylor und seine Schüler (z. B. Gulick 1925) entwickelten damit eine methodenbasierte Kunstlehre, die zur Keimzelle des Industrial Engineerings mit starken ingenieurwissenschaftlichen Bezügen und zur Entstehung des ingenieurmäßigen Zweiges der Arbeitswissenschaften führte. Bis heute wirkt dieser Einfluss nach, insbesondere in den Ingenieurwissenschaften, während die sozialwissenschaftlichen Zweige der Arbeitswissenschaften erst später entstanden. Diese waren allerdings viel eher in der Lage, auch die Eigentumsverhältnisse im Kapitalismus (Arbeitnehmer-Arbeitgeber; Lohnabhängige und Besitzende) zu reflektieren. Dabei liegt der Vorteil des Scientific Managements in einer stärkeren Systemneutralität, denn auch in den sozialistischen Ländern war der Akkordlohn weit verbreitet.

Die funktionale Organisation (Verrichtungsmodell) gilt als das klassische Organisationsmodell eines Unternehmens mit einer homogenen Produktpalette (► Dar. I.4). In organisatorischer Hinsicht ist Taylor aber auch der Schöpfer der Mehrlinienorganisation (► Dar. II.3).

Dieses Organisationsmodell widerspricht diametral dem Einlinienprinzip von Fayol. Hier hat jeder Mitarbeiter mehrere Vorgesetzte. Deshalb spricht man auch vom Funktionsmeistersystem. Eigentlich handelt es sich um einen zeitlos modern wirkenden, wenn auch ungewohnten Ansatz, der dem gewohnten, hierarchischen Denken widerspricht. Spätere Überlegungen mit demselben Grundprinzip führten zur Matrix-Organisation, auf die später noch eingegangen wird. Aber auch das beidhändige Denken (Ambidextrie) und das agile Management mit der Überwindung von Planung und Ausführung geht in ähnliche Richtungen. Aber dazu kommen wir später noch (Fayol 1916).

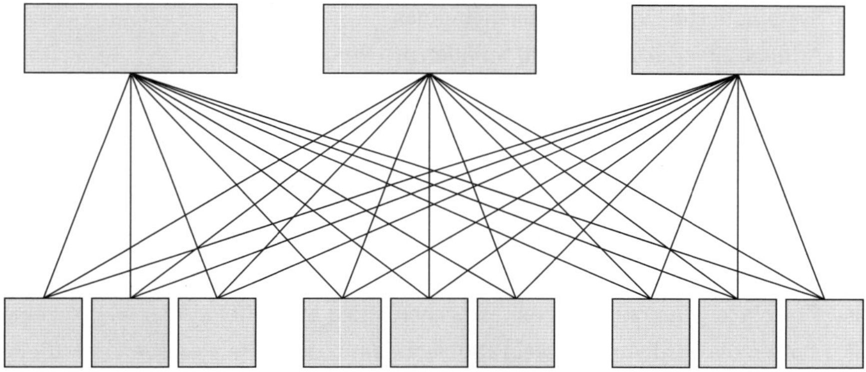

Dar. II.3: Mehrlinienmodell (Schreyögg 2003, S. 158)

Zunächst ging die Entwicklung erst einmal weiter in Richtung Arbeitszerlegung. Dies führt zu verschiedenen Ebenen der Arbeitsteilung sowohl zwischen Hand- und Kopfarbeit, aber auch innerhalb derselben Organisation und last but not least auch zwischen Industrieländern und sich erst noch entwickelnden Ländern.

Eine konsequent durchdeklinierte Arbeitsteilung hat insbesondere dann große Produktivitäts- und Rentabilitätsvorteile, wenn das herzustellende Produkt möglichst dasselbe ist. Man spricht dann auch von einem homogenen Produktprogramm. Insbesondere bei homogener Massenproduktion hat die Fließfertigung unbestrittene, unschlagbare Vorteile. Das Modell T von Henry Ford ist das anschauliche Beispiel für eine sehr produktive Massenproduktion eines Standardproduktes unter Einsatz eines elektrisch angetriebenen Fließbandes. Damit war Ford den europäischen Konkurrenten erst einmal mehrere Jahre voraus.

Als Fordismus bezeichnet man die folgenden, mit Ford assoziierten Prinzipien:

- Starke Produktstandardisierung
- Fließfertigung
- Optimale Anordnung von Menschen und Maschinen

aber auch:

- Hohe Löhne
- Systematische Eignungsuntersuchungen
- Arbeitszeitverkürzungen (48 Stunden pro Woche!)
- Preissenkungen
- Verbot der Gewerkschaften bei Ford

Damit wird zweierlei deutlich: mit einer effizienten Produktion allein ist es nicht getan. Auch die Preise und die Löhne müssen stimmen. Arbeitszeit soll nicht zu ausbeuterisch sein, denn die Moral der Arbeit ist wichtig. Ob es wirklich sinnvoll ist, Gewerkschaften zu verbieten, ist sicherlich zu bezweifeln. Aber wahrscheinlich hatten die Ford-Arbeiter kein Problem damit, denn die »Kasse« stimmte ja. Und Henry Ford war nicht nur rassistisch und rechts, sondern auch autoritär bzw. patriarchalisch. Aber er konnte auch ganzheitlich und unternehmerisch denken.

2.4 Psychologische Ansätze

Arbeits- Betriebs- und Organisationspsychologische Ansätze gehen grundsätzlich vom individuellen Menschen aus (vgl. z. B. Weinert 2004). In der Betriebswirtschaftslehre ist es stattdessen die abstrakte Person, die durchaus einzigartig sein kann, aber trotzdem austauschbar. Inzwischen ist der strittige Grundsatzdiskurs zwischen beiden Disziplinen weitgehend friedlicher geworden. Man hat sich arrangiert, weil man mehr voneinander weiß.

Zentral ist die Unterscheidung zwischen Leistungsfähigkeit und Leistungswilligkeit, wobei beide Bereiche nicht trennscharf zu unterscheiden sind (Felfe 2024). Zum ersten Bereich gehören die Arbeitsbedingungen wie Lärm, Staub, Hitze, Monotonie, Ergonomie, Beleuchtung – dies alles im Sinne einer optimalen Anpassung des Menschen an die Arbeit. Dabei ist einerseits der Arbeitsplatz zu betrachten, aber auch die Eignungs- und Belastungskomponenten des Mitarbeitenden, z. B. Ermüdung, Gesundheit, Stress, Über- und Unterforderung. Insofern kommt dem Grundsatz vom »richtigen Mann (!) an den richtigen Platz« besondere Bedeutung zu. In diesem Zusammenhang wurden psychologische Tests entwickelt, die bei der Personalauswahl und der Personalentwicklung eingesetzt werden konnten. Hierzu passt das sog. Genfer Schema, das ein Kreis von Arbeitswissenschaftlern in Genf am Rande einer Fachtagung im Jahre 1950 für die analytische Vergütung entwickelten (Zander 1990).

Dar. II.4: Genfer Schema (Zander 1990, S. 53)

	körperlich	**geistig**
Können	Handfertigkeit Geschicklichkeit Wendigkeit usw.	Schulausbildung Berufsausbildung Fachausbildung Erfahrung geistige Gewandheit und charakterliche Anforderung usw.
Beanspruchung	Muskelbelastung (statisch und dynamisch)	Nachdenken Disponieren Konzentration Aufmerksamkeit usw.
Verantwortung		für Arbeitsablauf für Personal für Betriebswerte für Sicherheit anderer usw.

In der Folge wurden insbesondere Eignungstests inklusive Intelligenztests, Belastungstests und Geschicklichkeitstests für auszuwählende Personen entwickelt, während gleichzeitig Untersuchungen bezüglich der Arbeitsbedingungen erfolgten. Mit dem steigenden Niveau dieser Forschung geht m. E. allerdings ein stärker werdender technokratischer Glaube an ihre Unfehlbarkeit und ein sorgloser Umgang durch nicht hinreichend ausgebildete »Fachleute« einher.

2.5 Human Relations

Die Human-Relations-Bewegung entstand aus der Tradition der soeben genannten Untersuchungen, bei denen die physikalischen Arbeitsplatzbedingungen in einem Werk (Hawthorne) der Western Electric Company systematisch untersucht wurden. Bei einer dieser Untersuchungen im »Bank Wiring Room« wurden Arbeiterinnen in zwei Gruppen wechselnden Arbeitsbedingungen ausgesetzt und dabei die Leistungsergebnisse ermittelt.

In der einen Gruppe wurden die verschiedenen Arbeitsbedingungen konstant gehalten. In der anderen Gruppe wurden die Leistungen immer mehr verschlechtert. Trotzdem stiegen die Leistungsergebnisse (Roethlisberger 1939).

Die Interpretation dieser Ergebnisse führt zu der Erkenntnis, dass soziale Aufmerksamkeit, hier zwischen den Forschenden und den Arbeiterinnen, eine besondere Rolle spielt, um z. B. die Motivation der Personen zu steigern. Leistungswillen, gespeist durch Aufmerksamkeit und Teamorientierung kann also mindestens so wichtig sein wie die Leistungsfähigkeit, welche »nur« durch positive Rahmenbedingungen gefördert wird.

Aus dieser Interpretation heraus entstand die Kleingruppenforschung, wobei auch die informalen Beziehungen in einer Gruppe untersucht wurden sowie die Führungslehre und das Führungs- und Motivationstraining (Blake/Mouton 1964).

Insofern bilden die arbeitsökonomisch-ingenieurwissenschaftlichen und die sozialwissenschaftlichen Ansätze von Psychologie und Soziologie zwei Seiten einer Medaille. Zugleich erfolgt in beiden Denkschulen eine Ausweitung vom Individuellen hin zur Arbeitsgruppe als einem Kollektiv mehrerer Personen.

Kritisch bei beiden Philosophien ist, dass Herrschafts- und Konfliktbeziehungen häufig ausgeklammert werden. Damit kommt als dritte Ebene die institutionelle bzw. die Organisationsebene ins Spiel, also die Betrachtung der jeweiligen Referenzorganisation (Unternehmung, öffentliche Verwaltung, Non-Profit-Organisation etc.) und ihrer äußeren wie inneren Rahmenbedingungen.

Wichtig ist somit die Trias Individuum, Gruppe, System in ihrer wechselseitigen Vernetzung mit den jeweiligen Kontextfaktoren in politisch-gesetzlicher, ökonomischer und ökologischer, technologischer und wertmäßiger Hinsicht zu sehen. Bemerkenswert sind folgende Weiterentwicklungen im Anschluss an die Human-Relations-Bewegung:

- Organisationssoziologisch ausgerichtete Verhaltenswissenschaften betonen die Wechselwirkungen zwischen Gruppe, Organisation und Kontext und prä-

gen die weitere Forschung seit den 30er Jahren des vorherigen Jahrhundert bis in die Nachkriegszeit hinein. Dabei sind insbesondere Chester Barnard (The Functions of the Executive) zu nennen, vor allem mit seinen Überlegungen zum organisatorischen Gleichgewicht von Anreizen und Beiträgen, und Herbert A. Simon sowie seine Schüler Cyert und March. Die mittlerweile zu Klassikern gewordenen Buchtitel sprechen für sich:
 - Administrative Behavior (March/Simon 1993)
 - Behavioral Theory of the Firm (Cyert/March 1992)
- Psychologisch und sozialpsychologisch ausgerichtete empirische Arbeiten sind zu erwähnen, aus denen heraus sich die Führungsforschung entwickelte Dabei sind mehrere amerikanische Universitäten zu nennen, insbesondere Michigan, Ohio State, aber auch Tavistock in London (vgl. Staehle 2025)

Die bereits genannten Zweige der Organisations- und Managementforschung entwickelten sich naturgemäß weiter:

- Innerhalb der Arbeitswissenschaften standen Prämienmodelle ebenso im Vordergrund, wie die Arbeitsbedingungen bei Fließbandarbeit und Möglichkeiten der Überwindung von Monotonie am Arbeitsplatz.
- Während die Psychologen sich im Hinblick auf das Individuum auf Motivationsfragen konzentrierten, erarbeiteten die Kollegen, die sich auf die Gruppe konzentrierten, Konzepte des Sensitivity Trainings und der Selbsterfahrung.

Wie ein roter Faden durchzieht die grundsätzliche Aufspaltung in arbeits- bzw. arbeitsplatzbezogene Ansätze einerseits und personenbezogene Ansätze hinsichtlich Individuum und Gruppe andererseits die Entwicklungslinien der Management- und Organisationsforschung. Dabei kann man innerhalb der Motivations- und Führungsforschung wiederum einerseits die Konzentration auf den Aufgabenbezug von Individuum und Gruppe identifizieren und andererseits auf den Beziehungsbezug.

Immer wieder gab es dabei wechselseitige Annäherungen, z. B. zwischen den arbeitsplatzbezogenen Sozialwissenschaftlern und den technokratischen Arbeitswissenschaftlern, aber auch die konsequente, isolierte Fokussierung auf den eigenen Ansatz. Mit der letzteren Tendenz ist schnell die Entstehung einer Mode verbunden, und dies zu Lasten einer ganzheitlichen Sichtweise und einer situativen Relativierung.

2.6 Entscheidungstheorie

Eine wichtige Ergänzung lieferten seit Anfang der 50er Jahre formalwissenschaftliche Ansätze, die man unter Management Science oder Operations Research subsumierte. In der Folge wurden mathematische Entscheidungsmodelle entwickelt, wobei zugleich die Entwicklung von immer leistungsfähigeren Computern die Anwendungsmöglichkeiten dieser Modelle erweiterte (Sauer 2009).

Vor allem bei quantifizierbaren Problemen in der Materialwirtschaft, Produktion und Logistik bilden z. B. spieltheoretische Modelle und Simulationsverfahren eine wichtige Rolle, etwa unter Verwendung der Netzplantechnik. Bei Organisations- und Führungsfragen wurde versucht, optimale Abteilungsgliederungen oder Informations- und Kommunikationsstrukturen zu ermitteln. Künstliche Intelligenz mag hier hilfreich sein, um schlecht strukturierte Managementprobleme besser abbilden zu können. Hier steht uns in unserer VUCA-Welt noch einiges bevor.

Allerdings gilt die Dichotomie zwischen strukturell-aufgabenbezogen und verhaltensbezogen-personenbezogen auch für die Verästelungen in der Entscheidungstheorie:

- normative, sachrationale Entscheidungstheorien stehen
- verhaltenswissenschaftlichen Entscheidungsansätzen gegenüber.

Einerseits ist es fruchtbar, zwischen Entscheidungen unter Gewissheit und Unsicherheit zu unterscheiden, und dafür entsprechende Entscheidungsregeln zu entwickeln. Andererseits müssen die Grundannahmen realistisch sein. Dazu gehört u.a. die Einschätzung von Dynamiken der Handlungssituation und die Unterstellung eines sach-rational verankerten Menschenbildes.

Empirische Untersuchungen und Gruppenexperimente haben jedoch ergeben, dass die meisten Personen nur bedingt rational handeln. So bestimmen u. a. auch

Sympathien, Vorurteile, »unverrückbare Erfahrungen« etc. die Entscheidungen vieler Personen. Wichtig ist sicherlich, dass Transparenz über die Entscheidungsprämissen herrscht, und warum sollen dabei nicht auch evidenzbasierte Simulationsmodelle helfen, Entscheidungen zu fundieren?

Stattdessen werden sehr oft Best-Practice-Modelle übernommen, weil »alle es so machen« und es dem Zeitgeist entspricht. Insgesamt ist festzustellen, dass entsprechend realistisch ausgerüstete Entscheidungstheorien einen wichtigen Link zu den Ergebnissen der Gruppenforschung bzw. der Führungsforschung verkörpern.

2.7 Systemtheorie

In den 50er Jahren wurde am Tavistock Institute for Human Relations in London von Miller, Rice und Trist der soziotechnische Systemansatz entwickelt. Zugleich entwickelte Ludwig von Bertalanffy 1951 eine allgemeine Systemtheorie (von Bertalanffy 1968). Insofern ist wieder sowohl ein sozialwissenschaftlicher als auch ein naturwissenschaftlich-technischer Bezug festzustellen.

Das Bestechende an den Systemtheorien ist der Ansatz der Ganzheitlichkeit und des offenen Systems. Mit der Offenheit wird zugleich die traditionelle Idee einer Organisation mit feststehenden Zwecken und Zielen überwunden. Stattdessen werden Konzepte des Wandels und der Organisationsentwicklung erschlossen.

Die Systemansätze wurden stark von kybernetischen Ansätzen beeinflusst, die sich wiederum »in sich« weiterentwickelten. Didaktischer Anknüpfungspunkt ist der Regelkreis, wie er sich z. B. beim Heizkörper-Thermostat findet.

Kybernetik I entspricht dem Ansatz, dass z. B. bei der Heizungsanlage eine bestimmte Temperatur eingestellt wird, auf die sich das Heizungssystem einpendelt. Hierzu bedarf es eines Steuerungssystems. Je nachdem, welche Außentemperatur herrscht, verändert sich die Intensität des Heizvorganges. Letztlich handelt es sich um ein stabiles, statisches System.

Gemäß Kybernetik II werden dynamische Kontexte eingeführt. So könnten in unserem Beispiel je nach Jahreszeit unterschiedliche Soll-Vorgaben eingespeichert werden, die wiederum, in einer nächsten Entwicklungsphase, mit erwarteten

Wetterprognosen oder Klimawandelszenarien »gematcht« werden. So könnte der Zukunftsweg bis hin zur Künstlichen Intelligenz aussehen (vgl. Vester 1974).

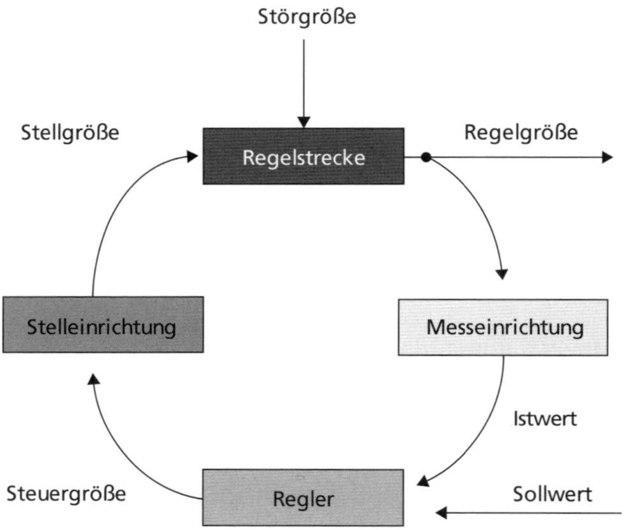

Dar. II.5: Regelkreis

Wendet man das Systemdenken gemäß Kybernetik II auf Managementfragen und die Organisationsentwicklung an, ist ein Unternehmen in Anlehnung an Hans Ulrich ein offenes und produktives soziotechnisches System (Ulrich 1968). Mit diesen Eigenschaften sind zugleich die ökonomischen, die sozialen und die technischen Aspekte verknüpft, deren Entwicklungsstufen wir in den vorherigen Absätzen skizziert hatten.

Mit »offen« entsteht der System-Umwelt-Bezug. Dabei ist es didaktisch sinnvoll, zwischen folgenden, wiederum dynamischen Umweltdimensionen zu unterscheiden:

- politisch-gesetzliche Umwelt
  (Form der Staatsverfassung, Wirtschaftsdemokratie, Wirtschafts-, Sozial-Technologie-Klimapolitik etc.)

- ökonomische Umwelt (z. B. ökonomische Entwicklung, internationale Einbindung,
  Konjunktur, Renditechancen)
- soziokulturelle Umwelt (Einstellung zur Arbeit, Wertewandel, Alterspyramide)
- technologische Umwelt (Elektromobilität, Wasserstoffentwicklung, Batterieforschung, KI, Health-Care-Entwicklung

Um den System-Umwelt-Bezug didaktisch nachvollziehbar zu untergliedern, sind z. B. die Vorschläge folgender Autoren anzuführen:

- Stafford Beer (1974) unterscheidet erstens zwischen Basiseinheiten innerhalb der Institution (Organisation) und deren funktionaler Leitung, zweitens der Koordination dieser Basiseinheiten auf Leitungsebene, drittens dem operativen Management, um ein »internes Gleichgewicht« zu erlangen, viertens dem strategischen Management als Abstimmung zwischen System und Umwelt, um ein »externes Gleichgewicht« anzustreben und fünftens dem normatives Management, um das interne und das externe Gleichgewicht miteinander abzustimmen.
- Vertreter der St. Galler Schule (Hans Ulrich, Bleicher) haben diese Gedanken fortgeführt, wobei die Beherrschung von Komplexität als zentrales Phänomen aufgefasst wurde. Als eine Brücke zu den originär sozialwissenschaftlichen Modellen der Systemtheorie gilt dabei die Unterscheidung zwischen Führung und Leitung als »konstruktivistisch-technomorph« und der darüber hinausgehenden »Systemsteuerung«, um das Überleben des Systems zu sichern.

Letztlich benötigen diese eher formalen, strukturorientierten Systemansätze die Einbeziehung sozialwissenschaftlicher Ansätze. Womit wir wieder bei dem Ying-Yang-Verhältnis von »formal-strukturell« und »beziehungsorientiert« wären.

Chester Barnard und Homans gehen auch von Gleichgewichtsüberlegungen aus (Barnard 1938), die etwa für eine Gruppe als soziales System gelten. Hier gehen Parsons und Luhmann weiter, weil nun das Ordnungsmuster im Vordergrund steht, letztlich auch, um sowohl Zielerreichung als auch dynamischen Systembestand gewährleisten zu können.

Berühmt ist in diesem Zusammenhang das AGIL-Schema (Parsons 1981):

- Anpassung zwischen Umweltorientierung und Ressourcenzugang (Adaption)
- Zielsetzung und Zielverwirklichung durch entsprechende Ressourcennutzung (Goal Attainment)
- Integration der Handlungen in den Subsystemen (Integration) sowie
- Aufbau und Erhaltung der Werte- und Normenstruktur (Latency).

Luhmann baut auf diesen Überlegungen auf und stellt für das dynamische Funktionieren des Systems die Reduktion von Komplexität in den Vordergrund und dabei die Stabilisierung einer Innen-/Außendifferenz, um durch Grenzziehung die Systemidentität zu gewährleisten (Luhmann 1984).

Typische Reduktionsstrategien:

- Sinnbildung durch subjektive Interpretation und Übersetzung von Umweltkomplexität in systembezogene Komplexität
- Institutionalisierung und z. B. die Bildung einer Organisationsidentität durch die »Generalisierung von Verhaltenserwartungen, z. B. in einer Unternehmenssatzung.
- Umweltdifferenzierung und
- Innendifferenzierung, ähnlich wie bei (Homans 1958)
- Hinreichende Flexibilisierung, um die Subjektivierung und die Institutionalisierung gewährleisten zu können.

Bei nüchterner Betrachtung lassen sich die formal-strukturellen und die sozialwissenschaftlichen Systemansätze durchaus sehr gut miteinander verbinden. Entscheidend ist die wechselseitige und die dynamische Harmonisation zwischen »Innen« und »Außen«, auch unter der Einbeziehung organisationskultureller und interkultureller Rahmenbedingungen. Insbesondere Knut Bleicher hat diese Harmonisationsmechanismen in sein Werk »Integriertes Management« aufgenommen.

2.8 Situative Ansätze

Während die System-Ansätze die Ganzheitlichkeit und die Integration von Teilen in einem offenen, dynamischen System betonen, fokussieren sich die situativen Ansätze auf unterschiedliche Umwelt-System-Konstellationen. Sie nehmen damit eine umgekehrte, individualisierende und gruppenbezogene Perspektive ein.

Insbesondere die Forschergruppe um Pugh, Hinings und Turner von der Aston-Gruppe in Birmingham ist hier zu nennen (1968). Sie betrachten ihre empirisch ausgerichteten Arbeiten als eine situative Konkretisierung und Fundierung des auf Max Weber zurückgehenden Bürokratiemodells. Auch Lawrence und Lorsch entwickeln vor diesem Hintergrund in den 60er Jahren eine Kontingenztheorie der Organisation. Im Kern ist die Effizienz einer Organisation abhängig von der Art der Organisationsstruktur und diese wiederum bedingt das Verhalten der Organisationsmitglieder. Ausgangspunkt des Ganzen ist jedoch der situative Kontext, wie z. B. Branche oder Produktprogramm, Lebenszyklus etc.

Wichtig ist allerdings die Erkenntnis, dass hier keine deterministischen Beziehungen zwischen den genannten Variablen bestehen, sondern faktisch Handlungsspielräume im Bereich der Organisationsgestaltung und intervenierende Variable wie die Organisationskultur (► Dar. II.6). vorliegen.

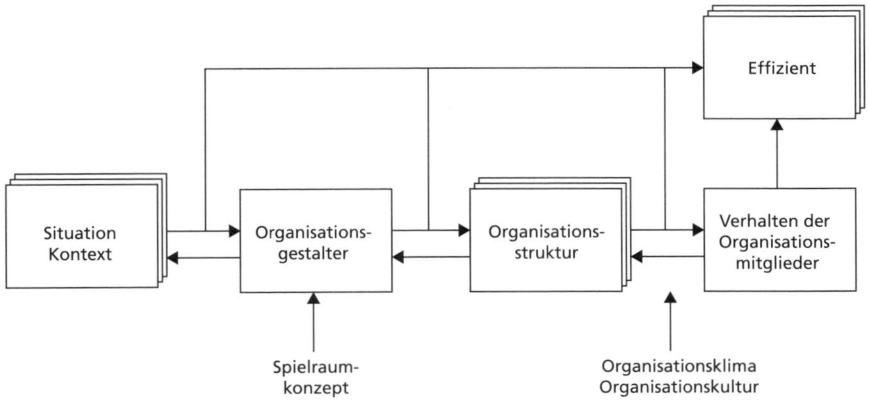

Dar. II.6: Verhaltenswissenschaftlich akzentuierter, situativer Ansatz (Staehle 2025)

Auch Knut Bleicher unterscheidet in diesem Zusammenhang zwischen den Ebenen des normativen, des strategischen und des operativen Managements. Jede dieser Ebenen hat wiederum einen Konnex zu den jeweiligen Strukturen, Aktivitäten und dem Verhalten. Dieses integrative Management, das einem ausdifferenzierten situativen Ansatz gleichkommt, ist gleichzeitig auch als systemtheoretisch zu verstehen, weil Bleicher stets von einem offenen und dynamischen, soziotechnischen System im Sinne der St. Galler Managementschule ausgeht (Bleicher 1999). Durch den Einbezug der politisch-rechtlichen Unternehmensverfassung sind zugleich institutionenökonomische Betrachtungen möglich, wie z. B. in der Principal-Agent-Theorie.

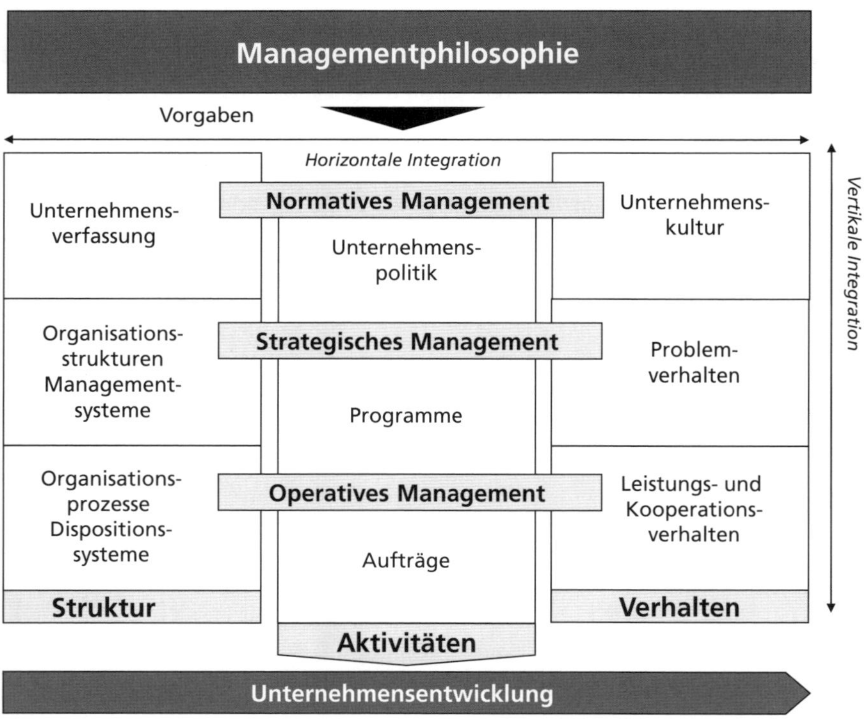

Dar. II.7: Bleichers integratives Management (1999, S. 77)

Eigentumsverhältnisse und deren »Effizienz« und Sinn sind also ebenso aufnehmbar wie interpretative Aussagen im Rahmen der Unternehmenskultur bis hin zu den interkulturellen Rahmenbedingungen.

So systematisch und anregend diese Darstellung auch ist: Mit klugen Überlegungen zur Harmonisation und Integration all dieser Komponenten in verschiedenen Dimensionen und Ebenen ist es noch nicht getan. Von der Forschung allein, so wichtig sie ist, sind auch nur kleine Schritte zu erwarten. Dazu gibt es halt wiederum zu viele theoretische Ansätze und Paradigmen.

So verbleiben wir bei unserer »Modenschau« erst einmal bei der Erkenntnis, dass es vor dem Hintergrund eines vielfältigen technischen Fortschritts und einer dynamischen Wirtschaftsentwicklung (trotz mehrerer Kriege) sowohl formale, strukturelle, aufgabenlogische Ansätze gibt, aber auch personen- und beziehungsbezogene Forschungsfelder. Aufgabe, Person und Sachmittel kann man isoliert und situativ betrachten, aber auch verknüpfen bis hin zur Ganzheitlichkeit im Sinne eines offenen Systems.

Je nach Forschungsparadigma kann man kritisch-rational vorgehen, aber auch interpretativ. So entsteht eine Management-Welt im Bereich Organisation und Führung, die nicht zuletzt auch interkulturell unterschiedlich ist. Letztlich ist zu bedenken, dass unsere Betrachtungen hier stark auf angloamerikanischen und europäischen Erkenntnissen beruhen. Auch zeitliche Abgrenzungen sind nicht immer trennscharf möglich: eine wahrhaft paradiesische Situation, um Moden und Mythen entstehen zu lassen. (Zu dem nachfolgenden Überblick vgl. die Darstellungen bei Staehle 2025, Schreyögg 2003 und Macharzina/Wolf 2010.)

2.9 Managementforschung und -praxis ab 1945

Nachkriegszeit und 50er Jahre

Wenn wir mit der Nachkriegszeit beginnen, so liegen bereits bedeutsame Erkenntnisse der Bürokratie und Verwaltungsforschung, des Scientific Managements und der Leistungsentlohnung vor. Hinzu kommt aber auch der Human-Relations-Ansatz mit wichtigen Impulsen für die Motivationspsychologie und die auch soziologisch relevante Kleingruppenforschung. Ebenso gibt es bereits erste, grundlegende Erkenntnisse zur Systemtheorie und zur Kybernetik.

Die Führungs- und die Gruppenforschung wird in den 50er Jahren an verschiedenen Instituten weiter ausgebaut. Das meiste wird in Europa aus den USA übernommen. Der Einfluss der Human-Relations-Bewegung ist dabei unverkennbar, was z. B. für die Theory Y von Douglas McGregor gilt und für die Motivationspyramide von Abraham Maslow, nach der der Mensch letztlich nach Selbstverwirklichung strebt (Maslow 1954).

Indem das Management by Objectives als Führungsprinzip eingeführt wird, kann man zugleich zwischen einer autoritären (Führung durch Zielvorgabe) oder einer kooperativen Variante (Führung durch Zielvereinbarung) unterscheiden. Letzteres passt im Westdeutschland der 50er Jahre, aber im realen Sozialismus in Ostdeutschland eher zum Zeitgeist der 50er Jahre. Wichtig waren vor allem ökonomische Ziele. Für die sozialen Ziele waren eher die Forscher im Elfenbeinturm zuständig.

Nicht zuletzt ist noch einmal auf die Modelle des Operations Research hinzuweisen. Z. B. beim Travelling Salesman Problem oder anderen Logistikfragestellungen war der Mensch ebenfalls sachlich-einheitlich genormt. Insofern war hier das Pendel wieder einmal stärker zur sachrationalen Wissenschaftsrichtung ausgeschlagen.

60er Jahre

Dies setzte sich in den 60er Jahren weiter fort. Organisatorisch bildeten Mischkonzerne den Schwerpunkt und damit die divisionale Organisation. Dabei wurde auch die Matrixorganisation angewendet, bei der funktionale und divisionale Gliederungspunkte miteinander »gekreuzt« werden (► Dar. II.12 und II.14).

Allerdings widersprach die konsequente Anwendung des Prinzips »Diener zweier Herren«, wie es auch dem Mehrlinienmodell nach Taylor entspricht, dem nach wie vor eher autoritären, ranghierarchischen Zeitgeist der 60er Jahre. Wenn nun doch eine der beiden Dimensionen Funktion oder Objekt/Sparte/Produkt dominiert, handelt es sich letztlich doch um eine traditionelle Stablinienorganisation. Meistens ist es dann also eine Geschäftsbereichsorganisation (Spartenmodell).

Gleichwohl hat das mehrdimensionale Denken in den 60er Jahren begonnen und ist heute aktueller denn je. Z. B. ist es durchaus üblich, sowohl einem formalen

Vorgesetzten disziplinarisch unterstellt zu sein und zugleich in mindestens einem Projekt eingesetzt zu sein mit einem jeweiligen Projektleiter. Auch hier können mehrdimensionale Beziehungen vorliegen. In diesem Fall handelt es sich um eine Projektmatrixorganisation. Das mehrdimensionale Denken kann letztlich nur in einem kooperativen Umfeld gedeihen. Anschauungsmaterial dazu liefern die Forschungen zum Sensitivity Training im Bereich der Organisationssoziologie und die Diskussion über kooperative Führungsstile und partizipative Führungsstile in der Organisationspsychologie.

Ende der 60er Jahre kam es im Zuge der Reflexion antiautoritärer Bewegungen (68er-Bewegung) zu einer Symbiose organisationswissenschaftlicher Ansätze an den Universitäten. Bis dato waren die betriebswirtschaftliche Organisationsforschung und die Schwesterforschungen in der Soziologie und in der Psychologie ziemlich getrennt. Eine gewisse Verbindung bestand allenfalls in den Arbeitswissenschaften.

Bis Anfang der 70er Jahre galten Organisationssoziologie und Organisationspsychologie in Deutschland als »Kapitalistenwissenschaften«. In diese Lücke stießen damals junge, moderne Vertreter der Betriebswirtschaftslehre wie z. B. Staehle und Kieser, indem sie die besagten, sozialwissenschaftlichen Ansätze rezipierten, in erster Linie aus den USA. Dort waren diese Grenzen wesentlich durchlässiger.

Mit einem gewissen Zeitverzug kamen diese integrativen Tendenzen via Forschung und Lehre auch der Praxis in Wirtschaft und Verwaltung zugute. Gleichwohl ist der disziplinäre Bezug naturgemäß vorhanden. Einseitige Betrachtungen können dann die Folge sein.

70er Jahre

Die Lern- und Erfahrungskurve ist ein Phänomen, das in der Fertigung, u. a. auch in Japan, entdeckt wurde, wo ja permanente Optimierungsbemühungen stattfinden. So wurde empirisch entdeckt, dass mit zunehmendem Produktions-Know-how die Abläufe verbessert werden konnten, so dass eine Zunahme der Produktionskapazität nicht allein für Kostendegressionseffekte verantwortlich war. Gleichzeitig wurden neue Erkenntnisse im Bereich des Situativen Führens gewonnen. Es gibt eben nicht den einheitlichen Führungsstil, der z. B. von der Art der Aufgabe abhängt, wie repetitiv (autoritär) vs. innovativ (kooperativ), aber auch vom Reifegrad der Mitarbeiter und der Führungskräfte.

Im Marketing-Management verfeinerten sich die Methoden, wie Märkte und Produkte optimal aufeinander abgestimmt werden können (Portfolio-Management). So wird z. B. zwischen neuen und alten Produkten auf neuen und alten Märkten unterschieden oder den Produkten eines Unternehmens mit hohem oder niedrigem relativen Marktanteil oder hohem oder niedrigem Marktwachstum. Je nach Situation, die in Vorlesungen und Vorträgen dargestellt werden, werden meistens 4-Felder-Matrixen dargestellt (► Dar. II.8)

Star **Strategie:** - Fördern - Investieren	Problem Fragezeichen **Strategie:** - Selektiv vorgehen
Zu melkende Kuh **Strategie:** - Position halten - Ernten, Absahnen	Hund **Strategie:** - Desinvestieren - Liquidieren

Dar. II.8: Produkt-Markt-Portfolio (Wagner 1991, S. 61)

In der Realität sind die Situationen natürlich komplexer. Vier Felder sind hingegen in erster Linie didaktisch sinnvoll (Vorteil), aber auch mit der Gefahr der Mythenbildung (Nachteil) verbunden.

80er Jahre

In den 80er Jahren kam viel Berater-Literatur auf den Büchermarkt. Etliche renommierte US-amerikanische Managementwissenschaftler versuchten, sich als »Management-Gurus« zu profilieren. Hintergrund für Wissenschaft und Praxis war der internationale Automobilmarkt, der sich in einer Krise und tiefgreifenden Veränderungen befand: Japanische Automobile wurden immer erfolgreicher, und man überlegte, wie man diesem Erfolg begegnen kann. Gleichzeitig gab es in der schwedischen Automobilindustrie massive Effizienzeinbußen, so dass man auch hier nach Rezepten suchte.

Der Versuch, dem Erfolg der japanischen Autos wirkungsvoll zu begegnen, führte zur Übertragung verschiedener Erfolgsprinzipien nach Europa, bzw. Deutschland. Hierzu gehörten insbesondere das Kanban-System und die Gruppenfertigung. Zugleich versuchte man, die Fertigungskosten durch verschlankte Strukturen zu senken, was zu dem Konzept des Lean Managements führte. Insbesondere diese innovativen Fertigungskonzepte führten zu der Frage nach dem Ende der Arbeitsteilung (Womack und Jones 1985).

Auf die Verwaltung übertragen, ersannen Unternehmensberatungen wie z. B. McKinsey das Konzept der Gemeinkostenwertanalyse (GWA). Peters und Watermann brachten den Bestseller »Auf der Suche nach Spitzenleistungen« heraus, wo sie zwischen harten und weichen Erfolgsfaktoren unterschieden:

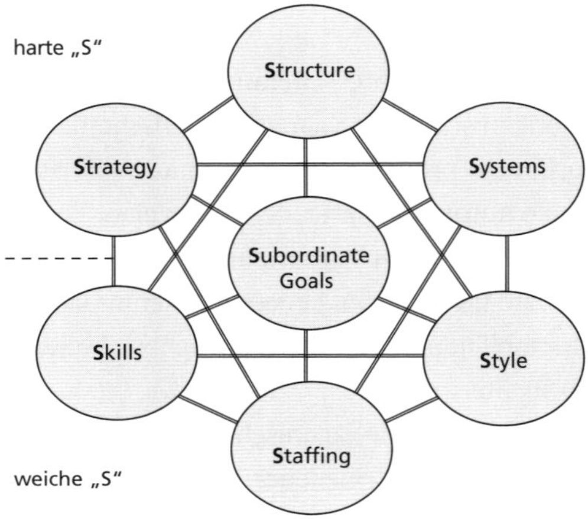

Structure = formale Organisationsstruktur
Strategy = Strategie, Produkt-Markt-Konzept
Systems = Systeme der Planung, Steuerung und Kontrolle
Style = Führungsstil, Betriebsklima
Staffing = Stellenbesetzung, Rekrutierung, Beförderung
Skills = fachliche und soziale Qualifikationen und Fertigkeiten der Manager
Superordinate Goal = über- geordnete Unternehmensziele

Dar. II.9: Peters und Waterman 7-S-Analyse (Neuberger/Kompa 1987, S. 11)

Damit wird wiederum erkennbar, dass hier von einem Zusammenspiel von aufgabenorientierter, formalstruktureller und verhaltenswissenschaftlich-sozialwissenschaftlicher Betrachtungsweise ausgegangen wird und zugleich eine Verknüpfung zur sich entwickelnden Forschung zur Unternehmenskultur entsteht. Die Anleihen bei der kulturwissenschaftlichen Forschung sind offensichtlich.

Aber auch technologisch kam es zu einer bemerkenswerten Innovation in der IT-Technologie: Personal Computer (PCs) ergänzten die bislang dominierenden Großcomputer. Im Laufe der Zeit konnten sie durch Miniaturisierung der Speicherchips an deren Leistungsfähigkeit anschließen. Es folgte im Übergang zum nächsten Jahrzehnt das World Wide Web und damit die Möglichkeit der Vernetzung zwischen Groß- und Kleincomputern und auch zwischen Ihnen.

90er Jahre

Für die Entbürokratisierungs- und Dezentralisierungsdiskussion waren die Vernetzungsoptionen revolutionär, weil die traditionelle Hierarchie mit ihren langen Dienstwegen durch die Möglichkeit des direkten Zugriffs entlastet wurde. So kann man in allen möglichen Bereichen in Dateien einsehen und sie verändern, z. B. bei Reisebuchungen oder bei den An- und Ummeldungen im Bürgerbüro.

Aber auch die aufgabenorientierten »Tayloristen« ersannen neue Rezepte. So perfektionierte das Konzept des Business Process Reengineering (BPR) die bisherigen Überlegungen zum Lean Management durch konsequente prozessorientierte Betrachtungen. Insbesondere in der Automobilindustrie konnten somit weitere Rationalisierungsreserven aktiviert werden.

Hinzu kam das Vordringen des Shareholder-Value-Konzepts: Alle Aktivitäten im Unternehmen sollten dazu beitragen, die Rendite zu steigern und somit die Aktionäre zufriedenzustellen. Andernfalls wurden Unternehmensteile verkauft. Das damals prosperierende Unternehmen Farbwerke Hoechst AG wurde auf diese Weise in Einzelteile zerlegt, die verkauft, ausgegliedert oder zu Industrieparks umgewandelt wurden. Bis heute ist, je nach Betrachtungsweise und Anhängerschaft umstritten, ob diese Aktion als eher vorausschauend-visionär oder als kurz gedacht und vorschnell beurteilt werden soll.

In der Führungsforschung wurde dabei das Konzept der transformationalen Führung zunehmend diskutiert. In der Praxis hätte es konsequenter angewendet werden können. Hier hatten die Sanierer häufig bessere Karten. Charismatische Führer gab es eher bei innovativen Firmen wie z. B. bei Apple. Allerdings wurde auch versucht, das gruppenorientierte Gedankengut weiter voranzubringen. Insbesondere bei Volvo konnten durch teilautonome Arbeitsgruppen die Fehlzeiten und der Absentismus gesenkt und die Motivation erhöht werden. Lernstattkonzepte und Qualitätszirkel führten zu einer ähnlichen Wirkung.

In diesem Zusammenhang gediehen auch vorsichtig verschiedene Individualisierungs- und Flexibilisierungskonzepte, die insbesondere an flexiblen Wochenarbeitszeiten in der deutschen Metallindustrie anknüpften, bei gleichzeitigem Ausbau gleitender Arbeitszeiten zu noch variableren Arbeitszeiten. Auch Sabbaticals wurden zaghaft getestet, wobei diese meistens im öffentlichen Dienst bei Professoren und Lehrern zur Anwendung kamen.

Nicht zuletzt wurde, anknüpfend an Peters und Waterman, dann auch bei Peter Senge u. a. das Konzept der Organisationskultur stärker in die Betrachtungen einbezogen. Aber auch hier geschah dies eher in der Theorie als in der Praxis. Viele Fusionen sind letztlich auch daran gescheitert oder gingen mit großen Reibungspunkten einher, weil unterschiedliche Unternehmenskulturen und unterschiedliche Länderkulturen nicht hinreichend beachtet wurden.

Jahrtausendwende

Inzwischen ist die Globalisierung recht weit fortgeschritten. Grenzen werden zurzeit vorwiegend politisch gesetzt. Gleichwohl steht die interkulturelle Forschung noch immer im sich entwickelnden Stadium. Hofstede, Trompenaars, Schwarz u. a. sind wenige Namen, welche hier als »usual suspects« immer wieder auftauchen (z. B. Hofstede 2001, Trompenaars 1991). Nach wie vor dominieren angloamerikanische Gedankenwelten, oder man muss sich nach ihnen richten, um als Hochschullehrer literarisch auf den vorderen Plätzen mitspielen zu dürfen.

Dabei ist offenkundig, dass in den asiatischen Ländern, in Afrika, Südamerika etc. landestypische, kulturelle Besonderheiten bestehen, von dem je spezifischen Verhältnis zu den indigenen Ursprüngen ganz zu schweigen. Hier ist in Theorie und Praxis also noch einiges zu tun. Dabei ist die empirische Forschung sehr aufwändig und erfordert komplexe und sensible Forschungsparadigmen.

Allerdings hat Hofstede bereits in den 80er und 90er Jahren beträchtliche Vorarbeit geleistet, an der man durchaus, wenn auch differenziert und regionalspezifisch anknüpfen kann. So sind typische Cluster für die angloamerikanische Welt, für asiatische und südamerikanische Länder sowie für Nord-, Zentral- und Südeuropa zu erkennen. Aber es bestehen noch viele Lücken, die es zu schließen gilt, und eben nicht vor dem Hintergrund von IBM-Landesniederlassungen, welche den empirischen Hintergrund Hofstedes gebildet haben. Insofern ist das Verhältnis von Landeskultur und Unternehmenskultur bei multinationalen Unternehmen ein weiteres Kapitel wert.

In technologischer Hinsicht ist die Vernetzung weiter fortgeschritten, so dass von dieser Warte aus viel einfacher Landesgrenzen überschritten werden können. Hier stellt sich immer mehr die Frage nach der digitalen Souveränität der europäischen IT-Anbieter, und dies vor dem Hintergrund US-amerikanischer und chinesischer Dominanz. Diese Frage gewinnt auch von daher an Brisanz, dass viele Datenclouds in den USA angesiedelt sind, oder von USA aus Zugriff auf andere Länder möglich ist.

Vor allen diesen Hintergründen ist die eingangs beschriebene VUCA-Welt immer noch komplizierter geworden. Kein Wunder, dass die Wunderheiler auf das agile Management schwören. Es setzt voraus, dass man sowohl die strategischen Aspekte des Handelns als auch das Operative gleichzeitig im Blick hat. Im Prinzip ist es eine Fortsetzung des mehrdimensionalen Denkens, das beim weiter oben beschriebenen Mehrliniensystem erforderlich ist (Pichler 2024).

Sicherlich ist gegen eine sinnvolle Prioritätensetzung und ein entsprechendes Zeitmanagement nichts einzuwenden: Welche Dinge sind sehr wichtig und welche Dinge sind dringlich? Dabei ist generell zu beachten, dass eine unzulässige Vorherrschaft des Dringlichen entsteht, und das eher langfristig Relevante in den Hintergrund tritt. Insofern sollte man agiles Management durchaus trainieren. Aber man darf die Personen auch nicht überfordern. Man darf bei der Beidhändigkeit des simultanen Arbeitens nicht den Spaß verlieren und übermäßigen Stress empfinden. Und vor allem sollte man auch an die Motivation derjenigen Mitarbeiter denken, die es nicht können. Bei aller ausgebufften Zielorientierung darf also der jeweilige Sinn nicht aus dem Auge verloren werden.

Nach Corona

Die Corona-Pandemie hat viele Usancen im täglichen Management ziemlich durcheinandergewirbelt. Die Frage ist, wie nachhaltig z. B. die Homeoffice-Regelungen nachwirken, die während dieser Phase außerhalb der Fertigungs- und Logistikbereiche eingeführt wurden. Gleichzeitig führen die Transformationsprozesse, die mit dem Ausstieg aus der fossilen Ressourcenwirtschaft verbunden sind, in verschiedenen Ländern zu Anpassungsproblemen, weil die Umstellung auf die E-Mobilität und auf erneuerbare Energien nicht schnell genug erfolgt ist, wobei sowohl kriegerische Auseinandersetzungen als auch Konkurrenzdruck aus China zu weiteren Schwierigkeiten führten.

In der Folge kündigten sich Entlassungen in größerer Zahl an, wobei es zurzeit relativ offen ist, ob der steigende Fach- und Führungskräftebedarf infolge des demografischen Wandels hier entlastend wirkt oder nicht. Es ist aktuell auch fraglich, wie mit Einwanderern und Migranten umgegangen wird.

Falls die Entlassungen überwiegen, wird die »aufgabenorientierte Rationalisierungspartei« im (Personal)-Management zumindest vorübergehend wieder die Oberhand gewinnen. Dann muss sich die »Human-Resources-Partei« wieder etwas gedulden. Hinzu kommen die Effekte durch die Künstliche Intelligenz, die offenkundig viele Routinearbeiten und Recherchetätigkeiten erleichtern kann. Hier ist das Ende der Entwicklung noch nicht abzusehen.

Ansonsten bleibt die Modewelle New Work weiterhin relevant. In ihrer ursprünglichen Fassung, angelehnt an ihren Schöpfer Fritjof Bergmann, ist sie ohnehin schon in Richtung »gutes Betriebsklima« weichgespült worden. Von selbstbestimmter Arbeit nach Bergmann kann zurzeit schon wieder einmal keine Rede sein (vgl. Bergmann 2017, Schermuly 2016).

So bleibt die Frage, wie es weitergeht. Dabei bietet unser Tool-Set viele Möglichkeiten, je nach Fantasie und Realität:

- Bezüglich des Arbeitsplatzes gibt es unzählige vertragliche Regelungen mit unterschiedlichem Absicherungsstatus. Dabei gibt es ein Kontinuum zwischen der unternehmerischen Freiheit des Start-ups und der lebenslangen Anstellung eines Staatsbeamten.
- Auch der Arbeitsort kann sehr vielfältig sein. Digital Nomads z. B. können von jedem Urlaubsparadies der Welt aus arbeiten, vom Homeoffice ebenfalls. Schichtarbeiter in der Produktion können davon nur träumen. Fritjof Bergmann hatte allerdings schon vor einiger Zeit, mit Hilfe von 3-D-Druck auch von entlegenen Orten aus zu produzieren. Hier haben die Anwendungsmöglichkeiten inzwischen zugenommen. Für die Massenproduktion kann das natürlich nicht gelten.
- Bleibt noch die Arbeitszeit. Hier gibt es noch viele Möglichkeiten bezüglich Arbeitszeitlänge und Arbeitszeitdauer. Manches hat sich allerdings schon getan. Alles Weitere hängt von der aufgabenzentrierten oder von der humanzentrierten Sichtweise ab.

3 Organisation und Führung im Wandel der Umwelt

3.1 Aufbau-organisatorische Konsequenzen

Im Folgenden sollen die Auswirkungen auf die Organisationsstruktur und auf die Fabrikorganisation näher beschrieben werden, die mit der Expansion im historischen Zeitablauf bei den beschriebenen Branchen verbunden sein können. Dabei ist davon auszugehen, dass bei allen Gründungen zunächst vom hier bereits mehrfach erwähnten funktionalen Organisationsmodell (Verrichtungsorganisation) ausgegangen wurde (Wagner 1991).

Stahlbranche

Borsig begann mit überschaubaren Aufträgen im Rahmen seines noch jungen Unternehmens. Im Zentrum der Aktivitäten stand dabei die Verarbeitung von Stahl. Dies geschah zunächst mit Hilfe von gekauftem Material, später kam eine eigene Stahlhütte dazu. Anfangs war die Produktpalette noch relativ homogen. Später stand der Lokomotivenbau im Zentrum. Insofern war das technische Personal vom Hilfsarbeiter bis zum Fachpersonal im Mittelpunkt, das es auszubilden und zu bewahren galt.

Neben der Schlüsselfunktion der Produktion war sowohl die Akquisitionsabteilung im Hinblick auf neue Aufträge als auch die Konstruktionsabteilung von Belang, um den Kundenwünschen gerecht zu werden. Wichtig war natürlich auch der Einkauf von Roh-, Hilfs- und Betriebsstoffen und letztlich die Auslieferung.

- Konstruktion, Entwicklung
- Beschaffung
- Produktion
- Akquise, Verkauf

Von zunehmender Bedeutung war das Finanz- und Rechnungswesen, und zwar im Hinblick auf die Produktkalkulation, aber auch auf die Finanzplanung, um die Investitionen in der Wachstumsphase finanzieren zu können. Ursprünglich wollte Borsig vieles aus eigener Substanz erwirtschaften, aber er merkte dann doch, dass er in bestimmten Situationen auf fremde Hilfe angewiesen war. Dies konnte durch befreundete Geldgeber geschehen, aber auch zunehmend durch Banken, die in den Gründerjahren entstanden und dies häufig, wie z. B. bei Siemens, direkt im Umfeld der Gründer.

Mit zunehmender Größe ist es typisch für Stahlunternehmen, dass zwischen dem Bereich der Ausgangsproduktion und den verarbeitenden Betrieben oder Geschäftsbereichen unterschieden wurde. Dabei kann die Palette hier sehr vielfältig sein, wie das Beispiel Thyssen-Krupp zeigt, wo zeiteilig z. B. Schiffswerften oder Aufzugsunternehmen zum Konzern gehörten.

Die Stahlproduktion kann dann sowohl im Inland als auch im Ausland erfolgen. Das hängt häufig vom Spezialisierungsgrad und den Rohstoffgewinnungs- und -verarbeitungskosten ab. Die nachfolgenden Verarbeitungsstufen hängen sehr stark von der Unternehmensstrategie ab. Sie kann auf eine Konzentration auf die Kernkompetenzen hinauslaufen oder auf Diversifikation, um z. B. Verlustrisiken zu minimieren.

So zeigt das Beispiel Borsig, dass der Bau von Dampflokomotiven zunehmend unattraktiv wurde. Dann kann so ein Unternehmensbereich dann auch geschlossen oder weiterverkauft werden. In jüngster Zeit kam es zu vielfältigen Unternehmenskonzentrationen im Lokomotivbereich (z. B. Siemens und Alsthom bzw. Bombardier), aber auch in der Stahlproduktion. Mittlerweile haben Brasilien, China und Indien in vielen Bereichen die traditionellen Produzenten in den USA und Europa abgelöst oder haben sich untereinander in Wirtschaftsverbünden zusammengeschlossen (Bosetzky 2011).

Elektrobranche

Auch wenn in der Stahlproduktion mit zunehmendem Wachstum eine ebenfalls zunehmende Heterogenität der Produkte festzustellen ist, was dann insbesondere für die Verarbeitungsbereiche gilt, ist im Elektrobereich von Anfang an eine größere Anwendungsbreite bezüglich der Herstellung und der Verarbeitung gegeben. Dies zeigt dann auch das Beispiel der Siemens-Brüder und ihrer Mitstreiter.

Ursprünglich besteht eine enge Verbindung zum Maschinenbau. Dies gilt etwa für die Produktion von Straßenbahnen und Elektrolokomotiven und die dazugehörigen Gleiskörper. Diese Nähe gilt aber auch für den Kraftwerksbereich mit seinen Dampfmaschinen und Turbinen und gleichgültig, ob der Strom aus Kohle, Wasserkraft oder Nuklearenergie gewonnen wird. Aber es gibt eben auch Anwendungsbereiche, die eine eigene, andere Welt bilden, wie die Telefonie und die Telegraphie, die aus Speicherzellen aufgebauten Computertechnologien und nicht zuletzt die Beleuchtung. Jeder dieser Bereiche baut zwar auf der Elektrizität auf. Aber zwischen der verdrahteten und der drahtlosen Produktvielfalt bestehen schon wieder Welten.

Dies bedeutet organisatorisch, dass das klassische Verrichtungsmodell, das im Stahlbereich längere Zeit typisch war (bevor es auch dort durch kompliziertere Modelle abgelöst wurde), bei Elektro schon viel schneller an seine Grenzen gestoßen ist. Bei Siemens führte dies denn auch zur Bildung mehrerer Tochtergesellschaften mit einem unterschiedlichen Produktportfolio. Mit der weiter oben bereits erwähnten Fusion von Siemens & Halske, Siemens-Schuckert und Siemens-Reiniger entstand eine divisionale Organisation, die aus den produktbezogenen Geschäftsbereichen besteht, quasi als profitbezogene Firmen in der Firma und eigenen, produktbezogenen Verwaltungsbereichen (insbesondere Finanz- und Rechnungswesen, Personal- und Sozialwesen) sowie divisionsübergreifenden Zentralbereichen.

Aktuell hat sich aus dieser Struktur allmählich eine Holdingstruktur entwickelt: Anstelle der bisherigen Geschäftsbereiche des Kernunternehmens, die es überwiegend nach wie vor gibt, wurden allmählich verschiedene Geschäftsbereiche an die Börse gebracht und ausgegliedert, wie z. B. Infineon und Siemens Mobility (Wittendorfer 2010). Es ist dann eine Frage der Strategie, inwieweit man sich von einem Bereich endgültig verabschiedet, wie vielleicht der nukleargetriebene Kraftwerksbau oder einen Teil der Aktien weiterhin (noch?) hält – auch, um sich zusätzliches Kapital zu beschaffen. Kritische Stimmen könnten jetzt auch sagen, dass Strategie auch so etwas wie Mode ist, z. B. weil der Shareholder-Value dann einen anderen Stellenwert bekommt, wenn tonangebende Unternehmensberater das empfehlen, oder, weil es halt »so üblich ist«. Manchmal bringen neu angestellte Top-Manager ihren Instrumentenkasten vom Vorgänger mit und versuchen ihn, da einst erfolgreich, nun erneut anzubringen. Eigentlich ist das eher »business as usual« und zeugt von wenig Fantasie.

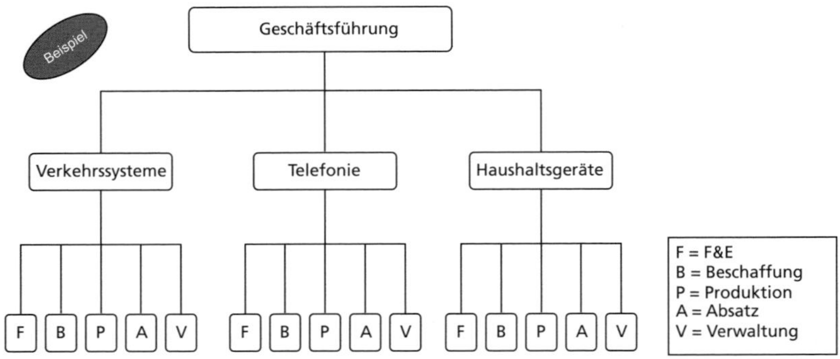

Dar. II.10: Modell einer Geschäftsbereichsorganisation

Dar. II.11: Modell einer Holdingorganisation

Deutsche Post AG			
BRIEF	EXPRESS	LOGISTIK	FINANZDIENSTL.
Global Mail Ltd. (USA), 100 % Interlanden (Nieder-lande), 100 % SmartMail (USA, 100 % Mail Merge (Niederlande), 70 % Unipost (Spanien), 38 % Koba (Frankreich), 100 % The Stationery Office (GB), 100 % Williams Lea (GB), 67 %	DHL Internation. GmbH (BRD), 100 % Polar Air Cargo Worl-dwide Inc. (USA), 100 % Van Gend & Loos (Niederlande), 100 % Narrondo Desarrollo SL (Spanien), 100 % DHL Express (Canada) Ltd., 100 % Blue Dart Express plc (Indien), 81,03 % Airborne Inc (USA), 100 % *... und weitere*	DANZAS Holding AG (Schweiz), 100 % Nedlloyd Logistics Group (Niederlande), 100 % ASG AB (Schweden), 100 % Air Express International AEI (USA), 100 % Exel plc (GB), 100 % FC (Flying Cargo) International Transportation Ltd. (Israel), 100 %	Deutsche Postbank AG (BRD), 50 % + 1 Aktie BP Capital (USA), 100 % DSL Bank (BRD), 100 % BHW (BRD), 98,43 % Exel plc (GB), 100 % Postbank Versicherungs- vermittlung GmbH (BRD), 100 %

Angaben in % = Kapital- und Stimmrechtsanteile

Chemiebranche

Für die chemische Industrie gelten ähnliche organisatorische Überlegungen wie bei den Elektrounternehmen. Ein großer Unterschied besteht allerdings in der Kuppelproduktion, die vorliegt. So werden aus dem zentralen Rohstoff Kohle, Erdöl oder Pflanzenmaterial im Rahmen der chemischen Synthese Zwischenprodukte gewonnen, die auch für andere Produktgruppen wichtig sind. Deshalb verfügen die Allround-Chemieproduzenten über kompakte Produktionsanlagen, wo es schwierig ist, sich nur auf bestimmte Produkte zu fokussieren bzw. auch eine trennscharfe Produktkalkulation vorzunehmen. In den nachfolgenden Darstellungen II.12 und II.13 wird die damalige Matrix-Organisation bei Honda gezeigt und die damalige Holdingsstruktur bei der Hoechst AG (Schreier 2009).

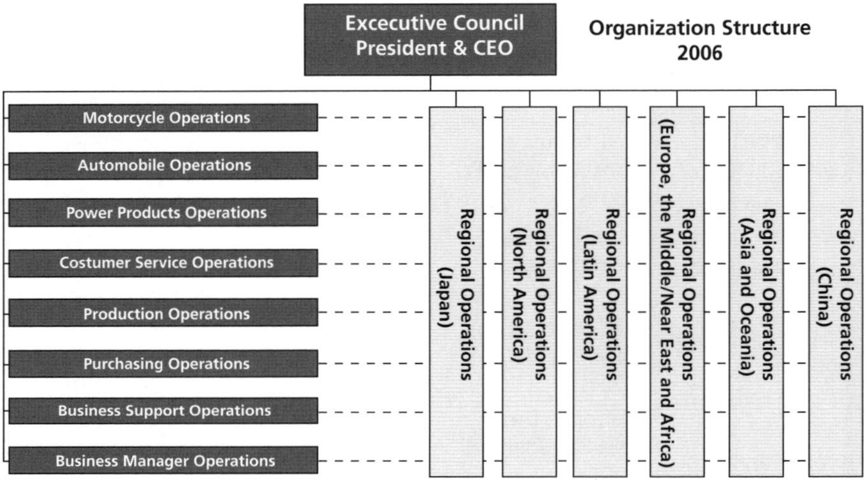

Dar. II.12: Matrixorganisation bei Honda

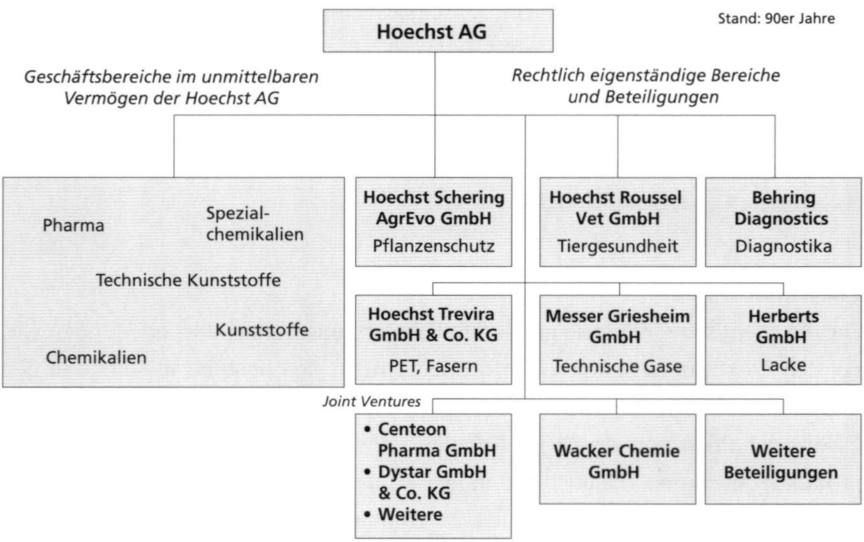

Dar. II.13: Holding-Organisation bei der Hoechst AG (Frese 2000)

Soweit der kurze Überblick zur Veränderung von Organisationsstrukturen von der Gründung an bis in die moderne Zeit. Wie verlief hingegen parallel die technologische Entwicklung und was waren die Folgen?

3.2 Technologie und Massenproduktion

Viele Gründungen beginnen mit der Einzelfertigung. Manche bleiben auch dabei. Das setzt allerdings voraus, dass ausreichend Werkzeuge und Maschinen vorhanden sind, um den individuellen Kundenwünschen gerecht zu werden. Hierzu ist eine entsprechende Investitionssumme erforderlich, die sich möglichst bald und nachhaltig rentieren muss. Auch das Personal muss hinreichend qualifiziert sein, um den Anforderungen gerecht zu werden. Letztlich gelten diese Ausführungen für viele Handwerksbetriebe, wenn der Auftrag an wechselnden Standorten ausgeführt wird und, wenn es überhaupt, keiner besonderen oder einer speziellen, kundenbezogenen Vorarbeit in der Werkstatt bedarf.

Von Beginn an ist aber ein Kostendruck vorhanden, der z.B. auf Preis- und Lohnsteigerungen zurückzuführen ist. Insofern sucht man nach Rationalisierungsmöglichkeiten, die z.B. durch eine gewisse Mechanisierung und Automatisierung gegeben sein können. Letztlich können hierdurch Arbeiten substituiert werden und es kann eine gewisse Spezialisierung bei fortschreitender Arbeitsteilung erfolgen (Schmeisser 2010).

Mechanisierung und Automatisierung

Bei Mechanisierung wird Arbeitskraft durch Maschinen ganz oder teilweise ersetzt. Dies trifft z.B. auf Press- und Schneidemaschinen zu oder Maschinen in einer Dreherei oder Fräserei. Von Automatisierung spricht man, wenn der Substitutionsprozess (nahezu) vollständig erfolgt. Automatisierung spielt bereits eine wichtige Rolle in der »Urproduktion«, etwa beim Hochofen oder bei chemischen Anlagen, wo Ausgangsstoffe für nachfolgende Fertigungsstufen raffiniert werden. Hierdurch wurde Arbeitskraft schon recht früh durch maschinelle Vorgänge ersetzt. Dies wird z.B. deutlich, wenn man an das traditionelle Handwerk des Schmiedes denkt und seine Arbeit mit den Vorgängen bei der Stahlproduktion miteinander vergleicht.

Während Mechanisierung z. B. schon früh im neuen Unternehmen von Alfred Borsig eine zunehmend wichtigere Rolle gespielt hat (Bosetzky 2011), sind Automatisierungsvorgänge insbesondere bei der Herstellung großer Mengen erforderlich, also bei einer Massenproduktion. Eine Zwischenstufe nimmt die Serienfertigung ein, die im Lokomotivbau zunehmend wichtiger geworden ist, und später bei der Automobilproduktion. Dabei kann der Übergang fließend sein. Insbesondere bei kleineren, standardisierten Produkten wie z. B. Steckdosen und Stecker in der Elektroindustrie. In der Automobilproduktion, aber auch in anderen Bereichen, nimmt die Fließfertigung eine besondere Rolle ein.

Fließband als wichtige Fertigungstechnologie

Durch das Band oder andere halb- oder vollautomatisierte Transportaktivitäten werden in einem vorgegebenen Takt bzw. Geschwindigkeit die herzustellenden Halb- und Fertigprodukte weitertransportiert. Wichtige gedankliche Vorarbeiten zur Fließfertigung gehen auf Überlegungen zur Arbeitsteilung und Aufgabenzergliederung zurück. Entscheidend für einen guten Arbeitsfluss ist z. B., wie die wichtigsten Werkstätten angeordnet werden können. Im Vordergrund steht weiterhin die Frage, welche Größe und Gewicht das herzustellende Produkt hat, bzw. wie einfach oder wie schwierig es zu transportieren ist. Insofern kann z. B. die Fertigung eines bestimmten Autotyps im Fokus stehen oder die Herstellung von Zahnpasta. Bei einer Lokomotive wird man wohl mehrere Werkstätten benötigen, die verschiedene Produktionsstadien abdecken, und man braucht schweres Gerät zum Weitertransportieren, während man beim Automobil in modernen Fabriken eine langgestreckte Halle benötigt.

Immer steht der Arbeitsfluss bzw. der Prozess im Vordergrund. Henry Ford mit seinem Modell T gilt als einer der Pioniere der Fließfertigung (Ford 2014). Eigentlich sind die Parallelen zum Schneidern eines Kleides frappierend: Am Anfang stehen die Stahlbänder bzw. -rollen, die vom Stahlwerk von innerhalb oder außerhalb angeliefert werden. Im Zentrum steht die Plattform (das Korsett), auf der die Karosserie zu montieren ist. Plattform und Karosserieteile sind vorher zu formen bzw. zu pressen und auszustanzen wie aus einer Rolle Stoff. Natürlich werden für die tragenden Teile andere, härtere Stähle verwendet. Hinzu kommen die Materialien für den Innenausbau, später die Sitze und natürlich der Motor und das Getriebe.

Bei Henry Ford war es jeweils stets dasselbe PKW-Modell. Es wurden somit zu Anfang der Entwicklung der Fließfertigung keine Sonderanfertigungen oder sonstige Variationen des Modells T vorgenommen. Dadurch konnten die Herstellungskosten und somit die Verkaufspreise relativ niedrig gehalten werden, so dass auch ein einfacher Arbeiter sich so ein Modell leisten konnte.

Heute dominiert in Deutschland (noch?) die Baukastenfertigung, während z. B. japanische Hersteller andere Wege gegangen sind: Hier konzentriert man sich auf klassische Ausstattungstypen. Zusätzlich dazu, dass viele Produktionsvorgänge im Laufe der Zeit immer stärker automatisiert worden sind (z. B. Industrieroboter bzw. Handhabungsautomaten und CAM (»Computer-aided Manufacturing«), ist es üblich, dass die diversen Kundenwünsche bezüglich Ausstattung, Motorentyp, Farbe etc. im Rahmen der Produktionsplanung und Arbeitsvorbereitung für jedes Produkt digital zusammengestellt und dann während des Fertigungsprozesses abgerufen werden, z. B. bis zu den Reifentypen. Die Konsequenz ist dann, dass solche Autos erst nach der Bestellung beim Händler produziert werden können und somit Lieferfristen von mehreren Tagen und Wochen entstehen. Folgt man dagegen dem japanischen Prinzip, kann man mit der Fertigung der gängigsten Fahrzeugtypen schon früher beginnen und die Transportdauer zwischen Japan und Europe verkürzen.

Andererseits hat die Baukastenfertigung den Vorteil, dass man wegen der größeren Vielfalt den Arbeitsfluss durch Fertigungsinseln unterbrechen kann, an denen die Arbeiterteams in z. T. wechselnder Zusammensetzung (Job Rotation) ihr Produkt je nach Kundenwunsch ausstatten können. Diese halbautonomen Arbeitsgruppen gehen auf Überlegungen zur Absenkung von Absentismus und Fehlzeiten bei Volvo zurück, während es auch in Japan, – z. B. bei Toyota, dort aber vornehmlich aus Effizienzgründen – schon früher üblich war, zur Steigerung der Lernkurve Gruppenarbeit einzusetzen (Womack et al. 1999I). Auf diese Aspekte, wo unterschiedliche Motive letztlich dennoch zum selben Ziel führen, werden wir in den kommenden Kapiteln noch einmal zurückkommen.

Verwaltungstechnologien

Der geborene Partner für den tüftlerischen Unternehmer-Erfinder war der Kaufmann, der in manchen Fällen Mit-Kapitalgeber und Mit-Eigentümer war und die Bereiche Einkauf und Verkauf sowie das Finanzwesen und die Buchhaltung abdeckte. Auf jeden Fall waren vertrauenswürdige Personen erforderlich, die z. B. für die Kalkulation und die Fakturierung zuständig waren. Schließlich mussten die Investitionen für die Produktideen des Unternehmers finanziert werden und auch genügend Liquidität musste vorhanden sein, um die nötigen Roh-, Hilfs- und Betriebsstoffe zu besorgen und um die Löhne und Gehälter für die Arbeitskräfte bezahlen zu können.

Im 19. Jahrhundert war für das Verwaltungspersonal vor allem Papier und Bleistift erforderlich, wobei die erforderlichen Zahlen und Daten in sogenannten Journalen festgehalten wurden. Im Laufe der Zeit gab es allerdings beträchtliche Unterstützungen durch Innovationen der Firma Siemens, insbesondere durch die Telegrafie, den Fernschreiber und das Telefon. Insofern konnten viele Informationen schneller übermittelt werden. Eine weitere Unterstützung erfolgte durch mechanische Rechenmaschinen, welche traditionelle hölzerne Hilfsmittel ablösten, die es bereits schon im Mittelalter und davor gegeben hatte. Insofern musste man sich sehr stark auf die handwerklichen Rechenkünste der Buchhalter verlassen können.

Im Laufe der Zeit wurden auch Schreibmaschinen entwickelt, welche dann für die interne und die externe Kommunikation wertvolle Dienste leisten konnten. Das war 1868 mit einem Produkt der Firma Remington der Fall. Bis dato brauchte man Schreiber, welche mit gestochener Schrift Dokumente anfertigten, die dann mangels Durchschlagpapiers abgeschrieben werden mussten. Allerdings gab es Kopierpapier bereits Anfang des 19. Jahrhunderts. Der Durchbruch der Anwendung kam jedoch in Verbindung mit den Schreibmaschinen, die dann auf den Markt kamen (Range 2023). Immerhin war es mit Hilfe der Buchdruckkunst, die dank Gutenberg im 16. Jahrhundert erfunden wurde, im 19. Jahrhundert möglich, nicht nur Zeitungen, sondern auch Aushänge und Prospekte zu drucken, was für die Öffentlichkeitsarbeit und den Verkauf auf jeden Fall nützlich war.

Digitalisierung allgemein

Als Vorstufe zur Digitalisierung ist die Elektrifizierung in Verbindung mit der Mechanisierung anzusehen. Insofern kam man schnell auf die Idee, elektrische Schreibmaschinen und Rechenmaschinen zu entwickeln. Die ersten Computer wurden von Konrad Zuse erdacht und von der IBM-Vorgängerfirma dann in größeren Mengen hergestellt. Bei der Firma Farbwerke Hoechst z. B. gab es Ende der 50er Jahre / Anfang der 60er Jahre einen der ersten Großcomputer des Typs IBM 705. Er arbeitete auf der Basis von unzähligen Röhren im Kernspeicher mit Lochstreifen, Lochkarten und Magnetbändern, die dann auch parallel in der Unterhaltungsindustrie Verwendung fanden.

Den weiteren Durchbruch brachten die Transistoren und die Speicherchips, wo immer mehr binär verschlüsselte Daten auf immer kleinerem Platz untergebracht werden konnten. Die Großcomputer der 60er Jahre, bei denen IBM weltweit einen herausragenden, monopolartigen Marktanteil erreichte und Siemens nur bedingt bis gar nicht Schritt halten konnte, brachten mit dem »Programmierer« und dem »EDV-Organisator« neue Berufsbilder hervor bis hin zum akademischen Studiengang des »Informatikers«. Am Anfang waren es mathematisch und logisch begabte Personen bis hin zu »abgebrochenen« Mathematikern und Elektroingenieuren, die hier schnell interessante Arbeitsplätze fanden (Schmeisser 2010).

Großcomputer wurden sowohl im kaufmännischen Bereich als auch im naturwissenschaftlich-technischen Bereich eingesetzt. Im ersten Fall handelt es sich vorwiegend um die massenhafte Verarbeitung von Daten, bei dem jeder Vorgang auf den o. g. Datenträgern erfasst und hintereinander weg verarbeitet wurde (Batch-Verarbeitung). So konnten z. B. Rechnungen schneller erstellt und ausgedruckt, aber auch Kalkulationen im Rechnungswesen schneller gemacht und Lohn- und Gehaltsabrechnungen exakter und ebenfalls schneller durchgeführt werden. Hierfür wurde eher eine geringere Kernspeicherkapazität benötigt als für Forschungsprojekte in den Naturwissenschaften.

Insofern ist es verständlich, wenn an den Universitäten und den außeruniversitären Hochschuleinrichtungen zunehmend Elektronenrechner mit immer größeren Speicherkapazitäten installiert wurden, um z. B. Simulationen durchführen zu können. Hier spielten die amerikanischen Universitäten wie z. B. die Universität in Berkeley und die Stanford Universität ebenso eine Vorreiterrolle wie das CERN, die Europäische Organisation für Kernforschung in Genf.

Auf jeden Fall wurde es ab den 70er Jahren und erst recht danach möglich, größere Datenmengen zu verarbeiten, kompliziertere Berechnungen durchzuführen, und das in größerer Geschwindigkeit. Davon profitierten in Wissenschaft und Wirtschaft die Bereiche Forschung und Entwicklung, was wiederum der schnelleren Generierung und Diffusion von Innovationen zugutekam, aber auch in Wirtschaft und Verwaltung die Bereiche Finanz- und Rechnungswesen, Marketing und Vertrieb sowie das Personal- und Sozialwesen.

Die technologische Entwicklung im IT-Bereich wurde zwar gerne als Rationalisierungsinstrument gepriesen. Gleichwohl nahm die Größe der Unternehmen hinsichtlich Umsatz und Personalstärke fortlaufend zu, so dass zurecht zu fragen ist, ob mit weniger EDV das Wachstum nicht doch geringer ausgefallen wäre, oder wie viel mehr Personal man ohne EDV gebraucht hätte, um dasselbe Wachstum zu erzielen. Wahrscheinlich ist die IT-Entwicklung sowohl ein Wachstumsbeschleuniger als auch ein Rationalisierungsinstrument. Schließlich konnten neue Anwendungsfelder und Anwendungsmöglichkeiten erschlossen werden bzw. viele Begehrlichkeiten für weitere Auswertungs- und Dokumentationstools im Management geweckt werden. Obwohl als Bürokratisierungsbremse gedacht, kann die IT leider auch als Bürokratiebeschleuniger angesehen werden (Rudzio 2025).

Bürokratie als Folgeerscheinung

Bürokratie hat zwar im allgemeinen Sprachgebrauch eher einen negativen Beigeschmack. Man denkt an Schwerfälligkeit und Langsamkeit. Bürokratie hat aber auch positive Seiten, weil mit ihr Regelgebundenheit und Verlässlichkeit verbunden ist. Max Weber hat deshalb beim Idealtypus der Bürokratie von regelbasierter Aktenführung bzw. Dokumentation durch professionelles Fachpersonal gesprochen. Und das mit einer Hierarchie von Rängen aufgrund fachlicher Leistung (Weber 1972).

Eine öffentliche Verwaltung kann nur dann wirksam und verlässlich arbeiten, wenn neben dem soeben erwähnten Fachaspekt auch die Anfechtbarkeit und Überprüfung von Entscheidungen gegeben ist, dies sowohl intern durch die Möglichkeit des Widerspruchs und extern durch die Anfechtung bei einem zuständigen Verwaltungsgericht. Letzteres setzt wiederum eine unabhängig arbeitende Justiz voraus, die zugleich aber auch so fachkompetent sein muss, dass sie den jeweiligen Sachverhalt des Einspruchs oder der Klage angemessen beurteilen kann (Jann 2025).

Es leuchtet unmittelbar ein, dass eine unabhängige dritte Gewalt viel Geld kostet. Schließlich soll ohne Ansehen der Person eingeschätzt und unabhängig entschieden werden. Dann kann man auch dem Vorurteil glaubhaft begegnen, dass eine »Krähe der anderen kein Auge auskratzt«, was leider aus falsch verstandener Loyalität immer wieder einmal passieren kann.

Im Laufe der Wirtschaftsgeschichte vom 19. bis zum 21. Jahrhundert haben die Staatsaufgaben permanent quantitativ und qualitativ zugenommen. Dazu gibt es mehrere Ursachen:

- Entwicklung zum Nationalstaat
- Entwicklung der Demokratie von der absoluten und konstitutionellen Monarchie bis heute zur Europäischen Union
- Entwicklung funktionierender »Industrial Relations« bezüglich Gewerkschaften und Arbeitgeberverbänden und der Sozialgerichtsbarkeit
- Entwicklung einer Sozialen Marktwirtschaft mit gewissen Steuerungsbefugnissen des Staates in Abhängigkeit von der jeweiligen Wirtschaftspolitik und den Konzepten der Europäischen Union
- Aktuell und zukünftig erforderlicher Regelungsbedarf zur Kontrolle international agierender IT-Konzerne bezüglich Datenschutz und der Eindämmung von Hassmails im Social-Media-Bereich

Aktuell wird immer stärker der Ruf nach Deregulierung laut. Wer will schon nicht wirkungsvoll, schnell und gut arbeiten? Es wird aber auch verkannt, dass der staatlichen Exekutive im Laufe der Zeit immer mehr Aufgabenkomplexe aufgebürdet wurden. Hier spielen auch Schutzgesetze eine wichtige Rolle, die erlassen wurden, um Bürger und Bürgerinnen vor Machtmissbrauch zu schützen (Kocka 2024).

Sicherlich kann hier auch die Digitalisierung eine wichtige Rolle spielen, ebenso wie eine vorurteilsfreie Aufgabenkritik, gestellt nach dem Motto:

- Geht es auch kleiner?
- Geht es auch einfacher?

In den Organisationen der Wirtschaft sind bürokratische Elemente ebenfalls mit dem Wirtschaftswachstum und der Wirtschaftsentwicklung eingezogen. Zurzeit hat man den Eindruck, es mit einer Hydra zu tun, deren Köpfe immer wieder nachwachsen, wenn ein »alter Zopf« abgeschnitten wurde.

In der Privatwirtschaft können folgende organisatorischen Auswirkungen der erfolgreichen Wirtschaftsentwicklung vom 19. bis zum 21. Jahrhundert festgestellt werden:

- Einrichtung von Stabsstellen und anderen Assistenzstellen zur Entscheidungsvorbereitung und -fundierung
- Reaktion auf behördliche Investitionsauflagen, z. B. Dokumentationserfordernisse, aber auch staatliche Vorschriften im Sozialbereich (Rente und Krankheit)
- Personalaufwand und -kosten für die soziale betriebliche Absicherung (Altersversorgung, Krankheit)
- aber in erster Linie Mengeneffekte durch Umsatzsteigerung und regionale Ausbreitung

Insofern kam es additiv zu beträchtlichen Erweiterungen in Wirtschaft und Verwaltung, die üblicherweise als Bürokratiekosten dargestellt werden. Dabei gab es durchaus Unterschiede im Vergleich zwischen den sich entwickelnden Industrienationen. Das hängt mit unterschiedlichen Fürsorge- und Absicherungskulturen zusammen: Während es in den USA bis heute noch umstritten ist, inwieweit der Staat für eine umfassende Krankenversorgung einzustehen hat, und der Gewerkschaftseinfluss von Bundesstaat zu Bundesstaat bzw. von Unternehmen zu Unternehmen sehr unterschiedlich sein kann, kam es im damaligen Deutschen Reich insbesondere durch die Bismarck'schen Sozialreformen zu landesweiten Regelungen für die Altersversorgung. Außerdem erfolgte in Deutschland eine kontinuierliche, stufenweise Institutionalisierung und Ausweitung der Mitbestimmung der

Arbeitnehmer auf der betrieblichen und auf der unternehmerischen Ebene, so z. B. in der Weimarer Republik und im Nachkriegsdeutschland in der Bundesrepublik.

Insgesamt blieb das deutsche Modell einzigartig, auch wenn es bei der Europäischen Aktiengesellschaft (SE) eine Wahlmöglichkeit gibt, welche der deutschen Mitbestimmung nur in abgeschwächter Form ähnelt. Auch das Betriebsverfassungsgesetz nimmt eine Schlüsselstellung ein; in anderen Ländern gibt es stattdessen betriebliche oder gewerkschaftliche Vertrauensleute mit insgesamt geringeren Mitwirkungsmöglichkeiten. Das deutsche Modell hat auf der Habenseite eine geringere Anzahl von Streiktagen zu verbuchen. Dem stehen durchaus zeitraubende Abstimmungsrituale gegenüber, welche einerseits die unternehmerische Verantwortung der Betriebsräte und Arbeitnehmervertretern in den Aufsichtsräten stärken, aber auch – vor allem von Managern aus dem Ausland – als bürokratisch empfunden werden können (Wagner 1994).

Entbürokratisierungsversuche

Im »Kampf« gegen die Bürokratie in Wirtschaft und Verwaltung gab und gibt es unzählige Versuche, sie einzuschränken oder sie zu eliminieren, seit sie als störend empfunden wird. Schließlich darf man nicht vergessen, dass die öffentliche und die privatwirtschaftliche Verwaltung zur Gleichbehandlung und Regelkonformität beiträgt und viele Arbeitsplätze geschaffen hat. So brauchen sich z. B. Steuerberater und Wirtschaftsprüfer in Deutschland über ihre Verdienstmöglichkeiten nicht zu beklagen, auch wenn vor mehr als 20 Jahren einmal ein renommierter Finanzwissenschaftler, Friedrich Merz, die Einkommensteuer auf einem Bierdeckel ausrechnen wollte.

Im Land Berlin haben diverse Unternehmensberater und Verwaltungsexperten aus Theorie und Praxis mehrfach versucht, die Doppelstrukturen und Kompetenzüberschneidungen im Bezirk und auf Landesebene zu entflechten. Letztlich sind nicht viel mehr als die üblichen Copy-and-paste-Abschnitte in den jeweiligen Koalitionsverträgen dabei herausgekommen. Neuestes ausländisches Beispiel liefert Elon Musk als zeitweiliger »Sparkommissar« des US-Präsidenten Donald Trump. Inzwischen haben sich die Einsparprognosen von 2 Bio. US-Dollar für den US-Haushalt auf Bundesebene eine Woche vor Amtseinführung halbiert, sind weiter gesunken und haben viel Chaos verursacht.

Dies ist typisch für die in Wirtschaftskreisen weit verbreitete Denkart, mit einem hohen Anspruchsniveau zu beginnen, um am Ende deutlich darunter zu liegen. Wichtig ist dabei allerdings, dass eine Effizienzkultur entwickelt wird, die dafür sorgt, dass sorgsam mit den Steuergeldern umgegangen wird. Das Wachstum der Regierungsbeschäftigten nach jedem Koalitionswechsel inklusive der Beförderungen zum jeweiligen Regierungsende ist sicherlich kein Indiz für eine sogenannte »preußische« Verwaltungsdisziplin.

Im privatwirtschaftlichen Bereich gab und gibt es immer wieder Versuche, bürokratische Strukturen einzudämmen, insbesondere dann, wenn die Ertragslage es erforderte. Zu diesen Maßnahmen zählen insbesondere (Wagner 1991):

- das Bestreben, mit flachen Hierarchien zu arbeiten
- Es ist eher eine Richtgröße, ähnlich den Handwerkerregeln im Mittelalter, wie viele Mitarbeiter eine Führungskraft noch wirkungsvoll führen kann. Diese Leitungsspanne beträgt, je nach Komplexität und Heterogenität der Aufgaben zwischen 4 und ca. 8 bis 9 Mitarbeitern. Wird diese Zahl überschritten, bildet sich zweckmäßigerweise eine neue organisatorische Einheit. Ähnlich ist es mit der Anzahl der Hierarchie-Ebenen: So ist es schwierig, Unternehmen mit mehr als ca. 8 Hierarchieebenen noch effizient steuern zu können, vor allem, wenn noch große Regionen mit Zeitzonen zu überwinden sind.
- Bei zunehmender Unternehmensgröße müssen die Führungskräfte delegieren können bzw. dies lernen. Insofern werden dann die Führungsprinzipien des Management by Objectives und des Managements by Delegation relevant. Die jeweils Vorgesetzten entscheiden primär über Zielvorgaben und delegieren die Ausführung, solange es keine Ausnahmesituation gibt (Management by Exception).
- Gewinnverantwortliche Profitcenter sind nun das Markenzeichen der Spartenorganisation bzw. divisionale Organisation oder Geschäftsbereichsorganisation genannt. Solche Organisationsstrukturen sind in der Regel Stablinienorganisationen, weil sich horizontal über die Sparten Zentralbereiche herausbilden, um z. B. Doppelarbeiten zu vermeiden und Synergieeffekte wie z. B. bei einem zentralen Einkauf zu erzielen.

Aber auch hier gibt es bei zunehmendem Größen-Wachstum die eingangs bereits beschriebenen Herausbildungen neuer organisatorischer Einheiten.

- Business Units bilden hier eine Entlastungsmöglichkeit. D. h., dass man die Geschäftsbereiche wiederum in kleine Profit-Center zerlegt. Führt man das aber konsequent in jedem dieser Sparten durch, dann besteht die Gefahr der Unübersichtlichkeit und der mangelnden Steuerung.
- Eine weitere Alternative wäre es dann, mehrdimensionale Organisationsstrukturen einzuführen (Matrix- und Tensororganisation).

Diese sogenannten Schachbrett- (»Kette- und Schuss«) oder Würfel-Organisationen bringen die Dimensionen des Produktes und der Verrichtung (zweidimensional) oder von Produkt, Verrichtung und Region (dreidimensional) in eine gleichberechtigte Hierarchie.

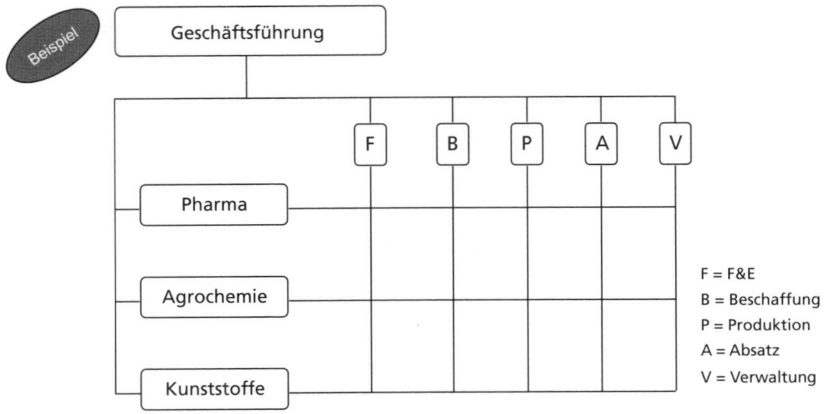

Dar. II.14: Matrix-Organisation

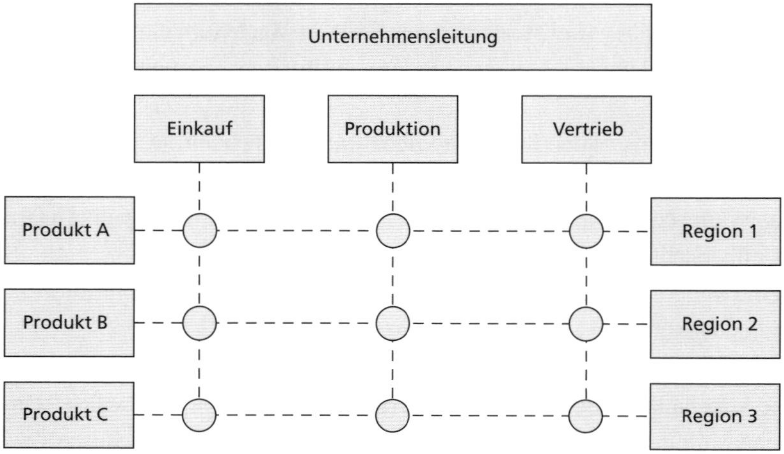

Dar. II.15: Tensor-Organisation

Diese Konzepte entsprechen bekanntlich in ihrem grundsätzlichen Ansatz dem Mehrlinienmodell von F. W. Taylor: Man muss also lernen, mehrere gleichberechtigte Vorgesetzte zu haben, also »Diener zweier Herren« zu sein. Die Erfahrung hat gezeigt, dass man in großen Organisationen lernen muss, in mehreren Dimensionen zu denken, wie z. B. auch bei einer Projektmatrixorganisation. Es muss aber rein formal keine absolute disziplinarische Gleichberechtigung der Vorgesetzten geben. Wenn das funktionieren soll, ist beidhändiges, gleichzeitiges Denken erforderlich, was auch wiederum aktuell im Konzept des agilen Managements propagiert wird.

Dabei ist es ein Tabuthema, dass nicht alle Personen gleichzeitig denken können, sich u. U. überfordert fühlen und sich in die innere Kündigung flüchten. Insofern kann man agiles Management, so reizvoll es auch sein mag, auch als Ausbeutungsinstrument bezeichnen. Dennoch ist es eine Alternative zur Matrixorganisation, die sich in reinrassiger Form faktisch kaum durchgesetzt hat, Holdingstrukturen in Konzernen zu schaffen.

Hier kehrt man zu eindimensionalen Strukturen zurück und bildet z. B. eine Führungsholding, der mehrere, ausgegliederte, rechtlich selbständige Unternehmen zugeordnet sind. Im Prinzip bietet diese Lösung mehr Spielraum für die einzelnen Firmen in der Holding. Zusätzlich kann der oder die CEO der Tochtergesellschaft im Leitungsgremium der Holding in Personalunion vertreten sein.

Die Funktion von Zentralstäben kann sich auf die Holding konzentrieren und strategische Funktionen wahrnehmen. Außerdem können spezielle Servicegesellschaften gebildet werden, die z. B. für Services wie Weiterbildung, Marketing oder IT zur Verfügung stehen. Last but not least können einzelne Firmen je nach der strategisch eingeschätzten Situation oder operativen Notwendigkeiten verkauft oder neue Beteiligungen eingegangen werden.

Die Unternehmenskultur kann nun nur noch zum Teil zentralistisch-einheitlich sein wie bei einer funktionalen Organisation. Aber bereits bei der Spartenorganisation kommt es schon zu Dezentralisationstendenzen: Schließlich sind Düngemittel oder Farbstoffe in anderen Kontexten verortet als z. B. Arzneimittel oder Kunststoffe. Bei der Holdingstruktur kommt es stärker auch zu internen Verrechnungsprozessen. Das klingt zwar auf den ersten Blick recht plausibel, kann aber zu Verzerrungen führen, wenn z. B. interne Dienstleister wie IT oder Fakturierung teurer sind als Anbieter am externen Markt. Andererseits nimmt dann der Druck zu, effizienter zu arbeiten. Neue Produkte, die noch Anlaufschwierigkeiten haben, können dann aber auch benachteiligt werden.

Soweit zu den Möglichkeiten der Anpassungsmaßnahmen im Bereich der Aufbauorganisation. Wie die Gründerportraits und die Entwicklung ihrer Unternehmen im Zeitablauf von mehr als 150 bis 200 Jahren gezeigt haben, wurden diese Varianten auch alle in interschiedlicher Intensität wahrgenommen. Stets waren diese Veränderungen nicht nur allein dem Ideenreichtum der jeweiligen Entscheidungsträger zu verdanken, sondern auch den jeweiligen herrschenden Lehrmeinungen, die sich dabei auch auf Erfahrungen und Ähnlichkeiten in der Branche gründeten (Kieser 1996).

3.3 Abläufe und Prozesse

Um die Managementstrukturen und -prozesse effizienter zu gestalten (Lean Management) stehen z. B. folgende Alternativen zur Verfügung:

- an den Zielsystemen ansetzen
  Zielsetzung und Planung sind systemübergreifend. Trotzdem gibt es große Unterschiede, weil in der Planwirtschaft ein stärkerer Dirigismus vorherrschen muss und in der Marktwirtschaft größere Entscheidungsfreiheiten bestehen. Vor diesem Hintergrund ist das Konzept des Management by Objectives (MbO) zu verstehen (Odiorne 1965).
- Management by Objectives
  Grundsätzlich kann man zwischen Zielvorgabe und Zielvereinbarung unterscheiden. Auf der höchsten und anderen hohen Hierarchieebenen dominiert die Zielvereinbarung stärker als die Zielvorgabe und gewissermaßen als Aushandlungsprozess. Hintergrund ist die eher langfristige Strategie und Unternehmenspolitik, wenn nicht sogar diese selbst als Objekt eines Change Managements im Mittelpunkt steht.
  Je mehr man in der Unternehmenshierarchie nach unten geht, herrscht das Prinzip der Zielvorgabe. Falls sich jedoch herausstellen sollte, dass die Zielvorgaben nicht eingehalten werden können, müssen die höheren Instanzen im Sinne des »Management by Exception«, also der Führung im Ausnahmefall, eingreifen.
  Im Laufe der Jahre hat sich das MbO-Prinzip in allen Organisationsbereichen durchgesetzt. Wichtig ist, dass es nicht zum Selbstzweck wird, sondern eine ausreichende Gelegenheit besteht, flexibel zu sein und die menschliche Kreativität nutzen zu können.
  Ausgehend von der Überlegung, dass die Rentabilität eines Unternehmens für die Kapitaleigner, aber letztlich auch für die Arbeitnehmer, als zentrale Richtgröße anzusehen ist, kam man recht schnell auf die Idee, diese Relation zwischen Gewinn und Kapital weiter zu unterteilen und daraus Kennzahlensysteme zu entwickeln. Relativ bekannt und einflussreich ist das sog. Du-Pont-Kennziffernsystem.

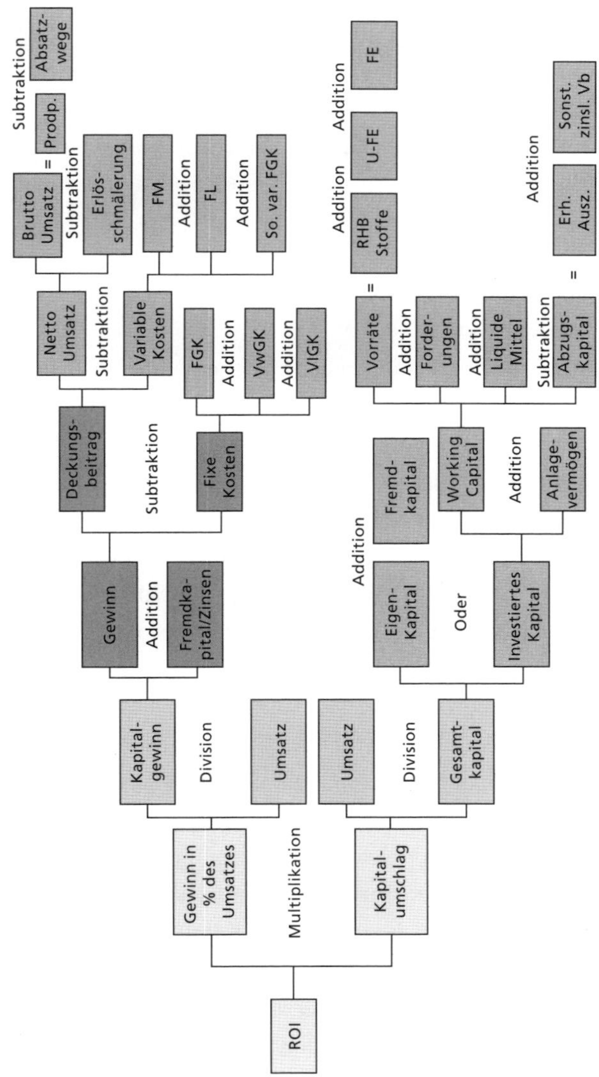

Dar. II.16: Du-Pont-Kennziffernsystem

Es hat den Vorteil, dass man die Komponenten von Gewinn und Kapital weiter zerlegen kann, um dann an den Einflussfaktoren dieser Komponenten systematisch anzusetzen.
Dies führte wiederum dazu, sich in der Managementforschung und -beratung systematischer mit den zielbezogenen Perspektiven unterschiedlicher Akteure im Rahmen eines integrierten, strategieorientierten Managementkonzeptes zu befassen. Als Ergebnis dieser Überlegungen ist insbesondere die Balanced Scorecard (BSC) zu nennen.

- Balanced Scorecard
  Zurückführend auf Überlegungen der Managementforscher und -berater Robert S. Kaplan und David P. Norton wird zwischen folgenden vier Perspektiven unterschieden:
  - **Finanzperspektive**, insbesondere Umsatz und Kosten
  - **Kundenperspektive**, z. B. Produktmerkmale, Kundenbeziehungen
  - **Prozessperspektive**, Durchlaufzeiten, Prozessqualität
  - **Potenzial-, Lern- und Wachstumsperspektive**, insbesondere Innovationsgrad der Produkte, Gewinnen und Halten von Leistungsträgern

Ganz entscheidend ist die Tatsache, dass solche Cards organisationsindividuell zu erstellen sind. Mit der Ablichtung von Blaupausen ist es also nicht getan. Und für Beratungsunternehmen handelt es sich um eine dankbare, mittel- bis langfristig anhaltende Aufgabe.

Der Vorteil besteht darin, relevante Überlegungen zu Vision und Strategie, Aktivitäten, Konzepten und Kennziffern zu entwickeln und zu integrieren. Gewünschter Output, effizienter Prozessdurchlauf und erforderlicher Input werden systematisch erfasst und auf Verbesserungsmöglichkeiten hin untersucht.

Der Vorteil des Konzeptes liegt in der integrativen, systematischen Einbeziehung sowohl der für die jeweilige Organisation relevanten Managementinstrumente vom Strategisch-Visionären bis zum Operativen als auch der Personen und des Fokus auf die Marktperspektive.

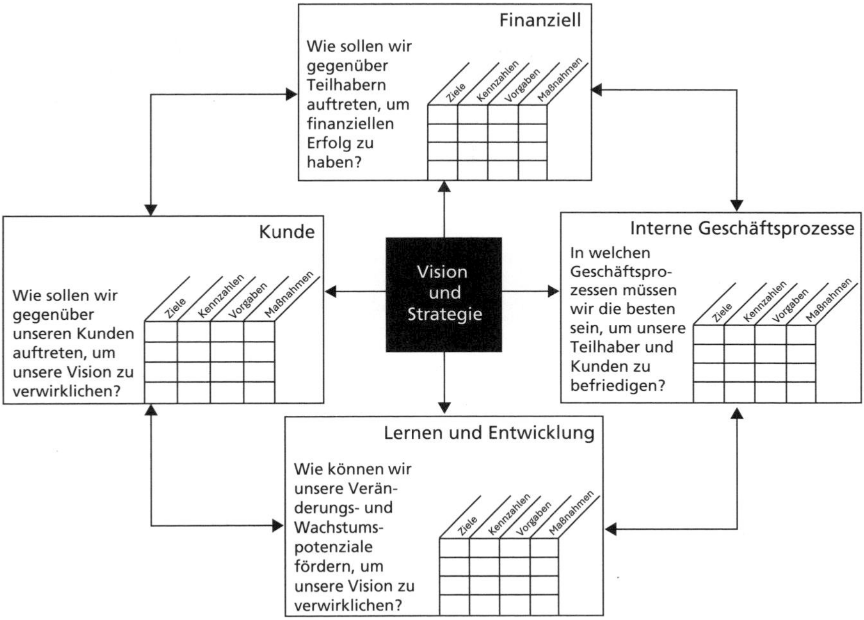

Dar. II.17: Beispiel einer einfachen Balanced Scorecard (BSC) (Kaplan, Norton 2024)

Als nachteilig wird eine mögliche Überkomplexität und damit zusammenhängende Überfrachtung angesehen. Außerdem erfordern diverse Tools wie z. B. eine Prozesskostenrechnung gut ausgebildete Anwender. Außerdem muss das Risiko von Umweltänderungen noch gründlicher berücksichtigt werden. Deshalb können mögliche Fehleinschätzungen häufig nicht bestimmten Personen zugeordnet werden.

Faktisch wird die BSC in vielen Unternehmen angewandt, wobei man sich im Sinne eines erweiterten MbO-Systems auf die Finanz- und die Kundenperspektive konzentriert. Die beiden anderen Perspektiven werden meistens separat eingesetzt. Mittlerweile ist der Hype einer gewissen realistischeren Betrachtung gewichen. Letztlich stößt das Instrument bei Akquisitionen und Verkäufen an seine Grenzen, weil man die jeweilige Sinnhaftigkeit derartiger Entscheidungen nur bedingt allein mit Hilfe von Kennziffern und Marktprognosen exakt bestimmen kann. Und es bleibt fraglich, ob eine BSC tatsächlich der Bürokratisierung entgegenwirkt. Allerdings gibt es für die Prozess- und Aktivitätenperspektive auch noch andere Instrumente. Hier besteht also die Frage, wie man die Abläufe reorganisieren kann.

Prozessorganisation

Ende der 80er Jahre kam in Deutschland der Begriff der Prozessorganisation auf. Vor dem Hintergrund des jeweiligen auf den Kunden ausgerichteten Outputs werden die Prozesse in

- Kernprozesse
- Managementprozesse und
- unterstützende Prozesse unterteilt.

Dieser Ansatz hat den Vorteil, dass die Wertschöpfungsprozesse in den Vordergrund rücken, und zwar zu Lasten der traditionellen Aufbauorganisation. In Folge davon sind Prozessteams für die jeweiligen Teilprozesse verantwortlich, die dann auch funktionsübergreifend sein können (Gaitanides 2007).

Nachteilig ist hingegen, dass vor dem Hintergrund der Führungsprozesse sich das ranghierarchische Denken häufig nicht aufheben lässt. Insofern findet sich kaum ein Unternehmen, dass sich überzeugend als konsequente Prozessorganisation darstellen lässt.

Ehrlicher ist es deshalb, wenn man versucht, das prozessorientierte Denken stärker zu verankern, wohlwissend, dass sich Ranghierarchien nur bedingt ablösen lassen. Durch die Mitgliedschaft in funktionsübergreifenden Teams wird allerdings der fachliche Horizont erweitert und das mehrdimensionale Denken und Handeln gefördert. In diesem Sinne ist das nachfolgende Business Process Reengineering einzuordnen.

Business Process Reeingineering (BPR)

Das Konzept geht auf M. Hammer und J. Champy zurück. Auch BPR ist geschäftsprozessorientiert. Kundenorientierung muss ebenso gegeben sein. Hinzu kommt die Konzentration auf die Kernprozesse mit Unterstützung durch moderne Informationstechnologie. Folgende Aktivitätsphasen stehen im Vordergrund, die auch als die vier »R« bezeichnet werden:

- Renewing (Erneuerung) im Sinne von Training und Motivation
- Revitalizing (Prozessneugestaltung)
- Reframing (Einstellungsänderung)
- Restructuring (Restrukturierung)

Die Kritiker am BPR bemängeln, dass es nur in seltenen Fällen zu wirklich radikalen Neugestaltungen gekommen ist. Insofern wurde bei Ankunft der Modewelle ähnlich übertrieben wie bei der Balanced Scorecard. Aber letztlich hat eine gut gemachte Prozessanalyse viele positive Effekte, gegen die nichts einzuwenden ist. Auch Kanban kann hier wertvolle Hilfestellung leisten (Hammer/Champy 1995).

Kanban

Kanban kommt aus Japan. Letztlich werden Teilaktivitäten in Prozessen mit gerade der Menge an Material versorgt, die erforderlich ist, um den Materialfluss am Laufen zu halten. Anfangs übernahmen Kanban-Karten diese Steuerungsfunktion, heute gibt es dafür IT-Software.

Prozessanalyse und Kanban ergänzen sich vortrefflich. Durch die Optimierung des Materialflusses werden zudem die Lagerkosten gesenkt und Zwischenlager weitgehend vermieden. Hilfreich sein können in diesem Zusammenhang auch ...

Qualitätszirkel

Hierunter versteht man Arbeitsgruppen, aus miteinander verwandten Arbeitsfeldern, die sich regelmäßig treffen, um Probleme am Arbeitsplatz zu erkennen, zu analysieren und Lösungsvorschläge zu machen. Ziel ist die Steigerung der Prozesseffizienz und der Produktqualität. Qualitätszirkel können sich aus Freiwilligen zusammensetzen, die sehr stark problemlösungsorientiert sind, man kann aber auch eine größere Verbindlichkeit anstreben. Für die Teilnahme am Qualitätszirkel wird man in bestimmten Abständen zeitweilig von der regulären Arbeit freigestellt.

Kanban und Qualitätszirkel entstammen dem Instrumentenbaukasten der japanischen Produktionswirtschaft, insbesondere von Toyota, Balanced Scorecard und Business Process Reengineering dem amerikanischen Managementdenken. Letzteres gilt auch für die beiden nachfolgenden Instrumente, die an den Kostenstrukturen ansetzen.

Zero Base Budgeting

Peter A. Pyhrr (1973) entwickelte dieses Verfahren in den 90er Jahren. Es kann auf öffentliche wie auch auf private Verwaltungen angewendet werden. Das Grundprinzip besteht darin, dass ein größeres Budget neu geplant werden und nicht vom bestehenden Budget ausgegangen wird. Gedankenmodell ist z.B. die Fabrik oder das Krankenhaus »auf der grünen Wiese«.

Das Verfahren setzt eine gründliche Organisationsanalyse voraus und eine offene, vorurteilsfreie Diskussionsweise. Optimal wäre sicherlich, wenn tatsächlich etwas Neues entstehen könnte, wie z.B. eine neue E-Automobil-Fabrik oder ein neues Verwaltungsgebäude. Schnell kann der Schuss aber auch nach hinten losgehen, wenn Nachholbedarfe nun offengelegt und es so zu Verteuerungen kommt. So entsteht u. U. eine neue Bürokratie.

Ein ähnliches Gedankenmodell, wenn auch nicht ganz so radikal, umfasst die

Gemeinkostenwertanayse (GWA)

Die GWA ist eine Modifikation der bereits um 1910 in den USA eingeführten Wertanalyse. Bei ihr geht es z.B. darum, bei Produkten sich auf den Kernnutzen zu fokussieren und als überflüssig Erkanntes einzusparen, wie etwa Zierleisen und extra angebrachte Stoßstangen.

Hier handelt es sich nun um ein systematisches Verfahren zur Senkung der Gemeinkosten im Verwaltungsbereich von großen Organisationen. Gemeinkosten sind sogenannte indirekte Kosten, die nicht direkt mit der Höhe einer Produktion verbunden sind, wo also keine Mengen- bzw. Output-Abhängigkeit besteht. Man kann also auch von einer Entschlackungskur sprechen, weil sich Überflüssiges angesammelt hat.

Das Verfahren wurde von der Unternehmensberatung McKinsey in Deutschland eingeführt und an unsere Verhältnisse angepasst. Es ist verbunden mit einer eigenen, durchaus anspruchsvollen Projektorganisation, deren Kosten dann natürlich auch mitbedacht werden müssen.

Mehrere Personen aus dem Vorstand bilden den Lenkungsausschuss (LA). Es werden Projekt-Teams gebildet, welche dem LA zuarbeiten (PT). Der Gemeinkostenbereich wird in Untersuchungseinheiten aufgeteilt, deren Leiter (LUE) mit den Projektteams zusammenarbeiten. Das Verfahren läuft in folgenden Schritten ab:

- Untersuchungsphase:
  Es werden die Personalkapazitäten in »Menschenjahren« ermittelt und ein output-bezogener Leistungskatalog erstellt (»Was erledigen wir für welche Abteilung?«).
  Dieser Leistungskatalog wird den betreffenden Leistungsempfängern übermittelt und in Zusammenarbeit mit den Projektteams Einsparungsideen entwickelt.
- Bewertungsphase:
  Aus wohl erwogenen Gründen wird eine Einsparquote von 40 Prozent verlangt. Dabei wird zwischen A-, B- und C-Ideen unterschieden. Dabei soll ein möglichst hoher A-Anteil erzielt werden. C-Ideen bedürfen einer separaten Wirtschaftlichkeitsanalyse, während B-Ideen nur vorläufig sind und dann entweder zu A- oder zu C-Ideen mutieren.
- Realisationsphase:
  A-Ideen sollen möglichst zügig umgesetzt werden. Als erfolgreich gilt ein A-Anteil von 15 Prozent. Für die C-Ideen benötigt man länger, oder sie werden nie realisiert.

GWAs sollten in bestimmten Abständen regelmäßig durchgeführt werden. Ideal sind prosperierende Phasen, aber da hat man häufig andere Prioritäten. Es bestehen aber deutliche Parallelen zu vielen Abnehm-Diäten. Jojo-Effekte sind vorprogrammiert. Oder einer beliebten Karikatur zufolge: Während und kurz nach der GWA fliegen die Stare von den Kirschbäumen. Und danach? Entbürokratisierung ist eben wie bei Sisyphos eine Daueraufgabe.

3.4 Kommunikations-Organisation

Während also diverse Managementtools als Entbürokratisierungsinstrument in Modewellen anbranden, geht der technische Fortschritt im IT-Bereich weiter. Dabei entstehen neue Anwendungsfelder, große Chancen und Arbeitserleichterungen, zumindest auf den ersten Blick. Aber ob dann, wie Frithof Bergmann meint, eine »neue Arbeit« entsteht (New Work), da sind Zweifel leider angebracht (Bergmann 2003). Nachfolgend werden einige Innovationen im IT-Bereich beschrieben, deren Einfluss auf Organisation und Personal jeweils beträchtlich ist (Wildenmann 2003).

Personal Computer

Während in den 50er und den 60er Jahren verschiedene Firmen neue Großcomputer entwickelten, zum großen Teil mit Röhren und dann später mit Transistoren, kann ab den 60er und 70er Jahren von größeren Serien von Computern der Firmen Remington und vor allem IBM ausgegangen werden.

In den 70er und vor allem in den 80er Jahren wurden die ersten Heimcomputer, z. B. entwickelt von Atari, Commodore und DEC, auf dem Markt angeboten. IBM stellte 1981 den IBM-PC vor. In Verbindung mit dem WINDOWS-Betriebssystem und den x86-Prozessoren beruhen noch heute die IBM-kompatiblen Geräte auf dieser Ausgangskonstruktion. Es folgte 1982 der 80286-Prozessor von Intel, mit Lisa, der erste Computer mit Maus, der 1983 erhältlich war und der Apple Macintosh ab 1984, der wieder neue Maßstäbe setzte. Aber auch in der Sowjet-Union und in der DDR wurden Kleincomputer entwickelt.

Mit Hilfe der Kleincomputer konnten bereits Textverarbeitungsprogramme, Tabellenkalkulations- und Grafikprogramme eingesetzt werden, wobei z. B. die Geschwindigkeit, Grafiken zu erstellen, recht gering war. Gleichzeitig wurde hinsichtlich der elektrischen Bedienbarkeit ausgenutzt, dass sie auf lange Zeit konkurrenzfähig waren.

Zu Anfang waren die PCs in den Büros eher ein Prestigeobjekt für diejenigen, die als innovativ und zukunftsgewandt angesehen werden wollten. So stand nun ein moderner PC in manchem Chefbüro und konnte vom betreffenden Topmanager kaum oder gar nicht bedient werden. Dies war dann eine Zeitlang die Aufgabe eines Vorstands- oder Chefsekretärs.

Datenfernübertragung stand jeweils nicht im Vordergrund. Dies war mehr den Großgeräten vorbehalten. Wurde z. B. in einem Werk oder Geschäftsbereich eine hierauf bezogene Fakturierung oder Entgeltabrechnung vorgenommen, so wurden die Ergebnisse zur Weiterverarbeitung per Magnetband oder Lochstreifen mit Kurieren zur Zentrale gebracht. Die organisatorischen Auswirkungen des PC-Einsatzes waren somit relativ gering.

World Wide Web

Ausgangspunkt ist das Internet als ein weltweiter Verbund von Rechnernetzwerken. Der Austausch zwischen den Rechnern erfolgt z. B. über das World Wide Web als ein über das Internet abrufbares Netz von Webseiten oder z. B. über E-Mails. Ausgangspunkt für diese Kommunikation war die Wissenschaft, z. B. beim CERN in Genf und in den USA. Inzwischen sind alle relevanten Firmennetzwerke an das weltweite Netz angeschlossen. Vorläufer des heutigen Systems gibt es seit 1969.

PCs und Internet

Der Anschluss von Personal Computer an das Internet in Verbindung mit entsprechenden Online-Zugängen ist organisatorisch von eminenter Bedeutung. Bei der bislang dominierenden Batch-Verarbeitung mittels Großcomputern wurden alle Datensätze sukzessive abgearbeitet.

Man musste also warten, bis der gesamte Vorgang abgeschlossen war. Durch die Verknüpfung von externen Datenstationen online mit dem Zentralen Datenrechner war nun auch ein unmittelbarer Zugang möglich. Dadurch entstanden unzählige attraktive Anwendungsmöglichkeiten.

Man konnte z. B. im Reisebüro direkt erfragen, ob noch Reservierungen möglich sind. Oder im Bürgerbüro oder der Kfz-Zulassungsstelle seine Ummeldungen vornehmen. Mit zunehmender Anzahl der verkauften PCs, Notebooks und Tablets konnte man mittels eines geschützten Passwortes solche Aktionen auch von zu Hause vornehmen. Hinzu kam das Aufkommen von Online-Suchgeräten wie Google und Firefox. Damit konnten im Laufe der Zeit immer ausgefeiltere Recherchen vorgenommen werden.

Durch diese Möglichkeiten kam es zu einer dezentralen Verlagerung von Entscheidungskompetenzen. Von dieser Win-win-Situation profitierten letztlich alle Hierarchieebenen. Nicht nur die Topmanager lernten nun, mit dem neuen Gerät umzugehen und den Nutzen zu erkennen, sondern auch die anderen Mitarbeiter konnten stärker als bisher Entscheidungen direkt vor Ort vornehmen und so die Vorgesetzten entlasten. Das war sicherlich bürokratieentlastend wie die Nutzung von ...

Smartphones

Der erste Schritt wurde mit der Einführung von mobilen, drahtlos verknüpften Telefongeräten gemacht. Anfangs waren sie noch relativ unhandlich, und die Reichweiten für die Telekommunikation noch sehr begrenzt. Durch ein System von Satelliten, Funkantennen wurde das jedoch im Zeitablauf immer besser, wobei man den Eindruck hat, dass in manchem sogenannten sich entwickelnden Land bessere Bedingungen vorherrschen als in Deutschland. Dadurch, dass die mobilen Telefone immer »smarter« werden, also auch internetfähig sind, sind aus diesen Geräten inkl. den Tablets kleine PCs geworden, die nahezu überall vor Ort eingesetzt werden können. Der weiter oben bereits geschilderte Dezentralisationseffekt hat sich somit weiter verstärkt, wobei gleichzeitig auch durch die Einbeziehung von ...

Social Media und Internet

... auch gewisse »Verstopfungseffekte« auftreten. Lange wurde die Bedeutung von Social Media (z. B. Instagram, LinkedIn, Facebook, X (Twitter), TikTok) unterschätzt. Mittlerweile sind die Öffentlichkeitsarbeit und das Marketing sowie die politische Einflussnahme nicht mehr davon zu lösen. Während immer mehr die Manipulationsgefahren deutlich werden und bestimmte Organisationen sich von manchen Social-Media-Plattformen deshalb verabschieden, ist ein Ende dieser Entwicklung nicht abzusehen. Zugleich besteht die Gefahr, dass die weiter oben beschriebenen Bürokratieentlastungseffekte schon wieder verpufft sind.

Clouds und Internet

Beim Cloud-Computing werden Computerressourcen wie z. B. Server und Datenspeicher bereitgestellt. Dies kann z. B. per Selbstbedienung je nach Bedarf erfolgen oder die Nutzung unterschiedlicher Endgeräte wie z.B. Smartphones, Tablets, Notebooks und Workstations fördern, auch Ressourcenpooling ist möglich.

Der Grund für die zunehmende Nutzung von Ressourcen via Cloud sind Auslastungsschwankungen. So kann man z.B. in Spitzenzeiten auf externe Ressourcen zugreifen, ohne eigene Ressourcen in übermäßiger Form vorhalten zu müssen. Bei Amazon geht man z.B. von Auslastungsspitzen aus, die an manchem Tag dem Zehnfachen der Grundlast entsprechen.

Es ist davon auszugehen, dass z.B. durch die zunehmende Ausweitung von Blockchains und der KI der Bedarf an Cloud-Strukturen noch deutlich steigen wird, wobei auch Kooperationsmodelle und die Kombination extern-intern zur Anwendung kommen kann.

Organisatorisch hat dies auf jeden Fall zur Folge, dass die Position des Chief Information Officer (CIO) an Bedeutung immer mehr zunimmt. Der CIO ist in der Regel Mitglied des Vorstands oder Dezernent in einer öffentlichen Verwaltung und dort für die strategische Leitung der internen und der externen Informationstechnik und des strategischen IT-Managements verantwortlich. Seine Aufgabe ist es weiterhin, die internen IT-Prozesse und IT-Systeme zu verbessern. Deshalb ist er auch für die IT-Organisation verantwortlich. Wegen dieser zentralen Bedeutung sollte der CIO sogar Mitglied des Zentralvorstands in einer Holding oder einer Spartenorganisation sein. Dezentral sollten weitere IT-Chiefs in den Tochtergesellschaften bzw. Sparten vorhanden sein und sich eng mit dem CIO abstimmen.

In Universitäten ist es zunehmend üblich, die Bereiche Universitätsbibliothek, audiovisuelles Zentrum und natürlich die IT-Abteilung selbst mit ihrem Bezug zu Forschung, Lehre und Verwaltung in einer Einheit zusammenzufassen, weil die interne und die externe Digitalisierung immer weiter voranschreitet.

Künstliche Intelligenz

Vor dem Hintergrund der bisherigen Ausführungen zum Voranschreiten der internen und der externen Computer- und darauf aufbauenden Kommunikationssysteme einerseits und den immer wieder neu aufkommenden Erfordernissen zur Entbürokratisierung kommt der sogenannten künstlichen Intelligenz große Bedeutung zu, wobei zurzeit noch nicht genau abzuschätzen ist, wo die Reise noch hingehen wird (Furkel 2024).

Künstliche Intelligenz bzw. »Artificial Intelligence« (AI) geht auf den amerikanischen Informatiker John McCarthy zurück, der ihn 1955 in einem Forschungsantrag an die Rockefeller Stiftung prägte. Grundsätzlich handelt es sich um ein Teilgebiet der Informatik, welches sich mit der Erforschung der Mechanismen des intelligenten menschlichen Verhaltens beschäftigt. Insofern geht es um die Fähigkeit von Technologien, menschliche Fähigkeiten wie z. B. logisches Denken, Lernen, Planen und Kreativität zu imitieren (Europäisches Parlament), bzw. Sehen und Hören, Analysieren, Entscheiden und Handeln zu ergänzen und zu stärken (Microsoft).

Laut »Die Zeit« entwickeln sich diese Fähigkeiten sehr schnell. Dies ist an der folgenden Zeitfolge abzulesen:

- 2015 Handschrift- und Bilderkennung
- 2017 Transkription von Gesprochenem
- 2018 Textinhalte erkennen
- 2019 Sprachverständnis

Insofern sind die Anwendungsfelder vielfältig, faszinierend und auch etwas unheimlich. Besonders erfolgreich ist zur Zeit der Computerkonzern Nvidia, Auf der Computermesse CES in Las Vegas stellte er 2025 einen neuen Computer vor, mit dem man an der KI-Softwareentwicklung arbeiten kann. Mit 3000 Euro ist dieser durchaus erschwinglich.

Z. B. Nvidia entwickelt sogenannte Weltmodelle bezüglich KI für Roboter und selbstfahrende Autos. Sprach- und Bildverarbeitung wird dabei ergänzt um die Einbeziehung von Witterungseinflüssen und anderen physikalischen Gesetzen. Letztlich geht es um den Markt für humanoide Roboter. Nvidia konzentriert sich auch, ebenso wie ein Unternehmen von Elon Musk, auf den Markt für selbstfahrende Autos. Auch hier wird ein Millionengeschäft vermutet.

Die Erwartungen sind also riesig, aber nicht unbedingt immer realistisch. Wallraff und Broßmann empfehlen hierbei folgende Reifegradstufen des KI-Einsatzes:

- Sammlung erster KI-Erfahrungen
- (Pilotierte) Umsetzung erster Anwendungsfälle
- Koordinierte Umsetzung von Anwendungsfällen
- Integrierte, unternehmensweite Umsetzung

Einfache Beispiele finden sich z. B. für den Personalbereich. Hier kann KI vielfältige Verwendung finden. So hilft KI bereits bei den Stellenanzeigen. Dabei geht es z. B. um

- Das Verfassen von Texten für Stellenanzeigen
- Das Optimieren von Stellenanzeigen für Suchmaschinen
- Das Veröffentlichen von Stellenanzeigen auf Jobportalen und in Social Media
- Das Schreiben und Optimieren von Job-Inseraten (Armutat/Wickel-Kirsch 2026)

Diese Anwendungsfelder lassen sich dann Schritt für Schritt auch auf andere Bereiche des Personalwesens übertragen, wie z. B. Texte für die Personalentwicklung. Außerdem lassen sich aus den Bewerbungsunterlagen oder Informationen in den Personalakten Fragen für Einstellungs- Förderungs- und Beurteilungsgespräche zusammenstellen. In einer weiteren Entwicklungsstufe können auch Videos mit Avataren konstruiert werden. Diese Beispiele lassen wiederum auf ähnliche Arbeitsfelder übertragen wie z. B. im Beschaffungsbereich, Marketing und Verkauf.

Wichtig ist dabei ein entsprechendes Kultur- und Wissensmanagement, um die neuen Möglichkeiten systematisch zu erkunden, zu analysieren und abzuschätzen. KI ist kein »Teufelszeug«. Letztlich kann es nur so gut sein wie die Qualität der Daten, die zur Verfügung stehen. Insbesondere Kreativität und Freude an Innovationen ist wichtig.

Insofern müssen dabei in diesem Zusammenhang sowohl der interne Aufbau neuer Kompetenzen als auch der externe Aufbau von KI-Kompetenzen erfolgen. Das erfordert wiederum ein entsprechendes Change-Management und die rechtzeitige und umfassende Einbindung der Arbeitnehmervertretungen. Last but not least benötigt KI ausreichende Rechnerkapazitäten.

Die Arbeitnehmervertretungen sind nicht zuletzt auch deshalb einzubeziehen, weil der mit KI verbundene Wandel Arbeitsplätze freisetzen wird. Angesichts von Fachkräftemangel und demografischem Wandel gibt es natürlich viele Möglichkeiten, soziale Härten zu vermeiden. Gefährdet sind wohl reine Fachexperten. Gefragt wird stattdessen stärker nach überfachlichen und sozialen Kompetenzen im Managementbereich. Andererseits sind im Handwerk und in der Produktion Personen gefragt, die gut mit technologiegestützten Werkzeugen umgehen können und sich für die Anwendungsbereiche des »Computer-aided Manufacturing« bzw. des »Smart Living« begeistern können.

Insofern sind der Fantasie eigentlich keine Grenzen gesetzt, wenn man vor allem erkennt, nach welchen Prinzipien KI vorgeht, was sie leisten kann und was (noch) nicht. Letztlich ist es kein Zauberwerk, wie hier gearbeitet wird. Andererseits sollte man sich beim Umgang mit KI stets auf seine Fähigkeiten verlassen und diese bewusst einsetzen (vgl. z.B. Furkel 2024, Holtermann 2025, Ramge 2023)

3.5 Fazit: Unternehmertum vs. Entrepreneurship heute

Die Schilderung der vielfältigen Entwicklungen des Technischen Fortschritts hat gezeigt, wie sehr grundlegende Innovationen von menschlichem Schöpfergeist abhängen. Sicherlich sind die Rahmenbedingungen heute anders als in den Gründerjahren. Dabei hat man in Wirtschaft und Verwaltung in hohem Maße von den Fortschritten in den Wissenschaften profitiert, aber auch zu Lasten der Natur und des Klimas großen Schaden angerichtet. Einerseits sind, wenn nun »Sustainability« bzw. Nachhaltigkeit im Vordergrund steht, auch hier weiteren Innovationen grundsätzlich keine Grenzen gesetzt.

Andererseits sind die bürokratischen Hürden nicht kleiner geworden, weil jeder Fortschritt wieder neue Möglichkeiten auf höherem Niveau geschaffen hat, die die Rationalisierungsvorteile wieder aufgehoben haben. Die Einsicht, dass Bürokratie zwar vieles regeln kann, dass man aber nicht alles regeln muss, ist zwar einfach, aber nicht so ohne weiteres umzusetzen.

Experten nennen folgende Hürden, warum Innovationen häufig scheitern:

- Es gibt einen Wirrwarr an Fördertöpfen, auch wenn es zu durchaus beträchtlichen Förderungen in Millionenhöhe kommen kann. Insbesondere die EU-Förderung ist unverhältnismäßig anstrengend. So kann es passieren, dass nicht die beste Idee gewinnt, sondern die Antragsteller mit der größten Expertise und Geduld im Antragsschreiben.
- Öffentliche Ausschreibungen benachteiligen Start-ups systematisch, z. B. durch übertriebene Liquiditätsnachweise. Insofern fällt der Staat häufig aus, obwohl er durchaus Impulsgeber sein könnte.
- Die deutsche Innovationsbehörde SPRIND ist noch sehr unerfahren und risikoscheu. Die Innovationsagenturen anderer Länder sind hier deutlich weiter, z. B. die Agenturen der Schweiz, der USA oder in Großbritannien. Insgesamt wird auch zu wenig abgeschaut. Nicht jede innovative Idee muss einzigartig sein.
- Es mangelt in Deutschland an privatem Risikokapital.
- Der Wissenstransfer von den Forschungsinstituten in die Praxis ist trotz aller Fortschritte und Rankings, wie z. B. das Gründerradar des Stifterverbandes, noch deutlich ausbaufähig (Wildenmann 2003).

Deshalb wünschen sich erfahrene Gründer für den Standort Deutschland, dass durch den Staat und die Kreditwirtschaft mehr Bürgschaften ermöglicht werden, um den Aufbau von Start-ups zu fördern. Auch das Wachstum kleiner, innovativer Firmen sollte gezielter unterstützt werden. Nicht zuletzt wäre die gezieltere Förderung der Unternehmensnachfolge hier ein wichtiger Bereich, der noch immer sehr unterentwickelt ist. Entscheidend ist aber letztlich die Grundsatzfrage, warum man sich in das Abenteuer der Gründung stürzen soll, wenn Scheitern als Chance angesehen wird und man es bei zunehmendem Arbeitskräftemangel bei einer Behörde oder einem etablierten Unternehmen vordergründig zunächst einmal viel besser hat.

III Die soziale Frage und der Wertewandel

1 Arbeit im Wandel

Bisher sind wir den Wandlungsprozessen bezüglich der wirtschaftlichen Entwicklung und des technischen Fortschritts nachgegangen. Beides steht natürlich in enger Verbindung mit den Themen Arbeitskraft und Arbeit. Beginnen wir also noch einmal mit der Situation vor dem Beginn der Industrialisierung (Kocka 2024).

1.1 Monarchie, Oligarchie und Autokratie

In England herrschte schon seit längerer Zeit eine konstitutionelle Monarchie. Die Leibeigenschaft wurde bereits zu Zeiten Elisabeths I. im Jahre 1574 abgeschafft. In Deutschland mit seinen absolutistisch regierenden Herrschern im mehr als 30 Staaten war dies erst ab der zweiten Hälfte des 18. Jahrhunderts und Anfang des 19. Jahrhunderts der Fall. In Frankreich begann dieser Prozess 1685, erstreckte sich aber dann bis zur Französischen Revolution und wurde 1789 endgültig beendet. Das Zarenreich Russland folgte 1865. In den USA herrschte als erstem Land in der Welt zwar eine parlamentarische Demokratie ohne Leibeigene, dafür aber Sklaverei, die offiziell 1865 beendet wurde.

Trotz aller regionalen Unterschiede war allen diesen Ländern gemeinsam, dass neben dem Handel in den Städten und auf zum Teil beschwerlichen Verkehrswegen mit Pferd und Kutsche zwischen den Städten die meisten Personen in der Landwirtschaft beschäftigt waren. Egal ob Stadt oder Land waren die Einkommensunterschiede und damit auch die Machtverhältnisse recht unterschiedlich.

Im Bürgertum der Städte war es eher möglich, durch geschickten Handel und Glück bei der Auswahl der Produkte wohlhabend zu werden. Trotzdem waren die Ausgangsbedingungen ungleich verteilt, weil reiche Patrizierfamilien z. B. durch Zunftprivilegien begünstigt waren und dadurch auch ihre Macht stabilisieren konnten. Nichtsdestotrotz konnte es sowohl zum Aufstieg als auch zum Niedergang einer reichen Kaufmannsfamilie kommen. Thomas Mann hat das ja plastisch am Beispiel der Lübecker Familie Buddenbrooks beschrieben.

Daneben gab es viel Armut und Arbeitslosigkeit in den Städten. Viele mussten sich als Tagelöhner zu einem Hungerlohn verdingen und konnten oft nur mit Mühe und Not ihre Familie ernähren,

Wenn auf dem Land zwar die Leibeigenschaft formal abgeschafft war, bestanden die Unterschiede zwischen Großbauern und Kleinbauern fort. Insofern wurde in der Regel aus dem Leibeigenenverhältnis ein Pachtverhältnis, weil die Kleinbauern sich sonst nicht ernähren konnten. Oder der frühere Leibeigene arbeitete beim Großbauern als Lohnarbeiter. Insofern änderte sich an der bisherigen Machtbeziehung oftmals nicht sehr viel. Oligarchische und autokratische Herrschaft war das Ergebnis des gut gemeinten Fortschritts.

Die Arbeitszeit war, bis auf den Winter, lang und hart. Der Lohn eher niedrig. Bei Missernten drohten Hungernöte. Mangels Mechanisierung musste fast die gesamte Arbeit von den Menschen mit Unterstützung von Kühen oder Pferden erledigt werden. Diese Unterstützung fiel dann weg, wenn Tiere krank wurden oder bei einer Hungernot geschlachtet werden mussten.

Diese Situation änderte sich im Zuge der Mechanisierung sowohl auf dem Land als auch in der Stadt und in Verbindung damit mit der Einführung des Kunstdüngers, maßgeblich z.B. durch Justus von Liebig. Indem sich die Ernährungssituation verbesserte, der Handel auch durch den Abbau von Zollschranken und bessere Verkehrswege zunahm, nahm die Bevölkerung zu und es wurden Arbeitsplätze in den Fabriken in der Stadt geschaffen (Kocka 2024).

1.2 Arbeit, Liberalismus und Kapitalismus

Aus lohnabhängigen Landarbeitern und Kleinbauern wurden lohnabhängige Fabrikarbeiter. Für diese Personen musste in den Städten Wohnraum geschaffen werden, was allerdings eher zeitverzögert und zunächst auf niedrigem Niveau geschah. Insofern nahm die soziale Verelendung zu, Seuchen und Krankheiten breiteten sich aus.

Andererseits waren dem Schöpfergeist unternehmerischer Pioniere kaum formale Grenzen gesetzt. Entscheidend war dabei die Voraussetzung, Eigentum erwerben zu können. Dies wurde in der Regel von Grundeigentümern aus dem Adel oder aus dem Bürgertum zur Verfügung gestellt.

Im Ergebnis entstanden zwei neue Klassen in der Gesellschaft: die gewerbetreibenden Unternehmer und die Arbeiterschaft, also das Proletariat. Zugleich war in Europa, insbesondere in England, Frankreich und in Deutschland der Adel noch sehr einflussreich, und das in Verbindung mit absolutistischen und konstitutionellen Monarchien (Engels 1845).

Für die wichtigsten Akteure in den nun einsetzenden Phasen der industriellen Entwicklung, also Mechanisierung, Elektrifizierung, Agrarchemie speziell und naturwissenschaftlich-chemischer Forschung bedeutete das, dass liberalistische Philosophien wie Gewerbefreiheit und Zollfreiheit an Einfluss gewannen. Das schlug sich politisch in entsprechenden Parteibildungen nieder, die sich von den feudalistischen Herrschaftskreisen abgrenzten, in dem sie mehr politischen Einfluss forderten.

Gleichzeitig war die Klasse der Lohnabhängigen relativ schutzlos den neuen Bedingungen ausgesetzt. Aufgeklärte Unternehmer erkannten das sehr wohl. Dabei waren sie angesichts des historischen Hintergrundes eher patriarchalisch geprägt, und kamen sich dabei allerdings, wie z. B. Borsig oder Siemens, aufgeklärt und fortschrittlich vor, wenn sie sich aus eigener Machtvollkommenheit für ihre Arbeitenden einsetzten.

Hinzu kamen einsichtige Personen in den Herrschaftskreisen der europäischen Monarchien oder der amerikanischen Staatsspitze, dass Reformen im sozialen Bereich, insbesondere hinsichtlich Hygiene in den Städten, Förderung des Wohnungsbaus sowie der Kranken- und der Rentenversicherung notwendig waren. Allerdings brauchte Reichskanzler Bismarck eine gewisse Zeit zur Einsicht, nachdem er zunächst vehement die aufkommende Sozialdemokratie bekämpft hatte (Becker/Kistler 2024). Und: Viele Reformen konzentrierten sich auf die Unternehmen der maßgeblichen Industriepioniere.

Speziell in den USA kommt es bis heute dazu, dass in weiten Kreisen ein für Europäer unverständliches Misstrauen gegen staatlich abgesicherte Systeme der Alters- und der Gesundheitsversorgung vorherrscht.

1.3 Kapitalismus, konstitutionelle und soziale Demokratie

Angesichts der oftmals als bedrückend und ausbeuterisch empfundenen Situation der Arbeiter, die nicht zuletzt auch literarisch verarbeitet wurde, wie z. B. bei Gerhard Hauptmanns »Die Weber« oder Bertolt Brechts »Die heilige Johanna der Schlachthöfe«, ist es nicht verwunderlich, dass es sowohl aus der Arbeiterschaft selbst als auch von mit ihnen sympathisierenden Akademikern oder aus dem liberalen Bürgertum zu mehr oder weniger radikalen Protestbewegungen kam. Intellektuell unterstützt wurde dies durch programmatische Abhandlungen z. B. von Karl Marx und Friedrich Engels (»Das kommunistische Manifest«) oder Ferdinand Lasalle (Mandel 1983).

Dabei ist zu bedenken, dass ein Protestieren oder Aufbegehren in dem gesellschaftlich-kulturellen Umfeld des 19. Jahrhunderts sehr schnell als revolutionär und umstürzlerisch empfunden wurde. Dabei wird vergessen, dass das Streikrecht nicht wie heute grundgesetzlich abgesichert war. Streiken bedeutete automatisch Lohnverzicht und Entlassungsgefahr, vor allem bei struktureller Arbeitslosigkeit.

Trotz allem führte die soziale Lage der Arbeiterklasse zu gewerkschaftlichen Zusammenschlüssen, z. B. auch, um eine Streikkasse bilden zu können, und zu Parteienbildungen unterschiedlicher Radikalität. Dabei waren sowohl sozialistische als auch sozialdemokratische Programmatiken zu unterscheiden, die sich letztlich, und das bis heute, an der Eigentumsfrage entzündeten: Soll es beim privaten Eigentum bleiben oder soll es »vergesellschaftet« werden? Ist Arbeit genau so viel oder mehr wert als Kapital?

Das deutsche Grundgesetz hat in diesem Zusammenhang einerseits die Eigentumsgarantie verankert, aber »Eigentum verpflichtet«, und die Rechtsprechung geht von der »wirtschaftspolitischen Neutralität« des Grundgesetzes aus. Allerdings hat die Bewährungsprobe hier noch nicht stattgefunden, denn z. B. umfassende Enteignungen wären wiederum wegen des Eigentumsschutzes grundgesetzwidrig.

1.4 Ansätze zur Wirtschaftsdemokratie

Aktuell sind in Europa und den USA unterschiedliche Facetten von Wirtschaftsdemokratie vorhanden. In den USA hängt es von der konkreten Unternehmung und z. T. vom Bundesstaat ab, ob das Unternehmen »unionized« ist. Die Gewerkschaften sind zudem berufsorientiert. In England und Frankreich sind die Gewerkschaften sowohl berufsorientiert als auch z. T. ideologisch unterschiedlich ausgerichtet, in Frankreich in besonderem Maße.

In Deutschland dominieren branchenorientierte Einheitsgewerkschaften. Außerdem hat sich historisch ein System der Mitbestimmung auf betrieblicher und auf Unternehmensebene entwickelt. Hingegen gab es in der DDR zwar Gewerkschaften und Betriebsräte, aber kein Streikrecht, weil es in einem sozialistischen System »nicht mehr erforderlich« war.

Allerdings ist das deutsche Modell sehr einzigartig, Übertragungen auf andere Länder oder auf die Europäische Union sind bislang nur bedingt gelungen. Nichtsdestotrotz ist das System der »Industrial Relations« (Arbeitsbeziehungen) allgemein und der konstitutionellen Elemente im Speziellen – und das wiederum im internationalen Vergleich – ein anerkanntes Gebiet von Forschung und Lehre geworden.

2 Arbeit als Forschungsobjekt

Arbeit wird mittlerweile von mehreren Disziplinen erforscht und gelehrt: insbesondere sind zu nennen die Arbeits-, Betriebs- und Organisationspsychologie (z. B. Weinert 2004), die Arbeits-, Betriebs- und Organisationssoziologie (Kühl 2023), die interdisziplinären Arbeitswissenschaften (Ulich 2021) und die Personalwirtschaftslehre (z. B. Wunderer 2007). Dabei gibt es unterschiedliche Foki in individueller, gruppenmäßiger und institutioneller Hinsicht, technischer, ökonomischer und sozialer Ausrichtung, aber grundsätzlich ist hier eine interdisziplinäre Betrachtungsweise und Vorgehensweise unabdingbar.

Andernfalls wächst die Gefahr der Bildung von Moden und Mythen sowie des alten Weines in neuen Schläuchen. Im Folgenden werden einige Forschungsobjekte exemplarisch vorgestellt:

2.1 Wozu arbeiten wir?

In der Regel verbinden wir Arbeit mit Erwerbstätigkeit, im Idealfall verbunden mit einem als subjektiv unterschiedlich empfundenen auskömmlichen Einkommen (vgl. Thinius 2024). Das war aber nicht immer so: z. B. Ausdrücke wie Sklavenarbeit oder Fronarbeit zeugen davon. Die Freien im antiken Griechenland hatten zwar die Chance, sich in Muße zu ergehen. Wie das Beispiel des Ötzis zeigt, war das Leben der Sammler und Jäger in der Steinzeit hingegen sehr entbehrungsreich.

Viele Arbeitskräfte waren jahrhundertelang Leibeigene, die nur über eine geringe persönliche Freiheit und, wie bereits ausgeführt, auch nach Aufhebung der Leibeigenschaft über keinen nennenswerten Besitz und Eigentum verfügten. Entsprechendes galt auch lange Zeit für viele Fabrikarbeiter in Deutschland; mancher soziale Fortschritt musste hart erkämpft werden. Die Arbeitszeiten waren häufig sehr lang: Bauern kennen auch heute noch keine durchweg geregelte Arbeitszeit, wenn z. B. die Ernte eingefahren werden muss. Hinzu kommt, dass erst mit zunehmender Mechanisierung und Automatisierung die zum Teil unmenschlich harte körperliche Arbeit erleichtert wurde. Nicht zuletzt zeigt die aktuelle Debatte um den Mindestlohn, dass es diverse prekäre Arbeitsverhältnisse auch im ansonsten wohlhabenden Deutschland noch gibt. Immer mehr Menschen sind auf die Tafel angewiesen sind und auch die Rente reicht oftmals nicht zum Lebensunterhalt.

Anders war und ist es bei den Herrschenden und Besitzenden im 19. Jahrhundert bis heute, solange das Vermögen nicht verschleudert wurde und man seinen Reichtum primär auf Privilegien begründete, die allmählich jedoch an Wert verloren. Aktuell sind Einkommen und Vermögen in vielen Ländern wie auch in Deutschland sehr ungleich verteilt. Dabei gibt es neben superreichen »Playboys«, die sich nur dem Luxus hingeben, auch Personen, die vor dem Hintergrund des Ererbten weiterhin noch sehr produktiv tätig sind. Mit der nun an Wohlstand und Einfluss zunehmenden Kaufmannschaft im 19. Jahrhundert, den weiter oben bereits charakterisierten Industriellen wie Borsig und Siemens und den an Bedeutung gewinnenden Wissenschaftlern wie den Humboldt-Brüdern oder Robert Koch, gab es nun im Zuge der Industrialisierung andere wohlhabende Kreise, bei denen Arbeit nicht mehr primär mit Mühsal verbunden war.

Einen beträchtlichen Einfluss auf die Frage nach dem Sinn und der Bedeutung von Arbeit spielten stets die Religionen. Wie Max Weber in seinem Buch »Die Protestantische Ethik und der Geist des Kapitalismus« sehr prägnant ausführte, waren besonders die calvinistischen Strömungen innerhalb des Protestantismus typisch für die Rechtfertigung von Reichtum: Wer bereits zu Lebzeiten zu Wohlstand kam, war gottgefällig und hatte die besten Chancen, ins Paradies zu gelangen. Auch in anderen Religionen gab es solche Tendenzen, denn mit einer Religion nur für die Armen konnte man nur bedingt Macht und Einfluss gewinnen.

Entscheidend für unsere Betrachtungen ist nun primär der Fokus auf die Erwerbsarbeit vom Zeitalter der Industrialisierung bis heute. Dabei hatten Handwerk und Handel eine gewisse Sonderstellung, denn dies wurde traditionell von freien Bürgern im Rahmen von Handwerker- und Kaufmannsvereinigungen ausgeübt. Jüdische Kaufleute und Banker lebten dabei stets unter dem Damoklesschwert von Verboten bis hin zu Pogromen. Für die Finanzierung der aufkommenden industriellen Großprojekte, etwa beim Schienenbau und der Elektrifizierung in Europa und in den USA hatten jüdische Bankiers und Finanziers große Verdienste. Trotz starker antisemitischer Strömungen im Kaiserreich war Kaiser Wilhelm II auch auf solche Verbindungen angewiesen.

Im Hinblick auf die Arbeiterschaft war Arbeit häufig mit Ausbeutung, Qual, Mühsal, Gewalt und Krankheit sowie einer geringen Lebenserwartung verbunden. Diese soziale Frage war entsprechend Gegenstand für literarische und philosophische, aber auch für parteipolitische und klassenkämpferische sowie für (arbeits-) wissenschaftliche Betrachtungen.

Im Endergebnis sind in den Industrieländern beträchtliche Fortschritte bezüglich Einkommen, Arbeitszeiten und Arbeitnehmerrechten erzielt worden. Grundlegende Abhängigkeiten sind für breite Bevölkerungsschichten aber geblieben sowie die Notwendigkeit zur Arbeit und der Rechtfertigungszwang, warum man nicht mehr arbeiten will. Dabei wird Arbeit meistens auch mit Sinn verbunden: »Mein Leben ist sinnlos, wenn ich nicht arbeite.« Umgekehrt geraten aber auch

Rentner und Pensionäre dann unter Begründungszwang, wenn sie trotzdem weiterarbeiten wollen (Marsch 2024).

2.2 Diskussionen um den Wertewandel

Der amerikanische Soziologe Robert Inglehart hat in den 60er Jahren des 20. Jahrhundert auf das Anwachsen »postmaterialistischer« Werte in den Industrieländern hingewiesen. Für Menschen, die in den damaligen Wohlstands- und Wirtschaftswunderwelten aufgewachsen sind, würden Selbstbestimmung, Gesundheit oder Freizeit an Bedeutung zunehmen und die Einstellung zur Arbeit entsprechend modifizieren (Inglehart 1977).

Sicherlich wird der heranwachsende Mensch auch von seiner Umgebung geprägt. Auch wenn die Eltern selbst in eher ärmlichen Verhältnissen aufgewachsen sein sollten, es aber zu einem gewissen Wohlstand gebracht haben, färben diese Annehmlichkeiten auf das Verhalten der Jugendlichen ab. Gefördert wird dies noch durch die verständliche Einstellung, dass »mein Kind es besser haben soll als ich«. Insofern verändern sich die Sichtweisen auf die Einstellung zur Arbeit. Dies bedeutet aber nicht unbedingt, dass die Motivation und die Bereitschaft zu arbeiten insgesamt abnimmt. Letztlich verändert sie sich, wie es die Diskussion um die Work-Life-Balance zum Ausdruck bringt. Die Frage »Warum arbeiten Sie?« ist eine klassisch gewordene Fragestellung in vielen arbeitspsychologischen Längsschnittuntersuchungen. In der Allensbach-Untersuchung werden z. B. folgende Alternativen unterschieden (► Dar. III.1) (Noelle-Neumann/Strümpel 1984).

Sowohl national als auch im internationalen Vergleich ist im Zeitablauf festzustellen, dass die A-Werte zunehmend ab- und die B-Werte kontinuierlich zunehmen. Die C- und die D-Werte bleiben dagegen eher konstant, sind aber auch nicht zu unterschätzen bei Werten um die jeweils 10 Prozent.

Zur Entwicklung der A- und der B-Werte kam es in den 70er und 80er Jahren zu einer bemerkenswerten Diskussion zwischen der damaligen Leiterin des Allensbach-Instituts, Noelle-Neumann, und dem Sozialpsychologen Burkhard Strümpel von der FU Berlin. In einer publikumswirksamen Fachdiskussion sah Noelle-Neumann einen Verfall puritanischer Tugenden wie Disziplin, Pünktlichkeit und Fleiß, während Strümpel von der Suche nach einem neuen Gleichgewicht spricht zwischen Arbeit und Privatleben. In diesem Zusammenhang werden »kommunikativen Tugenden wie Teamarbeit, eigene Meinung, Offenheit, Verträglichkeit, Zuhören und Humor wichtiger.

Dar. III.1: Alternativen zu »Warum arbeite ich? (Wagner, 1991, S. 28)

Einstellung zur Rolle der Arbeit (Nur Berufstätige, jeweils etwa 1000 repräsentativ ausgewählte Personen)					
	USA	Schweden	Bundesrepublik Deutschland		
			Alle	18–29 J.	55 J. u. älter
	%	%	%	%	%
(A) Ich möchte immer mein Bestes geben so gut ich kann, unabhängig davon, wieviel ich verdiene.	52	45	25	18	37
(B) Ich finde meine Arbeit interessant, aber ich lasse es nicht so weit kommen, dass sie mein übriges Leben stört.	31	39	43	50	27
(C) Ich sehe die Arbeit wie ein Geschäft, je besser ich bezahlt werde, desto mehr tue ich, je schlechter ich bezahlt werde, desto weniger tue ich.	9	5	11	10	13
(D) Arbeiten, um zu leben, ist eine unangenehme Lebensnotwendigkeit, wenn ich nicht müsste, würde ich gar nicht arbeiten.	17	7	15	18	12

Diskussionswürdig ist auf jeden Fall, welche Konsequenzen aus den Veränderungen bei den A-Fragen und bei den B-Fragen zu ziehen sind. Die eher traditionalistische und konservative Demoskopin Noelle-Neumann argumentiert interessanterweise auch aus der nun wieder aktuellen Entrepreneurship-Perspektive und zwar dahingehend, dass man sich mit abnehmenden A-Werten keine Gründerinnen und Gründer vorstellen könne, die zu Beginn ihrer Aktivitäten und geraume

Zeit danach viel Arbeitsaufwand investieren müssten bis sie eventuell die Früchte ihrer Anstrengungen genießen könnten. Insofern bestehen hier gewisse Parallelen zwischen den Neugründungen der Nachkriegszeit bis in die heutige Start-up-Welt. Allerdings ist es für derartig engagierte Menschen heutzutage auch nicht unüblich, sich ab und zu auch einmal etwas Freizeit zu gönnen.

Fleiß und Pünktlichkeit sind sicherlich nach wie vor wichtig. Sie haben sich aber auch gewandelt. Statt traditionellem Fleiß nimmt die Bedeutung von zielbezogener Effizienz und Effektivität zu, und Pünktlichkeit bezieht sich bei Dienstleistungsfunktionen zunehmend auf abgestimmte Arbeitszeiten; etwa bei Videokonferenzen. Im Produktionsbereich sind festgelegte Arbeitszeiten und Termine allerdings generell nach wie vor essentiell.

Die Zunahme der B-Antworten ist vor diesem Hintergrund nur bedingt als Alarmsignal zu bewerten. Solange es sich um ein effizienzorientiertes, also konzentriertes Arbeiten handelt, ist gegen eine solche Einstellung nichts einzuwenden. Schließlich ist es durchaus eine Kunst, »nein« sagen zu können. Voraussetzung ist dann z. B., dass realistische, machbare Ziele vereinbart wurden. Interpretationsbedürftig ist, »wenn es mein übriges Leben nicht stört«.

Akzeptabel sind m. E. insbesondere z. B. gesundheitsbezogene Gründe, denn mit einem Burnout ist auch dem Arbeitgeber nicht gedient. Aber auch eine berufs- oder weiterbildungsbezogene Weiterbildung, oder die wechselseitige Unterstützung von Doppelverdienern mit Kindern (Work-Life-Balance) im Rahmen der Betreuung sowohl dieser Personen als auch von pflegebedürftigen Angehörigen verdient Respekt. Bedenklich wären B-Antworten allerdings dann, wenn man sich nur für das Nötigste engagiert und (auch durchaus kräftezehrende) private Hobbies im Vordergrund stehen. Damit nähern wir uns allerdings den C-Antworten.

Für etwa 10 Prozent der Befragten ist Arbeit konstant nicht mehr als ein Job. Dafür gibt es mehrere Gründe. Am einsichtigsten ist diese Ansicht eventuell bei einem vorübergehenden Schüler- oder Ferienjob. Aber warum sollte man sich nicht auch hier Mühe geben, um etwa wieder kommen zu können oder über Verbesserungen z. B. bei den Arbeitsabläufen nachzudenken? Schließlich weiß man nie, wozu die gesammelten Erfahrungen später einmal gut sein können.

Verständlicher ist es, wenn es sich um monotone, langweilige oder möglicherweise sinnlose Arbeiten handelt. Sicherlich gibt es manche Tätigkeit, die man besser wegrationalisieren oder automatisieren könnte. Außerdem wäre zu untersuchen, ob die teilnahmslose Einstellung nur am Arbeitsplatz oder am über- bzw. unterforderten Arbeitnehmer liegt. Möglicherweise könnte man aber auch durch Umstrukturierungen bei Rationalisierungen die Arbeit interessanter machen und somit dann auch die Motivation wieder steigern.

Last but not least kann die »Nur ein Job«-Einstellung auch für Spitzenmanager gelten. Diese verlieren u. U. dann ihr Interesse an ihrer verantwortungsvollen Tätigkeit, wenn das Unternehmen schlechte Zeiten durchmachen muss und die Tantieme nicht mehr so großzügig ausfällt, wie es früher einmal war. Vielfach wird kritisiert, dass Top-Manager meistens auf einen Teil ihrer Bezüge nicht verzichten wollen. Die Tatsache, dass Spitzenpositionen in der Wirtschaft auf befristeten Anstellungsverträgen von drei oder fünf Jahren beruhen, so wie das auch bei Fußball-Stars der Fall ist, und dass im Falle eines Scheiterns hohe Abfindungen fällig werden, trägt auch nicht dazu bei, von Haltung C nach Haltung A zu wechseln.

Bleibt noch die Meinung D: Arbeit wird verweigert oder als unzumutbar empfunden. Viele waren lange der Meinung, dass man an den betreffenden ca. 25 Prozent nicht viel ändern könnte. In Zeiten akuten Fach- und Führungskräftemangels sollte man sich damit allerdings nicht abfinden. Bekanntlich gibt es noch zu viele Schul-, Berufs- und Studienabbrecher.

Die Ursachen für die ablehnende Haltung sind vielfältig. Insbesondere kommen in Betracht:

- ungenügende Förderung in Migrantenfamilien, auch von Mädchen, und dazu noch beginnend bereits in den Kitas,
- ungenügende Förderung von Kindern von Sozialhilfeempfängern, ebenfalls beginnend in den Kitas, auch hier, sofern sie überhaupt besucht werden.
- Kinder mit Depressionen und Lernschwierigkeiten

Zum Teil sind diese Probleme schon seit Jahren bekannt. Es fehlt vor allem aber an zusätzlichem Lehrpersonal, an Sozialpädagogen, aber auch an zielgruppenbezogenen Trainingskonzepten. Darüber hinaus ist allerdings auch bekannt, dass man viel Geduld, Frustrationstoleranz und Ausdauer braucht, um Rückschläge und Enttäuschungen in Kauf zu nehmen.

Häufig mangelt es an Selbstbewusstsein und Erfolgserlebnissen. Dabei gibt es zum Beispiel durchaus erfolgreiche Erfahrungen z.B. mit Hauptschulförderprogrammen, wenn man durchaus technisch interessierten Schülern die Möglichkeit gibt, den LKW-Führerschein zu machen und neben dem erworbenen Können in Verbindung mit dem dazu erforderlichen Fachwissen die Verantwortung für technisch schweres Gerät zu übernehmen.

Insgesamt gibt es auch auf den technologisch hochentwickelten industriellen Arbeitsmärkten noch genügend »einfache« Arbeitsplätze, nicht zuletzt im Transport- und Logistikbereich oder etwa im Gastronomiesektor und im Haushalts- und Reinigungsgewerbe. Entscheidend ist ein hinreichendes Verständnis und ein langer Atem, um Personen mit der »D-Meinung« aus der dann tendenziell lebenslangen Sozialhilfe des Bürgergeldes zu entreißen.

Die Einstellung zur Arbeit ist also ein entscheidender Motivationsfaktor. Angesichts globaler, technologischer, demografischer und politisch-gesetzlicher Veränderungen ist es natürlich nicht verwunderlich, wenn sich auch die entsprechenden Werte wandeln.

Besonders zu erwähnen sind dabei eventuelle soziokulturelle Einflüsse, die in Deutschland mit dem Komplex Migration und Einwanderungsland verbunden sind. Wertvorstellungen können eben auch interkulturell verschieden sein. Schon vor etlichen Jahren hat der niederländische Forscher Geert Hofstede auf folgende Unterschiede hingewiesen (vgl. Abschnitt »Interkulturelle Kommunikation):

- Machtdistanz
  In lateinischen und in asiatischen Ländern ist der Respekt vor Autoritäten und vor Älteren höher als bei uns.
- Kollektivismus/Individualismus
  Individualismus ist in den USA am höchsten. In vielen Ländern ist der Kollektivismus höher als bei uns.
- Maskulinität/Feminität
  In den Islam-Ländern haben Frauen häufig eine geringere Gleichberechtigung und werden häufig bei der höheren Bildung benachteiligt oder von ihr ausgeschlossen.

- Unsicherheitsvermeidung
  Deutsche sind relativ risikoscheu, vorsichtig und analytisch. Wagemut, Spontaneität und Risikofreude sind in vielen anderen Ländern höher.
- Zeitorientierung
  Deutsche denken meistens langfristiger und strategischer, Asiaten aber auch.
- Genuss/Beschränkung
  Deutsche sind hier diszipliniert, puritanischer. Südeuropäer und auch Asiaten können mehr feiern (Hofstede 2001).

Hofstedes vergleichende Untersuchungen sind möglicherweise veraltet und methodisch wegen der Konzentration auf IBM-Niederlassungen angreifbar. Sie geben aber gute Hinweise zum Nachdenken und Vergleichen und sicherlich auch zum Überprüfen und Korrigieren eigener Vorurteile. Insgesamt dringt die »interkulturelle Diversität« weiter vor, und mit dem Beharren auf der »deutschen Leitkultur« wird die interkulturelle Kommunikation sicherlich nicht gefördert.

Werte verändern und mischen sich ansonsten nicht nur im Zeitablauf, sondern auch mit dem Alter der beteiligten Personen und den damit verbundenen Erfahrungen. Arbeit bleibt ein entscheidender Teil unseres Lebens, auch wenn sich die Umstände bezüglich Flexibilisierung und Individualisierung von Arbeitsvertrag, Arbeitsort und Arbeitszeit permanent verändern. Hinzu kommt die bekannte Aussage, die Konfuzius zugesprochen wird: »Wer gerne arbeitet, hat keine Arbeit.« Arbeit sollte also Spaß machen und mit Sinn, Nützlichkeit und Anerkennung verbunden sein.

2.3 Generationen und Werte

Sehr beliebt ist in der Diskussion um den Wertewandel und die Einstellung zur Arbeit der Blick auf unterschiedliche Generationen oder Kohorten von Erwerbspersonen unterschiedlichen Alters. Auch wenn die Abgrenzung in der Regel unscharf ist, und regional/international verschieden, wird häufig damit argumentiert. Folgende Zeitleiste zeigt eine typische Generationeneinteilung (► Dar. III.2). Dabei überwiegt eine relativ schematische, skizzenhafte Darstellung.

Dar. III.2: Generationen im Zeitablauf

Generationen im Zeitablauf	
Lost Generation	1883 bis 1900
Greatest Generation	1901 bis 1927
Silent Generation	1923 bis 1945
Baby Boomers	1948 bis 1964
Generation X	1965 bis 1989
Millenials	1981 bis 1996
Zoomers Generation	1997 bis 2012
Generation Alpha	2013 bis heute

Mitte des 19. Jahrhunderts gab es, wie schon erwähnt, eine Industriearbeiterschaft in Deutschland, die sich aus besitzlosen ehemaligen Landarbeitern, arbeitslosen Handwerkern und verarmten Kleinbauern zusammensetzte. Sie strömten in die Städte, die auf den Strukturwandel nicht vorbereitet waren. Seuche und Unruhen waren die Folge. Seitens des Staates und der aufgeklärten Industriellen bestand Handlungsbedarf. Mit den allmählich einsetzenden Befriedungen, sozialen Reformen und dem aufkommenden Wirtschaftswachstum, dies durchaus verbunden auch mit Wohlfahrtseffekten, war man aus wirtschaftshistorischer Sicht allmählich in der Lage, die relevanten Arbeitnehmerkohorten besser zu differenzieren. Wir beginnen also in den 80er Jahren des 19. Jahrhunderts, die in Deutschland auch als Gründerzeitalter bezeichnet werden, und die auch in Europa und US-Amerika eine expansive Entwicklung erfahren haben. Allerdings ist zu beachten, dass die nachfolgende Untergliederung recht schematisch ist. Natürlich gibt es auch überlappende und differenziertere Konstellationen. Trotzdem bekommt man ein Verständnis für historische Konstellationen. Übrigens war die Jugend wohl zu allen Zeiten »nie so schlecht wie heute«. Die nachfolgenden Zeiträume betreffen die jeweiligen Geburtsjahre.

Lost Generation ab 1883

Diese Generation erlebte den Übergang zum 20. Jahrhundert ebenso wie den Ersten Weltkrieg, später die Spanische Grippe, die Große Depression ebenso wie die Roaring Twenties, die es in den USA ähnlich gab wie in Europa.

Der Erste Weltkrieg war sicherlich sehr prägend, weil er, bedingt durch zunehmende moderne Technik, viel grausamer war als erwartet und keineswegs einem Ritterturnier glich. Posttraumatische Belastungsstörungen waren ebenso die Folge wie Enttäuschungen durch Hungersnöte und als ungerecht empfundene Friedensvertragsdiktate.

Dieselbe Generation sah ihre Kinder aufwachsen und dann in den Zweiten Weltkrieg eintreten. Leitbild war die traditionelle Familie mit dem Mann als Haupternährer. Die Wertvorstellungen waren konservativ und patriarchalisch. Uneheliche Kinder galten als Schande. Homosexualität war strafbar, in den Metropolen aber Teil des Nachtlebens.

Frauen hatten geringere Rechte bezüglich Wahlbeteiligung und Berufswahl und versorgten die Kinder zu Hause. Andererseits verloren viele Frauen ihre Männer im Ersten Weltkrieg und mussten wegen deren militärischer Abwesenheit für diese in der Arbeitswelt einspringen. Dies stärkte sicherlich ihr Selbstbewusstsein und den allmählich einsetzenden Kampf um die Gleichberechtigung.

Nach dem Ersten Weltkrieg wurden die Monarchien in Europa weitgehend durch Republiken abgelöst, die aber, insbesondere in Deutschland, nur bedingt akzeptiert wurden.

Die Zeit zwischen beiden Weltkriegen war sowohl durch große Wirtschaftskrisen in USA und Europa, aber auch durch gewaltige Umwälzungen bezüglich Film und Fernsehen, Musik und Kultur geprägt. Davon profitierte aber eher der jugendliche Nachwuchs, der dann in den Strudel des Zweiten Weltkrieges und der Kriegswirtschaft geriet.

Greatest Generation 1901 bis 1927

Deshalb wird diese Generation auch als GI-Generation oder Weltkrieg-II-Generation bezeichnet. 16 Millionen US-Amerikaner waren z. B. im Zweiten Weltkrieg eingesetzt. Ähnliche Relationen galten natürlich auch für Europa und insbesondere das Nazi-Deutschland, das den Krieg angezettelt hatte. Frauen wurden in noch stärkerem Maße in der Kriegswirtschaft und auch als Ersatz in der eigentlichen Wirtschaft und Verwaltung eingesetzt.

Die Bezeichnung »Greatest« wurde in den USA vor allem deshalb gewählt, weil sowohl die große Depression als auch der erfolgreiche Einsatz im Zweiten

Weltkrieg erlebt und überstanden, aber auch in der Nachkriegszeit wirtschaftlich erfolgreich gearbeitet wurde. Dabei wurde an die Erfahrungen und Erlebnisse der Vorkriegszeit angeknüpft, die neben den wirtschaftlichen Rückschlägen aber auch gewaltige innovative Veränderungen in Technologie, Wirtschaft, Kunst, Literatur und Kultur mit sich brachten. Nach dem Krieg bestand ein gewaltiger Nachholbedarf, und es wurden viele Kinder »nachproduziert«. Damit wurden zugleich bereits teilweise die Grundlagen für die Generation der Baby Boomer gelegt.

Insgesamt hatten die verschiedenen Erfahrungen im positiven wie im negativen Sinne die Anhänger der »Großen Generation« eher nüchtern und konservativ gemacht, was aber nicht ausschloss, dass sie tüchtig und zupackend waren und somit stolz auf das Erreichte, was man aber nicht gleich wieder verzocken wollte. Hinzu kam die Situation des Kalten Krieges zwischen der Sowjet-Union und den USA und der Korea-Krieg, der wiederum die Mitwirkung eines Teiles der Generation erforderte.

In Deutschland war die Nachkriegszeit ähnlich. Es dominierte aber naturgemäß die Verliererperspektive. Der Unterschied war allerdings, dass viele Soldaten zunächst in Kriegsgefangenschaft gerieten und zum Teil erst in den 50er Jahren freigelassen wurden. Dies führte wiederum dazu, dass die Frauen die Aufräumarbeit machen mussten und später mit ihren traumatisierten Ehemännern konfrontiert wurden. Die Great Generation in Deutschland war, was große Teile der Bevölkerung betraf, mit antisemitischem und nazistischem Gedankengut infiltriert, ein Meister im Verdrängen und Nicht-wahrhaben-Wollen.

In Ostdeutschland wurde hingegen ein kommunistischer Musterstaat aufgebaut, wo die Mitgliedschaft ehemaliger Nazis tabuisiert wurde und in den Fabriken die »Diktatur des Proletariats« herrschte. Die Gewerkschaften hatten kein Streikrecht, da es formal überflüssig war. Insgesamt war die Situation in beiden Teilen Deutschlands nur schwer vergleichbar, was die Wertvorstellungen betraf. Die Grundstimmung war wohl eher konservativ und bewahrend, was den hart erarbeiteten Wohlstand im Rahmen des Wiederaufbaus betraf. Ähnlichkeiten mit den USA bestehen allerdings, was die vielfältigen Erfahrungen in der Zwischenkriegszeit betraf. Hier kommt die amerikanisch dominierte vergleichende Managementforschung insofern an ihre Grenzen, weil sich die Kriegserfahrung – einerseits Sieger, andererseits Verlierer im Rahmen eines Verbrechersystems – und die Nachkriegszeit nur schwer miteinander vergleichen lassen.

Silent Generation 1923 bis 1945

Diese Generation erlebte die Vorkriegszeit als Kind oder während des Krieges, ohne an ihm teilzunehmen – oder erst verspätet. Sie gilt als konformistisch und eher (spieß-)bürgerlich., während die Eltern ein viel bewegteres Leben – in guten, wie in schlechten Zeiten – führten. Hinzu kamen die Erlebnisse einerseits der McCarthy-Phase und des Koreakrieges in den USA, wo man schnell als Kommunist dargestellt wurde, und andererseits des Wiederaufbaus in Deutschland unter Entbehrungen und z. T. traumatisierten Eltern. Hinzu kamen Erfahrungen als Vertriebene und als Flüchtlinge.

In den ersten Nachkriegszeiten musste mit angepackt werden. Man war froh, arbeiten zu können. Für weiterführende Schulen hatte man keine Zeit, sofern man nicht einer traditionellen Akademikerfamilie angehörte. Diese Generation inklusive der dann noch lebenden Großeltern aus der Großen Generation war in den 68er Jahren die Kulisse für das Aufbegehren der – allerdings vorwiegend akademischen – Jugend gegen autoritäre und verkrustete Strukturen in der Arbeitswelt.

Interessanterweise hatte der Kriegsteilnehmer und spätere Bundeskanzler Helmut Schmidt als Angehöriger der Großen Generation ebenso kein Verständnis für diese »Revoluzzer« wie sein langjähriger Nachfolger Helmut Kohl, der in seinem Fall als Mitglied der »Silent Generation« von der »Gnade der späten Geburt« sprach. Ähnliches dürfte dann auch auf die Publizistin und Demoskopin Noelle-Neumann zutreffen, die bekanntlich das Arbeitsethos der weiter oben beschriebenen A-Meinung verteidigte und die unruhigen Protestierer mit ihren lockeren Verhaltensweisen und dem Slogan »Make love, not war« misstrauisch beäugte. Hier dürfte auch eine unbewusste Begründung für die skeptische Einschätzung der damals Älteren und Etablierten zur Meinung B liegen.

Heute verbringen die noch lebenden Angehörigen der Silent Generation ihren Ruhestand, zu einem beträchtlichen Teil auch in häuslicher oder stationärer Pflege. Sie durften als Kinder noch erleben, dass nach 22 Uhr keine Damenbesuche mehr im vermieteten, möblierten Zimmer erlaubt waren und die Frauen bis in die 60er Jahre hinein ohne Erlaubnis des Ehemannes nicht arbeiten durften.

Baby Boomers 1948 bis 1964

Angehörige dieser Generation sind zum Teil schon in Rente, andere arbeiten noch, sind aber nun zunehmend dabei, sich aus dem Arbeitsleben zu verabschieden. In allen Industrienationen trat nach dem Zweiten Weltkrieg, wenn auch zum Teil zeitversetzt durch Korea-Krieg und Kriegsgefangenschaft, das Phänomen auf, dass die Anzahl der Geburten stark zunahm.

Insgesamt passte das zunächst zur Phase des Wirtschaftsaufschwungs, von der, nachträglich besehen, auch die Stille Generation zumindest in Westdeutschland profitierte. Aber auch die Kohorte ab 1948 profitierte, was aber dazu führte, dass die zweite Hälfte der Babyboomer zeitweise auf knappe Stellen, nicht zuletzt in der öffentlichen Verwaltung, aber auch im Bildungsbereich stießen. Hinzu kommt die erste Rezession in Deutschland im Rahmen der ersten Erdölkrise in den 60er Jahren, wo der legendäre Wirtschaftsminister Schiller zusammen mit dem Bundesfinanzminister Strauss in der ersten Großen Koalition wieder für Aufschwung sorgte.

Nachdem u. a. der Bildungsforscher Picht die große Bildungskatastrophe ausgerufen hatte, wurden in der BRD viele neue Stellen im Hochschulbereich und auch im Erziehungswesen geschaffen. Hier drehte sich bald der Wind, indem aus nicht vorhandenen Stellen ein Lehrermangel wurde, der bis heute anhält, weil die Kinder der Baby-Boomer erst zeitversetzt in die verschiedenen Schulstufen kommen. Hinzu kamen ab 2015 Geflüchtete zusätzlich zu ohnehin zunehmenden Gastarbeitern aus Südeuropa, der Türkei, Syrien und anderen Ländern des Nahen Ostens.

In der Zeit der Baby-Boomer sorgten die SPD-geführten Regierungen Brandt, Schmidt und Schröder für vielfältige Reformen einerseits und die CDU-geführten Regierungen Kohl und Merkel für Phasen der nationalen und der europäischen Einigung und der Stabilität während vielfältiger Krisen, was sowohl die Euro-Währung als auch die Corona-Pandemie betraf.

Sträflich vernachlässigt wurde bis heute eine kluge Einwanderungspolitik, um dem nun einsetzenden und lange bereits vorhergesagten demografischen Wandel zu begegnen, und es fehlte eine nachhaltige Integrationspolitik, um den Ansturm der Migranten so produktiv wie möglich zu nutzen und Auswüchsen konsequent zu begegnen.

Seit Anfang der 90er Jahre kennt man in den Fachkreisen der Personalforscher und Personalpraktiker das Konzept des »Managing Diversity«, das man nicht nur aus Antidiskriminierungsgründen, sondern auch aus Effektivitätsgründen schon viel früher hätte stärker nutzen können. Lange blieb es beim Leitbild des »weißen, deutschen Mannes«, obwohl schon längere Zeit insbesondere in den Medien deutlich wurde, wie der Anteil der Menschen mit Migrationshintergrund mit mehr als 15 Prozent stetig zunahm. Eine konzeptionell überzeugende, interkulturelle Diversitätspolitik wurde jedoch vernachlässigt, während der Stimmenanteil auslandsfeindlicher Parteien am rechten und nun auch am linken Rand stetig zunahm. Hinzu kommt die Diskussion über ein soziales Pflichtjahr für Rentner.

Die Babyboomer werden nun zum Ende ihres Berufslebens mit zunehmenden Wünschen der Jüngeren nach Work-Life-Balance, Homeoffice und Arbeitszeitverkürzung konfrontiert, was die »Moden- und Mythen-Branche« vor neue Herausforderungen stellt. Nun reißen die ausscheidenden Baby-Boomer eine große Lücke am Arbeitsmarkt und verschärfen somit den Fach- und Führungskräftemangel. Aktuell wird das Konzept eines »Rentner-Solis« zwischen den Babyboomer-Rentnern kontrovers diskutiert. Und nicht zuletzt winkt als Rentner aktuell eine lohnsteuerfreie Einkommenstätigkeit bis zu 2000 Euro monatlich.

Generation X 1965 bis 1989

Die Generation X wird nun die Rolle der Seniors am Arbeitsmarkt übernehmen, Sie verfügt über ein hohes Bildungsniveau, das allerdings sehr stark an Hochschulabschlüssen orientiert ist und weniger auf eine Berufsausbildung im altbewährten und international beneideten dualen Berufsausbildungssystem Deutschlands. Darüber hinaus ist sie technikaffin und seit einiger Zeit auch schon mit Social Media halbwegs vertraut. Konsumorientierung und Wohlstandsgenuss sind bei breiten Bevölkerungsschichten die Rendite, die vielfach auf dem Erarbeiteten der Babyboomer aufbaut. Dabei wirkt in Deutschland immer noch die dramatischen und traumatischen Wendeerfahrung mit. Man kann also nicht von einer »Einheitsgeneration« sprechen (Rennefanz 2025).

Inzwischen sind generell Zukunftsängste vorhanden und das subjektiv empfundene Problem der Perspektivlosigkeit. Hier ist vor allem der demografische Wandel zu nennen und die Zukunft der Altersversorgung. Das Sicherheitsbedürfnis ist entsprechend hoch. Damit besteht eine Situation bezüglich »objektiv« und »subjektiv«, die diametral der Situation der Vorgängergenerationen entgegensteht. Letztere starteten mit dem Aufräumen von Kriegslasten und dem anstrengenden Wiederaufbau bzw. glaubten, als Babyboomer könnte es ihnen niemals so gut gehen wie den Eltern- und Großelterngenerationen. Nachträglich schnitt man faktisch häufig besser ab als ursprünglich gedacht.

Nun gibt es Zukunftsängste wegen Kriegsgefahren, KI, Klimawandel und Donald Trumps erratischer Politik. Dabei könnten die Aussichten besser sein denn je: Es herrscht zunehmender Mangel an Fach- und Führungskräften, und es waren bislang selbst bei zunehmender Arbeitslosigkeit auf noch moderatem Niveau in einer Wirtschaftsflaute noch nie so viele Personen beschäftigt wie heute. Diese Situation wird sich nicht ändern, solange Deutschland nicht als ein attraktives Einwanderungsland vermarktet wird und nicht stattdessen durch ein ungeschicktes und bürokratisches Taktieren beim Umgang mit Geflüchteten diejenigen von dieser Gruppe vergrault werden, die am Arbeitsmarkt halbwegs integriert sind.

Nie war die Zeit so günstig für einen Arbeitnehmermarkt. Employer Branding und Personalmarketing nehmen an Bedeutung zu. Auch die Work-Life-Balance von Doppelverdienern mit Kindern rückt in greifbare Nähe, solange die strukturellen und die finanziellen Rahmenbedingungen stimmen, bzw. erhalten bleiben. Dazu gehören:

- ausreichend Kitaplätze schon von früh an mit entsprechend ausgebildetem und motiviertem Personal
- eine faire Gleichberechtigung unter den Doppelverdienern, was die Elternzeiten betrifft
- Elternfreundliche Arbeitszeiten inkl. Zeiten für Besprechungen und Abstimmungen
- weitgehende Eliminierung des wage-gaps

Diese Bedingungen sind vielfach nicht ausreichend gegeben. Dies liegt sowohl an den politischen Instanzen, aber auch an den Firmen und den Mitarbeitern selbst. Wenn man gute Mitarbeiter finden und binden will, wird man um eine gute Personalpflege nicht herumkommen, was Jung und Alt, Gender, Ethnie, sexuelle

Orientierung etc. betrifft. Aber auch die Partner müssen ihren fairen Anteil dazu beitragen.

Generation Y 1981 bis 1996

Die vorstehenden Überlegungen gelten umso mehr für die sogenannten »Millennials«, die Generation »Why?« oder »Y«. Der Tatbestand der guten Ausbildung und der Technikaffinität gilt ebenso.

Unterschiedlich ist jedoch der Drang zur beruflichen Unabhängigkeit. Deshalb ist man z. B. einer vorübergehenden Start-up-Tätigkeit oder einer beruflichen Tätigkeit von begrenzter Dauer nicht abgeneigt. Entscheidend ist die aktuell als spannend empfundene Tätigkeit im Team und die Freude an der Arbeit. Insofern sind sie auch Meister im Improvisieren.

Lebenslange Karriere im Beruf, sei es im Unternehmen, wie seinerzeit der Siemens-Beamte oder eine längere, entbehrungsreiche Gründung mit diversen Höhen und Tiefen ist nicht die Sache der Millennials. Nach einer gewissen Zeit hat man Lust auf etwas Neues oder einen Langzeiturlaub (»Sabbatical«), um die Batterien wieder aufzutanken. Dabei haben die Erfahrungen im Homeoffice wegen Corona diese Tendenz verstärkt.

Auch wenn die Familie und die Gleichberechtigung in der Partnerschaft einen hohen Stellenwert genießt, ist es schwer für die Arbeitgeber, Employer-Branding-Konzepte und Work-Life-Balance-Programme nachhaltig umzusetzen, weil man dazu eine gewisse Berechenbarkeit und Langfristorientierung benötigt. Eventuell hilft hier eine Personalpolitik, die sich konsequenter an den Lebensphasen der Mitarbeiter orientiert. Der flexible und mehr spontan dem Augenblick gewidmete Blick der Millenials hat möglicherweise zur Folge, dass das Niveau der Altersversorgung nicht hoch genug ist, um einen Lebensabend oberhalb der Armutsgrenze zu gewährleisten. Insofern könnte man folgende Phasen unterscheiden (vgl. auch Kapitel V und VI):

- die Innovative »Sturm und Drang«-Phase, auch, um die »corporate entrepreneurship« zu beflügeln,
- die Familienphase, in der beide Partner sich angemessen an der Erziehungszeit beteiligen und der Arbeitgeber Flankenschutz beim Personaleinsatz leistet.

- die Wiedereingliederungs- und Personalentwicklungsphase, die nicht zu Lasten der Gehaltsentwicklung geht, was bislang bei den Frauen der Fall ist, die meistens den Hauptanteil der Care-Arbeit leisten
- den Übergang in den (flexiblen) Ruhestand bei insgesamt verlängerter Lebensarbeitszeit unter Berücksichtigung möglicher Zeiten für pflegebedürftige Personen.

Insgesamt ist zu beachten, dass es sich hier nicht um die Lebensphasen ein und derselben Person bei derselben Unternehmung handelt oder handeln muss. Die Rechnung kann aber hier nur dann aufgehen, wenn man insgesamt ein ausgeglichenes Verhältnis zwischen den Phasen hat. Hinzu kommt, dass letztlich die Arbeitsmarktsituation die Firmen dazu zwingt, sich innovative Konzepte einfallen zu lassen, und dies für Mitarbeiter, die in starkem Maße dem weiter oben beschriebenen B-Typ entsprechen. Dabei ist zu befürchten, dass viele Millennials ihre Chancen und den nötigen Tatendrang zum Erfolg eher zu pessimistisch einschätzen und den schwarzen Peter bei der Politik suchen. Modische Patentrezepte sind aber fehl am Platze.

Generation Z 1995 bis 2010

Die Angehörigen der Generation Z haben aktuell die Berufsausbildung bereits einige, eher wenige, Jahre abgeschlossen, bzw. verlassen sie jetzt oder demnächst die Hochschule. Sie gelten als »Digital Natives« und lassen sich von Social-Media-Kanälen stark beeinflussen. Zukunftsängste spielen eine höhere Rolle als bei der Generation Y. Mittel- und langfristig bestehen zwar gute Arbeitsmarktchancen, aber aktuell ist die Wirtschafsentwicklung in Deutschland verhalten. Hinzu kommen wiederkehrende Klimakatastrophen nicht nur weit weg in anderen Kontinenten, sondern auch in Deutschland. Hierdurch werden auch Ängste ausgelöst, während die politischen Maßnahmen nicht nur umstritten sind, sondern auch erst nach längerer Zeit Wirkung zeigen.

Die radikale Rechte kommt bei den jungen Männern durchaus gut an, während die Frauen progressiver sind und eher Verständnis für Vielfalt haben. Aber auch hier in der Migrationspolitik sind die gemäßigten Parteien uneins, während Links- und Rechts-Außen einfache Rezepte anbietet. Dabei sind insbesondere die

»Tradwives« zu nennen, die den Leitlinien der »Neuen Rechten« folgen sollen: Hausfrau, treusorgende Mutter, also »Heimchen am Herd« (Sauerwein 2025, Unger/Richter 2025).

Sicherlich wird die Künstliche Intelligenz noch viele Veränderungen mit sich bringen; die Entwicklung steht ja erst noch am Anfang. Aber letztlich kann die Generation Z noch am relativ besten mit den neuen Technologien umgehen. Vermutlich wird KI zur Entbürokratisierung beitragen, aber auch Arbeitsplätze kosten. Insofern kann man verstehen, dass Ängste entstehen und Stress. Man kann aber auch nachvollziehen, wenn die jungen Leute als unverbindlich gelten, sich also nicht festlegen wollen, und auch relativ häufig den Arbeitsplatz wechseln (von Klenze 2025).

Hier kann m. E. in erster Linie Authentizität und Ehrlichkeit helfen, aber auch der gezeigte Wille, die junge Generation ernst zu nehmen, verbunden mit der Bereitschaft, konkrete Maßnahmen auf politischer Ebene und in Wirtschaft und Verwaltung anzugehen. Letztlich gibt es noch viele Chancen, die man nutzen sollte.

Generationen Alpha und Beta

»Alpha-« und »Beta-Personen« sind ab 2010 bzw. ab 2022 geboren, also aktuell zwischen 4 und 16 Jahre alt. Zweifellos sind die Alpha-Personen noch technikaffiner, während Smartphones bei den Siebenjährigen häufig schon als üblich angesehen werden. Vielleicht, bzw. hoffentlich werden die Zukunftschancen hier wieder günstiger eingeschätzt. Glücklicherweise verlaufen Entwicklungen zwischen den Generationen meistens nicht kontinuierlich in einer Richtung.

Diskontinuitäten gibt es allerdings auch im internationalen Vergleich. So kann man nicht sagen, dass steigender Wohlstand mit zunehmender Demokratisierung und Partizipation einhergeht. Die aktuell vorhandene Tendenz zu autokratischen Politik- und Gesellschaftsvorstellungen ist auch Gift für die Partizipation und für kooperative Führungsstile im Unternehmen. Ausländerhass bzw. Unterdrückung von Minderheiten wirkt dem Diversity-Management entgegen, wie man aktuell auch in den USA sieht, wo – und nicht nur dort – illegale Einwanderer als Verbrecher und Kriminelle gelten. Irgendwie fühlt man sich 200 Jahre zurückversetzt, als die Arbeitskräfte ziemlich schutzlos der Willkür der Mächtigen ausgeliefert waren. Kehren wir also noch einmal zurück.

3 Kollektive Vertretung von Arbeitnehmerrechten

Wie bereits ausgeführt, herrschten Mitte des 19. Jahrhunderts gefährliche, weil ungesicherte Arbeitsverhältnisse bei langer Arbeitszeit. Hinzu kamen Heimarbeit, Kinderarbeit und unhygienische Wohnverhältnisse. Das war die Geburtsstunde der Arbeitervereine als den Vorläufern der Gewerkschaften. Buchdrucker und Zigarren-Arbeiter, aber auch viele andere damals vertretene Berufsgruppen schlossen sich zusammen und forderten den 10-Stunden-Arbeitstag. Allerdings wurden die frühen Arbeitervereine nach 1848 in Deutschland wieder verboten und die Versammlungsfreiheit aufgehoben (planet wissen 2023).

Der nächste Schub kam ab Ende der 1860er Jahre. Erfolgreich erkämpft durch Streiks wurden nun Gewerkschaften als Partner toleriert. Maurer und wieder die Buchdrucker, die die Rationalisierung durch die Setzmaschinen fürchteten, setzten Maßstäbe durch den Abschluss erster Tarifverträge. Reichskanzler von Bismarck bekämpfte zwar diese Tendenzen durch das »Sozialistengesetz« mit dem Verbot der meisten Gewerkschaften und durch die (verdienstvolle) Einführung von Sozialversicherungen, musste aber 1890 nachgeben, und es wurde der erste »Dachverband Freier Gewerkschaften« im Deutschen Reich gegründet. 1910 gab es drei Millionen Mitglieder.

In der Weimarer Republik ging es weiter mit Arbeitszeitverkürzungen, indem der 8-Stunden-Tag eingeführt wurde, Betriebsräte eingeführt und Tarifverträge abgeschlossen wurden. Ansonsten gab es sozialdemokratische, christliche und liberale (»gelbe«) Gewerkschaften. Dies nahmen in der Nazizeit ein jähes Ende: Die Gewerkschaften wurden aufgelöst und durch die Deutsche Arbeitsfront (DAF) abgelöst. Sinnigerweise führten die Nazis den »Tag der Arbeit«, den 1. Mai, als Feiertag ein, was bis heute noch gilt.

Nach dem Zweiten Weltkrieg entstanden in den beiden deutschen Staaten unterschiedliche Gewerkschaftssysteme: in der DDR wurde 1945 der »Freie Deutsche Gewerkschaftsbund« (FDGB) gegründet. Streikrecht und Tarifvertragsverhandlungen galten im »realen Sozialismus« als überflüssig. Ähnlich wie bei der Organisation »Kraft durch Freude« in der Nazizeit konzentrierten sich die ostdeutschen Gewerkschaften auf Betriebsfestspiele, Ferienreisen, Ausstellungen und Konzerte.

In Westdeutschland wurde 1949 der »Deutsche Gewerkschaftsbund« (DGB) gegründet, der mehrere, branchenbezogene Einzelgewerkschaften, wie u.a. die Industriegewerkschaft (IG) Metall, IG Chemie, Öffentliche Dienste, Transporte und Verkehr (ÖTV) oder Nahrung, Genuss, Gaststätten (NGG) umfasste. Neben diesem großen Gewerkschaftsblock gab es christliche Gewerkschaften und die Deutsche Angestelltengewerkschaft (DAG). Die christlichen Gewerkschaften waren relativ einflusslos, allenfalls in Verbindung mit dem Arbeitnehmerflügel der CDU, während die zeitweilig im Dienstleistungsbereich durchaus einflussreiche Deutsche Angestelltengewerkschaft später mit den DGB-Gewerkschaften Handel-Banken-Versicherungen (HBV) und der ÖTV zur Vereinigten Dienstleistungsgewerkschaft VERDI fusionierte.

Im Verlauf der Wirtschaftswunderjahre konnten die deutschen Gewerkschaften die 40-Stunden-Woche aus der Weimarer Republik wieder von 48 auf 40 Stunden reduzieren und ab Ende der 50er Jahre die 5-Tage-Woche einführen, verbunden mit dem populären Slogan »Samstags gehört Vati mir«. Ab 1963 galten drei Wochen bezahlter Urlaub als Standard. Nicht zuletzt wurde die Lohnfortzahlung im Krankheitsfall eingeführt.

Weitere Fortschritte wurden ab Ende der 1989er Jahre mit dem Einstieg in die 35-Stunden-Woche erzielt, allerdings verbunden mit einer gewissen Arbeitszeitflexibilisierung bei z.B. wählbarer Arbeitszeit zwischen 38,5 und 40 Stunden.

Trotzdem gab es auch Rückschläge, trotz eines bemerkenswert hohen Niveaus des Erreichten, vor allem im internationalen Vergleich. Daran änderte auch die Ausdehnung der westdeutschen Gewerkschaften im Rahmen der Wiedervereinigung auf die neuen, ostdeutschen Bundesländer nicht viel. So sank die Anzahl der Mitglieder von knapp 12 Millionen im Jahre 1991 auf 5,7 Millionen im Jahre 2021. Zugleich nahm die Tarifbindung der Unternehmen ab, insbesondere in Ostdeutschland, wo der Organisationsgrad der Arbeitgeberverbände stagnierte.

Insgesamt veränderte sich die Arbeitnehmerstruktur, weg von den klassischen Industriearbeitsplätzen in der Metall-, der Elektro- und der chemischen Industrie und im Bergbau zu Dienstleistungsberufen und -branchen, wo der gewerkschaftliche Organisationsgrad niedriger war und ist. Man kann sagen, dass die deutschen Gewerkschaften nach wie vor kein überzeugendes Rezept gefunden haben, um die Arbeitnehmer der »Moderne«, also die Y- und die Z-Generation zu gewinnen.

Während aktuell der frühere Trend zur Kollektivierung von den Trends der Individualisierung und der Flexibilisierung verwässert wird, gelang es insbesondere den deutschen Gewerkschaften schon während der Zeit der Weimarer Republik in Zusammenarbeit mit den Arbeitgeber- und Unternehmensverbänden bezüglich des Umgangs mit Rationalisierungserscheinungen und der Durchführung von Arbeitsstudien im Rahmen der Entgeltfindung gemeinsame Institutionen zu schaffen, um sich auf einvernehmliche Standards und Bewältigungsstrategien zu einigen.

Das Rationalisierungskuratorium der Wirtschaft (RKW) ist hierbei ebenso zu nennen wie REFA, der Fachverband für Arbeitsstudien. Beide stehen exemplarisch für die Sozial- und Tarifpartnerschaft im Rahmen der Sozialen Marktwirtschaft in Deutschland und sind international einzigartig, auch wenn einiges davon droht, in Vergessenheit zu geraten. Diese Sozialpartnerschaftsgedanken stehen auch für das Konzept der »Humanisierung der Arbeitswelt« (HdA) bzw. der »Guten Arbeit«.

3.1 Humanisierung der Arbeitswelt

Die Grundüberlegungen gehen zurück bis zu den ersten sozialfürsorgerischen Maßnahmen der patriarchalisch eingestellten Unternehmenspioniere. Ein weiterer Meilenstein war die Human-Relations-Bewegung, die als normativ eingestellte Gegenbewegung zum Taylorismus gilt. Während des Zweiten Weltkrieges und in den Aufbau- und Transformationsjahren danach standen die Sachaspekte allerdings erst einmal im Vordergrund.

In den 60er Jahren sah man insbesondere in den skandinavischen Ländern und in Großbritannien die Schattenseiten des einseitigen Taylorismus: Monotonie am Arbeitsplatz, Absentismus und nachlassende Motivation. Teilautonome Arbeitsgruppen und Maßnahmen wie »job enrichment« und »job enlargement« oder »job rotation« wurden dort experimentell erprobt und sodann zögerlich auch auf die technikaffineren Länder wie Deutschland übertragen.

So entstand das Konzept von der »Humanisierung der Arbeitswelt« (Ulich 2011). Dabei steht die Verbesserung der Arbeitsbedingungen im Sinne der Verringerung von Belastungen und der Erweiterung von Handlungsspielräumen der arbeitenden Menschen im Vordergrund. Aber auch der Arbeitsschutz und Maßnahmen der menschengerechten Gestaltung der Arbeit (z.B. die Ergonomie) gehören hier dazu.

Nach Eberhard Ulich ist das Kennzeichen humaner Arbeit, dass sie die psychophysische Gesundheit mindestens nicht beeinträchtigt und das psychosoziale Wohlbefinden fördert. Hinzu kommt die Entsprechung der individuellen Bedürfnisse und Qualifikationen, die Entwicklung der Persönlichkeit bezüglich Potenzialentfaltung und Förderung der Kompetenzen. Nicht zuletzt soll die Möglichkeit der Einflussnahme auf Arbeitsbedingungen und Arbeitssysteme gegeben sein.

In diesem Zusammenhang wurden ab den 70er Jahren mehrere Programme aufgelegt, die vom jeweiligen Bundesarbeitsministerium, Bundesforschungsministerium und den Gewerkschaften sowie Tarif- und Sozialpartnern ausgingen:

- Programm »Humanisierung des Arbeitslebens« 1974 bis 1989
- Arbeitsinhalte sollten verbessert, belastende und gesundheitsgefährdende Arbeitssituation entschärft werden. Unter der Federführung des Bundesforschungsministers und früheren IG-Metall-Vorstandsmitgliedes Hans Matthöfer wurden rund 1600 Projekte gefördert. Stand zunächst das Spannungsverhältnis von Humanisierung und Rationalisierung im Vordergrund, verlagerte sich in den 80er Jahren der Schwerpunkt auf Innovationsprojekte.
- 1989 bis 1996 löste das neue Forschungs- und Entwicklungsprogramm »Arbeit und Technik« den HdA-Schwerpunkt ab. Nun wurde die konkrete Umsetzung, also der Transfer zum Ergebnis, in den Vordergrund gerückt.
- Seit 2001 gibt es das ebenfalls staatliche Programm »Innovative Arbeitsgestaltung – Zukunft der Arbeit«. Die Erforschung zukünftiger Formen der Arbeit steht hier im Mittelpunkt.
- 2006 führte der Deutsche Gewerkschaftsbund den DGB-Index »Gute Arbeit« ein. Hierzu wird eine jährliche, repräsentative Befragung durchgeführt.
- Die Initiative »Neue Qualität der Arbeit« wurde 2002 als gemeinsame Initiative von Bund, Ländern, Sozialversicherungsträgern, Gewerkschaften, Stiftungen und Arbeitgebern und wird durch das Bundesministerium für Arbeit und Soziales gefördert. Hervorzuheben ist hierbei die überparteiliche Initiative »Neue Qualität der Arbeit«. »INQA unterstützt vor allem kleine und mittel-

ständische Unternehmen (KMU) bei der Gestaltung der Transformation der Arbeitswelt. [...] Ziel ist es, Maßnahmen für ein gutes und gesundes Arbeitsklima, für moderne Führung und Zusammenarbeit im Unternehmen sowie eine ausgeglichene Balance zwischen Arbeit und Privatleben zu fördern.«

- Zum Instrumentarium gehören die INQA-Checks im Hinblick auf die Handlungsfelder Führung, Vielfalt, Gesundheit und Kompetenz, konkrete Projektförderungen mit Lern- und Experimentierräumen und einem Coaching- und Beratungsangebot. Dabei bestehen regional bis bundesweit aktive INQA-Partnernetzwerke, die eine »gesunde, sichere sowie erfolgreiche Arbeitskultur (fördern), von der Betriebe und Beschäftigte gleichermaßen profitieren.

Insgesamt liegt eine beeindruckende Bilanz von Programmen zur Humanisierung der Arbeitswelt vor, welche den glaubhaften und zum Teil beeindruckenden Versuch unternommen haben, je nach Zeitgeist die Erkenntnisse der humanen Arbeitsgestaltung auf arbeitswissenschaftlicher Grundlage mit den Strömungen und den Folgen des technischen Fortschritts zu versöhnen, um damit die Einseitigkeiten des Taylorismus und der Human-Relations-Bewegung zu überwinden. Aktuell spricht man nun häufiger von den Bedürfnissen der »Deskless Workforce« (Gekeler 2025).

Allerdings kann man sich die kritische Bemerkung nicht verkneifen, dass vielfach die Rationalisierung im Rahmen des technischen Fortschritts im Vordergrund stand, und man dann insbesondere bei Großunternehmen den Bestimmungen des Betriebsverfassungsgesetzes entgegenkam und zugleich noch Fördermittel für die Humanisierung erhielt. Auch für die arbeitswissenschaftliche Forschung war es attraktiv, um Drittmittel zu erhalten. Insofern ist es konsequent, wenn sich die INQA vornehmlich an Klein- und Mittelbetriebe richtet. Hier ist die Szene wissenschaftsscheuer, evtl. auch beratungsresistenter, und da können die Coaching-Tools wahrlich nicht schaden.

Interessant ist dabei natürlich auch, dass der demografische Wandel, der Wertewandel und letztlich auch der technologische Wandel mit seinen Rationalisierungspotenzialen den aktuellen Diskussionen nach New Work alle zusammen den Ball auf den Fuß legen und u. U. etwas Spektakuläres propagieren, wo der Wein sich tatsächlich in alten Schläuchen wiederfindet. Das ist wiederum günstig für die Beraterbranche!

3.2 New Work

Nach Fritjof Bergmann (1990) geht es um die »Integration der Beschäftigten in die Gestaltung der Arbeit, die Sinn stiftend und nicht belastend ist« inkl. kultureller Entwicklung, Selbstversorgung und einem Techniksystem, das den Menschen von Knochenarbeit erlöst, verbunden mit einer Vision, »in der die Menschen weitgehend in der Lage wären, sich selbst zu versorgen, wobei sie gleichzeitig eine Aufgabe hätten, die sie mit Leidenschaft und großer Liebe erfüllen«.

Carsten C. Schermuly (2016) stellt die berechtigte Frage, wann New Work funktioniert und unterscheidet als Organisationspsychologe zwischen einem psychologischen und einem strukturellen »Empowerment-Ansatz« für die Mitarbeiter. Der spezifische Hintergrund eines Unternehmens oder einer Verwaltung im Wirtschaftssystem ist stets zu hinterfragen. Immerhin wird die Organisationskultur als wichtiger Moderator angesehen. Dieser Punkt wird in vielen Untersuchungen gewürdigt, aber auch häufig übersehen. Schermuly unterscheidet zwischen verschiedenen New-Work-Maßnahmen, wobei aktuell gemäß Umfragen die »empowerment-orientierte Führung«, die »Arbeitsortautonomie«, die »Arbeitszeitautonomie«, »agile Führung« und die »Verflachung von Hierarchien« als besonders prioritär genannt werden. Ein wahres Paradies für das Wunsch- und das Modedenken, während Vorschläge nach mehr Mitbestimmung am Arbeitsplatz inkl. Gewinn- und Kapitalbeteiligung der Arbeitnehmer (vgl. z.B. Opel-Hoppmann) seit Jahren ein Schattendasein fristen.

Nicht zu unterschätzende Bedeutung kommt dem New-Work-Habitat zu (Endrejat 2020 et al.), also insbesondere diverse Plätze zum Arbeiten, flexible Räume und informelle Räume, um insbesondere Kreativität und Autonomie, Teamarbeit und Eigenverantwortlichkeit zu fördern. M. E. wird durch diese Räumlichkeiten, die bei vielen Start-ups wie eine Modewelle vorzufinden sind, durchaus versucht, eine New-Work-Atmosphäre zu simulieren.

Im Zusammenhang mit der Corona-Pandemie steht nach Ansicht von Heike Bruch (St. Gallen) und Matthias Meifert (Berlin) »New Work vor einer Bewährungsprobe«. In ihrem New-Work-Index wird zwischen individueller Arbeit, flexibler Arbeit, Desk-Sharing, mobiles Arbeiten, flexible Arbeitszeiten, virtuelle Teams, digitale Technologien und digitale Kommunikation unterschieden, die in Corona-Zeiten zugenommen haben. Während der »New Culture Index« insbesondere bei den nachfolgenden Aspekten stagniert: »Top-Management als Vorbild«, »Führung mit Vision und Inspiration«, »Vertrauenskultur«, Selbstkompetenz der Mitarbeitenden«, »flexible Strukturen«, »Nutzung agiler Methoden«.

Jutta Allmendinger sieht in Corona eine Bedrohung der Geschlechtergerechtigkeit (WZB 2020): Vor allem in Familien mit kleinen Kindern und Alleinerziehenden sind die Frauen oder die alleinerziehenden Männer die Leidtragenden; kein Wunder, wenn das New-Work-Habitat schon strukturell gesehen häufig nicht hinreichend vorhanden ist (2017).

Der Einsatz neuer Technologien sollte nach Ansicht von Sharon Parker (vgl. Interview 2020) enger an die Ideen von New Work ausgerichtet sein. Hier ist noch einiges nachzujustieren, um das Homeoffice als Bestandteil eines New-Work-Habitats anzusehen. Dabei gibt es entgegen den Bedenken von Allmendinger auch eine Reihe positiver Meinungsäußerungen, die allerdings einer näheren Untersuchung bedürften. Saskia Sassen und Richard Sennett (amerikanische Soziologen) meinten z. B.: »[...] das Virus setzt auf erstaunliche Weise neue Kreativität frei.«

Ursprünglich war Bergmann der Meinung, dass Automatisierung und Digitalisierung traditionelle Arbeitsweisen immer obsoleter machen. Aber sind seine ursprünglichen Ideen nicht inzwischen doch in eine aktuelle, populäre Managementmode verbunden mit einer entsprechenden Sinnentleerung durch modernen Management-Sprech umgewandelt worden? Stimmt es also, dass »im globalen und digitalen Zeitalter die Potenzialentfaltung und die Selbstverwirklichung des Menschen in den Fokus der Arbeitswelt rücken«? Ist es zutreffend, dass wir Abschied nehmen können von der Leistungsgesellschaft, wie wir sie bis dato kennen? Große Zweifel sind angebracht, weil immer wieder die Gefahr besteht, dass entstehende kreative Reserven bzw. Freiräume der rationalisierungsbedingten Arbeitsverdichtung zum Opfer fallen und gleichzeitig das Online-Zeitalter mit prekären Arbeitsverhältnissen z. B. bei den Lieferdiensten verbunden ist.

In welchen Branchen, bzw. Regionen lassen sich derartige Visionen am ehesten umsetzen, wo sind sie ganz schwierig machbar? Vielleicht gelingt es am besten im

Kunsthandwerk oder bei Computer-Games? Nach Ansicht des Bundesverbandes der Personalmanager (BPM) ist die New-Work-Bewegung vornehmlich als Ausdruck einer veränderten Situation auf den Talentmärkten anzusehen. Potenzialträger hätten heute eine große Macht über die Definition ihrer Arbeitsbedingungen und damit auch des Arbeitsumfelds, aber nicht alle Arbeitsformen bräuchten den New-Work-Ansatz. Es ist ein bisschen so wie bei der Mobilarbeit, nur eine Minderheit kann tatsächlich so arbeiten, aber es soll ein gesetzlicher Anspruch her – der abgehängte Rest (auf dem Land, in »einfachen« oder körperlichen Tätigkeiten) bleibt auf der Strecke mit den entsprechenden Verwerfungen.

Wie später noch einmal deutlich wird, bestehen viele Parallelen zwischen den New-Work-Gedanken und der Human-Relations-Bewegung bis hin zur Positiven Psychologie und der Steward Leadership. Einerseits besteht eine unverkennbare normative Ausrichtung, andererseits bemüht man sich aber auch um arbeitswissenschaftliche Evidenzen empirisch überprüfter Instrumente.

4 Flexibilisierung und Individualisierung

Wie die Darstellung der Konzepte zur Humanisierung der Arbeitswelt (HdA) gezeigt hat, beruhen diese in starkem Maße auf kollektiven Überlegungen für die Gesamtheit eines Betriebes oder eines Unternehmens. Dies hängt sicherlich mit den Arbeitnehmerrechten im Rahmen der Betriebsverfassung und der Unternehmensverfassung zusammen und letztlich dem Einfluss der Gewerkschaften. Was lange vernachlässigt wurde, sind individuelle und flexible Betrachtungsweisen, die seit dem Einstieg in die 35-Wochen-Woche ebenfalls eine nennenswerte Bedeutung erlangten und seitdem fortlaufend an Bedeutung zugenommen haben.

Individuelle Konzepte berücksichtigen z. B. das Lebensalter, die Dauer oder die Phase der Betriebszugehörigkeit, den individuellen Leistungsgrad oder die Familiensituation inklusive der Anzahl der Kinder. Obwohl sich einiges getan hat, sind dennoch nicht alle Möglichkeiten sinnvoll ausgeschöpft. Stattdessen wird aktuell nach dem Motto »die Deutschen arbeiten zu wenig« wieder der volle 8-Stunden-, wenn nicht sogar der 10-Stunden-Tag propagiert.

Flexibilität kann es in unterschiedlichen Ausprägungen geben (► Dar. III.3).

Dar. III.3: Flexibilitätskategorien (Schmicker/Wagner 2014)

1	**Funktionale Flexibilität:** Anpassung der Arbeitsorganisation an wechselnde Rahmenbedingungen und damit die Möglichkeit der Variation von Arbeitsteilung, Arbeitsstruktur und Arbeitsorganisation.	**Beispiel**: Ein/eine Mitarbeiter/-in führt nicht nur die mechanische Bearbeitung von Teilen durch, sondern übernimmt zusätzlich die Qualitätskontrolle.
2	**Monetäre Flexibilität**: Variationsfähigkeit in Entgelt- und Anreizsystemen bezogen auf quantitative und qualitative Regelungen.	**Beispiel:** Die Vergütung erfolgt über einen festen Stundenlohn plus eines leistungsabhängigen Anteils.
3	**Numerische Flexibilität**: das Arbeitskräftevolumen an intern oder extern induzierte Nachfrageschwankungen im Rahmen des betrieblichen Leistungsportfolios anzupassen.	**Beispiel:** Einsatz von Leiharbeitnehmern zum Erfüllen von Auftragsspitzen.
4	**Räumliche Flexibilität:** Variationsfähigkeit des Arbeitsorts und des Arbeitsplatzes	**Beispiel:** Homeoffice /Telearbeit
5	**Zeitliche Flexibilität**: Variationsfähigkeit in der Arbeitszeit/Lebensarbeitszeit bezogen auf Lage (chronologisch) und Dauer (chronometrisch) der Arbeitszeit.	**Beispiel:** Beginn der Arbeit innerhalb eines vereinbarten Rahmens zu verschiedenen Zeitpunkten (Gleitzeit).
6	**Vertragliche Flexibilität**: Variationsfähigkeit in der juristischen und rechtlichen Form der Bindung zwischen Unternehmen und Mitarbeiter/-innen/Selbständige/Organisationen.	**Beispiel:** dem/der Mitarbeiter/-in steht frei, einen Arbeitsvertrag oder einen Werkvertrag für die Zusammenarbeit abzuschließen.
7	**Biografische Flexibilität:** Variationsfähigkeit in der Strukturierung/Systematisierung nach berufs- und lebensbiografischen Phasen.	**Beispiel:** gleitender Übergang in den Ruhestand

Aus Mitarbeitersicht sind insbesondere folgende Ziele wichtig:

- Zeitliche Flexibilität unter den Aspekten der
  - Familienfreundlichkeit und der
  - Work-Life-Balance
- Räumliche Flexibilität im Sinne des Arbeitens von zu Hause
  - Zur Absicherung von Kinderbetreuung oder Pflege der Angehörigen
- Inhaltliche bzw. funktionale Flexibilität, speziell unter den Aspekten der Ermöglichung von

  - Qualifizierung
  - Kompetenzentwicklung
  - Persönlichkeitsentwicklung
- Hinzu kommen monetäre Aspekte im Sinne
  - angemessener und
  - individuell ausgestalteter, monetärer Anreizsysteme.

Den Mitarbeiterzielen wird nun angesichts des Fach- und Führungskräftemangels und der weiteren demografischen Entwicklung eine zunehmend wichtigere Bedeutung beigemessen. Zu Beginn der Flexibilisierungsdiskussion standen zunächst betriebliche Belange im Fokus. Dabei geht es um

- Die Sicherung der Wettbewerbsfähigkeit im Sinne der
  - Erfüllung der vielfältigen Kundenwünsche und der
  - Beherrschung der Kostensituation.
  - Reduzierung von Krankheitsquoten
  - Sicherung der Arbeitgeberattraktivität im Zusammenhang mit der
  - Fachkräftesicherung und -gewinnung
  - Optimierung von schwankenden Lieferketten
- Gewährleistung bzw. Erhöhung von
  - Arbeitszufriedenheit und
  - Mitarbeitermotivation.

Für die Unternehmenssicht bietet sich als Zielbezug das Konzept der Balanced Scorecard an (► Dar. II.17). Für die mitarbeiterorientierte Betrachtungsweise wäre zu überprüfen, inwieweit die individuelle Persönlichkeit im Rahmen der Personalförderung sich positiv entwickelt hat oder kollektiv eine höhere Sozialverträglichkeit erzielt worden ist. Die nachfolgenden Darstellungen III.4 und III.5 zeigen, welche Flexibilisierungs- und Individualisierungsinstrumente aus unternehmensorientierter und sodann aus mitarbeiterbezogener Sicht eingesetzt werden können, nicht zuletzt auch, um dem Phänomen der innerlichen Entfremdung zu entgehen.

Dar. III.4: Flexibilisierungsinstrumente aus unternehmensorientierter Sicht (Schmicker/Wagner 2014)

Optimierung interner Arbeits- und Geschäftsprozesse z. B. Kapazitätsabgleich Bedarfsbestand, Qualitätssicherung	
Potentiell geeignete Flexibilitätsinstrumente	
• Arbeit auf Abruf • AN-Überlassung • Betriebsurlaub • Desksharing • Freie/r MA/-in • Geringfügige Beschäftigung • Jobenlargement • Jobenrichment • Jobrotation	• Kurzarbeit • Layoff • Leistungsvertrag • Montagearbeit • Outtasking • Personalpool • Schichtarbeit • Überstunden • Zeitarbeit
Potentiell geeignete Modelle	
• Flexibler Übergang von Arbeitsleben in den Ruhestand • Führung in reduzierter Vollzeit • Teilzeitmodelle • Vier-Tage-Woche	

Dar. III.5: Flexibilisierungsinstrumente aus Mitarbeitersicht (Schmicker/Wagner 2014)

Berücksichtigung Work-Life-Balance-Aspekte	Unterstützung Selbstverwirklichung der Mitarbeiter/ -innen / Persönlichkeit	Erhöhung der Arbeitgeberattraktivität		Erhöhung der Mitarbeitermotivation/ Anreizsysteme	
Potentiell geeignete Flexibilitätsinstrumente	**Potentiell geeignete Flexibilitätsinstrumente**	**Potentiell geeignete Flexibilitätsinstrumente**		**Potentiell geeignete Flexibilitätsinstrumente**	
• Geringfügige Beschäftigung • Jobsharing • Sabbatical • Homeoffice • Telearbeit	• Gruppenarbeit • Jobenlargement • Jobenrichment • Jobrotation • Sabbatical	• Akkordlohn • Desksharing • Entgeltumwandlung • Erfolgsbeteiligung • Gleitzeit • Gruppenarbeit • Homeoffice • Jobenlargement • Jobenrichment	• Jobrotation • Prämienlohn • Sabbatical • Telearbeit • Homeoffice • Variable Vergütung	• Akkordlohn • Entgeltumwandlung • Erfolgsbeteiligung • Gleitzeit • Gruppenarbeit • Jobenlargement • Jobenrichment	• Jobrotation • Prämienlohn • Sabbatical • Telearbeit • Homeoffice • Variable Vergütung

Dar. III.5: Flexibilisierungsinstrumente aus Mitarbeitersicht (Schmicker/Wagner 2014)

Berücksichtigung Work-Life-Balance-Aspekte	**Unterstützung Selbstverwirklichung der Mitarbeiter/ -innen / Persönlichkeit**	**Erhöhung der Arbeitgeberattraktivität**	**Erhöhung der Mitarbeitermotivation/ Anreizsysteme**
Potentiell geeignete Modelle	**Potentiell geeignete Modelle**	**Potentiell geeignete Modelle**	
• Flexibler Übergang von Arbeitsleben in den Ruhestand • Führung in reduzierter Vollzeit • Lebensphasenorientierte Arbeitsorganisation • Teilzeitmodelle	• Führung in reduzierter Vollzeit	• Cafeteria-Modell • Führung in reduzierter Vollzeit • Lebensphasenorientierte Arbeitsorganisation • Teilzeitmodelle	• Cafeteria-Modell • Flexibler Übergang vom Arbeitsleben in den Ruhestand • Führung in reduzierter Vollzeit • Lebensphasenorientierte Arbeitsorganisation • Teilzeitmodelle

Bezüglich der Alternativen der Arbeitszeitflexibilisierung ist sicherlich noch viel Luft nach oben, z. B. bezüglich Homeoffice und attraktiverer Präsenzzeit (Rech 2024), 4-Tage-Woche, sowie der Teilzeit von Chefs. Aktuell ist die Dauer der Homeoffice-Zeit in Mode (z. B. Kunze 2025). Hier gibt es sicherlich noch einiges auszupendeln.

5 Sinn der Arbeit und Wohlbefinden

Zwischen Wohlbefinden und Lebensqualität besteht ein enger Zusammenhang. Während manche Länder noch in großer Armut leben, Hunger leiden, Kriegen und Unwettern ausgesetzt sind, ist das Wohlergehen und das Streben nach Nachhaltigkeit immer mehr das Leitmotto in den entwickelten Gesellschaften. Hinzu kommt die Klimaneutralität, um dem Klimawandel wirksam zu begegnen.

Eng verbunden ist damit wiederum das qualitative Wachstum, das bereits 1972 von Dennis Meadows und dem ersten Bericht des »Club of Rome« propagiert wird. Der bereits beschriebene Wertewandel und das Streben nach einer Work-Life-Balance geht in eine ähnliche, harmonistische Richtung. Letztlich lässt sich das New-Work-Konzept ebenfalls hier einordnen.

Der Nobelpreisträger und Wohlfahrtsökonom Amartya Sen plädiert dafür, das Ziel der gesellschaftlichen Entwicklung, die individuellen Verwirklichungschancen mit den individuellen Potentialen und Fähigkeiten in Übereinklang zu bringen. Je besser es umfassend gelingt, Bildungschancen wahrzunehmen, sozialen Schutz zu haben und ein entsprechendes Einkommen zu erzielen oder auch nicht, desto höher ist der Wohlstand einer Gesellschaft, bzw. desto mehr herrscht Ungleichheit und Armut (Sen 1999). Entscheidend ist auch die Teilhabe an Entscheidungsprozessen aller Art (Hammermann 2024), um die persönliche Resilienz zu stärken und damit gesund und erfolgreich zu bleiben. Chancengleichheit und Lebenszufriedenheit sind weitere Indikatoren des Wohlbefindens, die man objektiv zu messen versuchen kann, aber auch die subjektive Einschätzung kann von Bedeutung sein. Insofern macht es Sinn, das ökonomisch und quantitativ ausgerichtete Bruttoinlandsprodukt durch ökologische, soziale und kulturelle Faktoren zu erweitern.

Natürlich kommt auch dem häufig unterschätzten betrieblichen Gesundheitsmanagement (z. B. Maisch 2024) eine große Bedeutung zu.

Im Hinblick auf unsere Moden-Welt des (Personal-)Managements können Konzepte wie Sabbaticals, Teilzeitmodelle, Work-Life-Balance, Führung in reduzierter Vollzeit entsprechend dem hier beschriebenen Konzept des subjektiv empfundenen) Wohlbefindens als attraktiv und die Lebensqualität erhöhend angesehen werden. Interessanterweise verknüpfen aktuell verschiedene Unternehmen ihren Rückzug aus der »DIE-Zielewelt« (Diversity, Equity, Inclusion), der in starkem Maße auf Forderungen der aktuellen Trump-Organisation und einem zunehmenden »Woke«-Unbehagen zurückgeht, z. B. die Abschaffung von Frauen- und anderen Anteilsquoten mit einer stärkeren Konzentration auf »Wohlbefinden«- Zielsetzungen.

Das wäre durchaus modengerecht. Hans Zacher vertritt dabei die Ansicht, dass ein »gutes Arbeitsleben« mehr ist als nur Zufriedenheit (PQ 01 2025, S. 10). Dar.III.6 zeigt, dass in unserer Gesellschaft ein zufriedenes, fröhliches Leben am stärksten präferiert wird. Erst danach kommen mit deutlichem Abstand ein bedeutsames, sinnerfülltes Leben bzw. ein ereignisreiches, interessantes Leben. Es erstaunt, dass das Ereignisreiche, aber auch das Sinnerfüllte so relativ niedrig rangieren, auch wenn gegen Zufriedenheit und Fröhlichkeit ja nichts einzuwenden ist. Aber eigentlich ist eine Wirtschafts- oder Verwaltungsorganisation ja nicht per se ein Spaßverein. Sicherlich wäre nun zu hinterfragen, ob solche Einschätzungen auch für andere Regionen auf der Welt gelten, wo andere materielle oder kulturelle Rahmenbedingungen vorliegen. Sicherlich ist auch nach der Art und Bedeutung der Aufgabe zu unterscheiden, denn mit zunehmender Aufgabenfülle müsste ja die Relevanz von Bedeutsamkeit und Ereignisreichtum zunehmen.

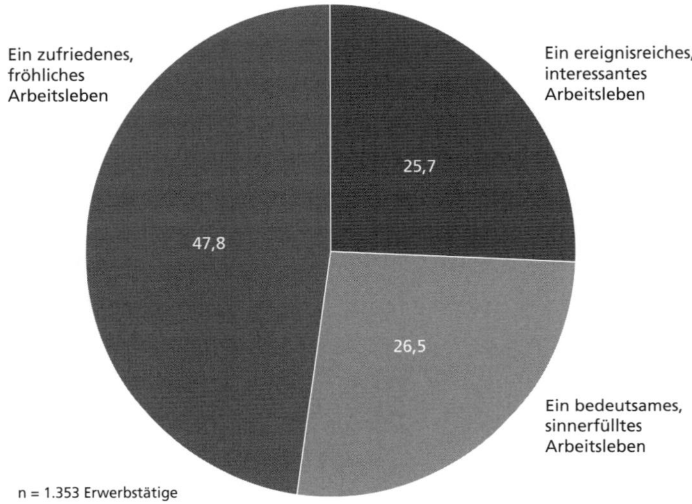

Dar. III.6: Wenn Sie sich für ein bestimmtes Arbeitsleben entscheiden müssten, welche der drei folgenden Optionen würden Sie auswählen? (Rietze/Zacher 2025, S. 10)

IV
Personalführung

Viele der bislang diskutierten Phänomene bezogen sich auf eine überblickshafte Darstellung der ökonomischen, technologische und soziokulturellen Entwicklung im wirtschaftshistorischen und im organisatorischen Kontext. Dabei ging es zugleich um die Gründung, Leitung und Führung immer größer werdender Organisationen.

Eine wesentliche Rolle spielten und spielen dabei die prägenden Personen in Wirtschaft und Verwaltung, insbesondere neben den Staatslenkern die Unternehmerpersönlichkeiten. Sie bilden zugleich die oberste Ebene im Rahmen der Personalführung in einer Organisation. Dabei waren und sind die typischen Führungsstile ebenfalls einem historischen Wandel unterworfen. Kein Wunder, wenn sich bestimmte Dinge dann auch zumindest zum Teil wiederholen. Aktuell wird z. B. allerdings diskutiert, ob der autoritäre Führungsstil wieder kommt, wie ein Schwerpunkt im Heft 09/25 des personalmagazins zeigt. Kurz vorher plädierte Carsten C. Schermuly noch für »Empowerment statt autoritärer Führung« (Schermuly 2025).

1 Führungsstile im Wandel

Generell ist Führung die Orientierung und Beeinflussung von mindestens zwei Personen auf ein gemeinsames Ziel hin (Mentzel 2018). Entscheidend ist nach dieser Definition der Personenbezug, die Einflussnahme und die Zielorientierung. Traditionell erfolgt Führung von oben nach unten, Führung ist also gleich Leitung, aber auch die Einflussnahme von unten nach oben oder unter Gleichrangigen (»peers«) ist denkbar, wenn auch seltener (vgl. Wagner 1991). Beim Führungsstil kommt eine generelle, epochenbezogene Ausrichtung von Führung zur allgemeinen Führungsdefinition dazu. Im Folgenden wird grundsätzlich zunächst von der Personalführung von oben ausgegangen.

Patriarchalischer Führungsstil

Der patriarchalische Führungsstil hat Wurzeln im aufgeklärten Absolutismus und ist heute noch durchaus vorhanden. Kennzeichnend für ihn ist neben dem ursprünglichen »Landesvater« der »väterliche« Firmenchef, der sich um seine »Landes-, bzw. Belegschaftskinder« treusorgend kümmert. Die Unternehmer Würth und Grupp (Trigema) passen in etwa hierzu. Dieses Verhältnis kann sogar für das Verhältnis zwischen Firmenchef und Betriebsrat gelten, der dann als Organ der Unternehmensleitung bezeichnet wird.

Im Kern ist der patriarchalische Führungsstil häufig zugleich auch autoritär: Mitsprache ist eher unerwünscht. Der Fürsorge- und der Erziehungsaspekt stehen im Vordergrund. Insofern ist der patriarchalische Führungsstil z. T. heute noch in der Lehrlingsausbildung anzutreffen oder in der Personalentwicklung, wo der Managernachwuchs zur Weiterbildung gefördert wird.

Nachteilig kann eine gewisse Willkür sein, wenn die Gunst des Patriarchen nicht gewürdigt bzw. ausgeschlagen wird. Andererseits gibt es aber auch familienbezogene große Unternehmen, wo es fair und auf Augenhöhe zugeht, wie z. B. bei dem Weltunternehmen Schrauben-Würth in Künzelsau (Timmerberg 2020).

Autoritärer Führungsstil

Der autoritäre Führungsstil wird häufig umgangssprachlich mit Gewalt, Willkür und Unterdrückung gleichgesetzt. Das kann z. B. der Fall sein, wenn ein Betriebsrat oder andere Mitarbeitervertreter nicht vorhanden sind, und/oder die Leitung tendenziell macht, was sie will.

Unter autoritär kann aber auch verstanden werden, dass die Mitarbeiterinnen und Mitarbeiter den Weisungen von oben unmittelbar und ohne Gegenrede zu folgen haben. Dazu ist Gewalt und Willkür per se nicht erforderlich. Autoritäre Führung in diesem Sinne kann durchaus sinnvoll sein, wenn man z. B. an das erforderliche Verhalten bei Brandkatastrophen, Kampf- und Krisensituationen oder an die Weisungsbefugnisse eines Skippers auf einem Segelboot denkt.

Ansonsten ist autoritär auf den ersten Blick eher etwas aus der Zeit gefallen. Bestimmte Entwicklungen im politischen Bereich, z. B. in den USA, lassen hier jedoch eine gewisse Skepsis aufscheinen, wenn die Fälle zunehmen, wo man im Zweifelsfall entlassen wird, wenn man eine andere Meinung als in der Chefetage hat. Kommt die autoritäre Führung also wieder zurück? Hornung (2025) spricht hierbei von »neuer Härte« (S. 22, während Schermuly stattdessen »Empowerment« propagiert (2025, S. 7)).

Informierender Führungsstil

Beim informierenden Führungsstil informiert die vorgesetzte Instanz über die beabsichtigten Entscheidungen. Um sich vom autoritären Führungsstil deutlicher abzugrenzen, wäre es sinnvoll, wenn die beabsichtigten Entscheidungen auch hinterfragt werden dürfen oder zumindest, dass man sich Dinge erklären lassen kann (vgl. Tannenbaum/Schmidt 1973).

Der nach beiden Kommunikationsrichtungen offene, informierende Führungsstil verfolgt den Fokus des Erklärens an einer eigentlich nicht mehr zu ändernden Entscheidung. Das kann sinnvoll sein, wenn man sich in einer Entscheidungskette im eher operativen Bereich befindet, wo man sich Verzögerungen durch das Aufkommen alternativer Reaktionen eigentlich nicht mehr leisten kann (oder das zumindest glaubt).

Kooperativer Führungsstil

Der kooperative Führungsstil geht einen Schritt weiter als der informierende Führungsstil: Hier sind auch Vorschläge der Mitarbeiter erlaubt, wenn nicht sogar ausdrücklich erwünscht. Alternativ entscheidet die Führung über die Mitarbeitervorschläge, indem einer von ihnen ausgewählt wird, oder es kommt zu einem partizipativen Abgleich von oben und unten. Dann spricht man auch von einem ...

Partizipativen Führungsstil

Das Kontinuum von »kooperativ« bis zuweilen »partizipativ« bildet den Mainstream in der Führungsstildiskussion. Wie aber auch die Diskussion um die mehrdimensionalen Organisationsstrukturen gezeigt hat, benötigt man zumindest subjektiv einen Anker bezüglich derjenigen Person bzw. Position, die federführend ist bzw. »den Hut aufhat« (Wunderer).

Wichtig ist, dass eine gewisse Unternehmenskultur es ermöglicht, dass es mitdenkende und verantwortungsbereite Mitarbeiter gibt, die in der Lage sind, ihre Ideen einzubringen, diese zu vertreten und sie u. U. auch allein umzusetzen in der Lage sind. Hinsichtlich des Punktes der selbständigen Umsetzung nähern wir uns damit dem wichtigen Phänomen der Delegation im Rahmen der Personalführung.

Delegativer Führungsstil

Delegation und Partizipation verkörpern eigentlich zwei unterschiedliche Dimensionen des Führungsphänomens (► Dar. IV.1).

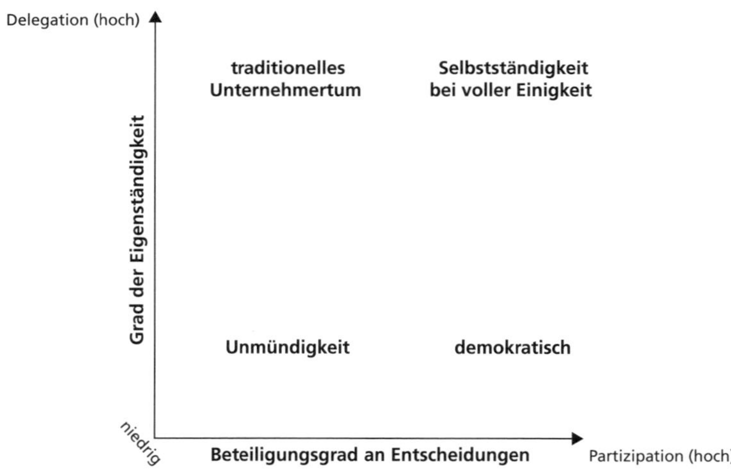

Dar. IV.1: Partizipation und Delegation

Die Partizipation bezieht sich auf die Kooperation im Team und damit auf das Ausmaß der Entscheidungsteilhabe in einer Abteilung bzw. einer entsprechenden organisatorischen Einheit. Die Delegation bezieht sich auf die Selbständigkeit bzw. die Autonomie der Entscheidungsfindung und -durchsetzung.

Beide Führungsprinzipien können sich gut ergänzen, auch wenn sie unterschiedlichen Führungsprinzipien folgen. Z.B. können auf den obersten Organisationsebenen die beabsichtigten und noch festzulegenden Ziele im Vorstandsteam vereinbart werden, während beim Management by Delegation zunächst je nach erfolgter Delegation die Entscheidungen selbständig getroffen werden. Nur, wenn bestimmte Grenzen überschritten werden oder Ausnahmen vorliegen, greift die nächsthöhere Instanz in das Geschehen ein. Insofern spricht man dann auch vom Management by Exception oder Management by Delegation (vgl. Wunderer 2007).

Autonomer oder demokratischer Führungsstil

Bleibt noch der »demokratische Führungsstil«: Eigentlich widerspricht er den oligarchischen oder hierarchischen Prinzipien einer letztlich doch bürokratischen Organisation. Aber es gibt ihn dennoch durchaus, etwa bei kreativen, tendenziell unsicheren Aufgabenstellungen, z. B. im Marketing oder bei Forschung und Entwicklung. Insbesondere in der Grundlagenforschung ist die Zielsetzung oft vage, und die Lösungsschritte sind noch sehr offen. Die Führungskraft wird dann zum Moderator der Gruppenmitglieder (Tönnesmann 2024). Allerdings zieht die Realität häufig wieder ihre Grenzen, denn aus der Verpflichtung, eine Lösung zu finden, wird man als verantwortliche Person in der Regel doch nicht entlassen. Das gilt ja auch z. B. für Trainer in den Profi-Sportarten.

2 Servant Leadership

Gleichwohl gab und gibt es immer wieder Überlegungen, die klassische Beziehung zwischen den über-, bzw. untergeordneten Instanzen umzudrehen oder abzumildern. Hierzu gehört dann die Führung zwischen Peers oder die Führung von unten. Ebenso wie bestimmte Umstände nach autoritären Führern zu verlangen scheinen, ist das Gegenteil davon auf den ersten Blick ein Rezept für die delegative Führung bzw. den eventuell hohen Reifegrad der Mitarbeiter bei der Zusammenarbeit.

Letzterem kommt das Konzept der Servant Leadership ziemlich nahe. Hier dient nach Robert K. Greenleaf 1970 die Führungskraft ihren Mitarbeitenden und verhilft ihnen somit zu Motivation und Leistungssteigerung, also zum Führungserfolg. Dies setzt allerdings eine gewisse Zurücknahme bzw. Bescheidenheit und auch entsprechendes Einfühlungsvermögen beim Vorgesetzten heraus. Hinzukommen eine hinreichende Teamorientierung, Ehrlichkeit und Vertrauen, aber auch Weitsicht bzw. strategisches Denken, Innovationswille und gegenseitige Wertschätzung. Eigentlich besteht das Kunststück im Führen, ohne dass das Gefühl aufkommt, geführt zu werden (Greenleaf 1977).

Servant Leadership hat sehr viel mit Potenzialentwicklung und Performancesteigerung zu tun. Allerdings ist stets zwischen professioneller Zusammenarbeit und klassischer Freundschaft zu differenzieren. Die Mitarbeitenden müssen umgekehrt aber auch sich in ihre Vorgesetzten einordnen können, deren Verhaltensweisen verstehen und nicht als Schwäche auslegen (Barthel/Büngeler 2024). Da die Mitarbeiter sich aber letztlich doch weiterentwickeln, wird es nach einer gewissen Zeit zu Rollenwechseln bzw. Personalversetzungen kommen, wo die bislang Geförderten wiederum umgekehrt bei ihren neu zugeordneten Mitarbeitern die Rolle des Servant Leaders übernehmen können. Was sagt der hartgesottene Technokrat dazu? Womöglich wartet man das ersehnte Scheitern ab, um das Ruder wieder herumzudrehen.

Elemente von Servant Leadership finden sich (nach Selbstdarstellung) häufig in den Tech-Branchen, wo agile Arbeitstechniken sinnvoll sind. Die Führungskraft moderiert z. B. analog zu einem Trainingsplan die erforderlichen Verbesserungsschritte, um Leistungssteigerungen zu erreichen. Folgende Unterschiede zur klassischen Leadership werden von Greenleaf (1977) genannt:

- Entscheidungen werden im Team getroffen
- Entscheidungsmacht wird geteilt (Partizipation)
- Führungskraft hört zu, nimmt Meinungen ernst
- Personalentwicklung und Persönlichkeitsentwicklung stehen im Vordergrund
- Es wird auf das Wohl aller geachtet
- Wichtige Informationen werden geteilt
- Unterstützen tritt an die Stelle von Befehlen

Die Parallelen zum o. g. kooperativen Führungsstil einerseits und zu den normativen, idealistischen Ideen der Human-Relations-Bewegung sind offenkundig.

Trotzdem zeigen verschiedene Firmenbeispiele (Tim Cook bei Apple oder Paul Polman bei Unilever), dass verschiedene Vorteile von Servant Leadership wirksam zum Einsatz kamen. Hierzu zählen beim Vorliegen günstiger Rahmenbedingungen eine größere Loyalität der Mitarbeitenden, bessere Ergebnisse und die Entwicklung eines attraktiven Arbeitsumfeldes. Entscheidend dürfte das Merkmal der Nachhaltigkeit sein. Eine starke Unternehmenskultur muss dann auch Rückschläge aushalten können. Nicht zuletzt gibt es dennoch Personen, die klare Prozesse bevorzugen und von eventuell ausufernden Gruppendiskussionen nicht viel halten (siehe oben).

Deshalb funktioniert Servant Leadership am ehesten bei jungen und dynamischen Unternehmen. Da Aufgaben eben nicht so exakt verteilt und überwacht werden, muss man mit möglichen Kontrollverlusten und Überforderungen leben können. Insofern ist es einfacher, bereits bei der Personalakquise auf entsprechend ausgeprägte Persönlichkeiten zu achten, diese also zielgerichtet zu finden und zu binden.

Ferner sei als Beispiel beim professionalen Fußballsport auf den Übergang von der Manndeckung zur Raumdeckung hingewiesen. Dies erfordert langwierige, nachhaltige Verhaltensveränderungen, die häufig mit dem Stammpersonal nur unter großen Schwierigkeiten umgesetzt werden können. Der hyperagile Wettbewerb im Sport und in der Wirtschaft ebenso nimmt darauf aber keine Rücksicht.

Wenn man sich dies vergegenwärtigt, sieht man zwar viel alten Wein in neuen Schläuchen, aber richtig und konsequent angewandt, ist der »dienende Vorgesetzte« gewiss kein Schwächling, sondern sogar eine starke Persönlichkeit, die einerseits auf Macht temporär verzichtet, aber andererseits zum Wohle aller zu Leistungssteigerungen führen kann. Fraglich ist jedoch, ob die Mitarbeiter dies auch so sehen.

3 Positive Leadership

Martin Seligman und Daniel Kahnemann entwickelten ab 1998 den Ansatz der Positiven Psychologie und der »Positive Leadership«. Folgende Merkmale sind hier zu nennen, welche deutliche Parallelen zum Stewardship-Ansatz aufweisen: (Seligman 1975)

- Langfristige Unternehmensvision vor dem Hintergrund der herausfordernden Unternehmensziele
- Stärkenorientierung. Die konsequente Verstärkung von Stärken wird anstelle der Eliminierung von Schwächen einerseits und der Verstärkung von Stärken andererseits propagiert.
- Engagement und Flow mit dem Ziel zur Höchstleistung und Arbeitszufriedenheit
- Mitarbeiterbeteiligung (Grid) und Mitarbeiteridentifikation
- Aufbau parallelen Denkens (De Bono 1990) bzw. der Effizienz von Teams

Obwohl zahlreiche Unternehmen die Ansätze der positiven Psychologie zumindest zeitweise eingeführt und umgesetzt haben, als es insbesondere um die Jahrtausendwende en vogue war, ist es mittlerweile stiller geworden. Dies muss zwar per se kein schlechtes Zeichen sein, auch wenn möglicherweise der New-Work-Ansatz sich zeitweilig in den Vordergrund geschoben hat.

M. E. können nur größere Unternehmen es sich leisten, das mit den o. g. Prinzipien verbundene bzw. erforderliche arbeits- und organisationspsychologische Instrumentarium zur wiederholten Messung von Höchstleistung, Arbeitszufriedenheit, Leistungsfähigkeit, Mitarbeiter-Identifikation, Stärken und Teameffizienz konsequent und nachhaltig anzuwenden und vor allem auch, konsequent umzusetzen. Positive Psychologie ist mehr als eine flüchtige Modeerscheinung, wenn man sie ernst nehmen will und sie mehr sein soll als eine Arbeitsbeschaffungsmaßnahme für Organisationspsychologen. Sie muss professionell umgesetzt werden, um nachhaltig wirken zu können.

4 Transaktionale und transformative Führung

Personalführung kann sich einerseits auf das Verhältnis der beteiligten Personen beziehen, d.h. auf die betreffenden Transaktionen und andererseits auf die relevanten Prozesse im Zeitablauf (Transformation).

4.1 Transaktionale Führung

Es besteht ein direktes Austauschverhältnis zwischen Führungskraft und Mitarbeiter. Auf indirekte Formen der Führung wird im weiteren Verlauf noch näher eingegangen.

Klassisch vertikal

Je nach Führungsstil werden Befehle bzw. Anweisungen erteilt, oder Anregungen gemacht. Die Umsetzung erfolgt dann, auch wieder abhängig vom jeweiligen Führungsstil unter strenger Kontrolle oder in Abhängigkeit von der besprochenen Zielsetzung selbständig (vgl. Pause 2024). Nach der Zielerreichung erfolgt ein situativ angemessenes Feedback bzw. eine Belobigung oder in materieller Hinsicht z. B. eine Prämienauszahlung.

Grundsätzlich unterscheidet man zwischen der aufgabenorientierten Lokomotionsfunktion und der personenorientierten Kohäsionsfunktion (Blake/Mouton 1964). Auf den ersten Blick bestehen kollegiale, gleichberechtigte Beziehungen. Trotzdem ist es nicht unrealistisch, wenn je nach Aufgabentyp und persönlicher Erfahrung unterschiedliche Kenntnisse vorliegen und sich die Kollegen wechselseitig helfen. U. U. handelt es sich um aufgabenorientierte, partnerschaftliche Unterstützung, wenn nicht sogar um eine Art patriarchalische, fürsorgliche Führung.

Von unten nach oben (Vertikal)

In bestimmten Fällen weiß oder kann mancher Mitarbeiter mehr als der Vorgesetzte. Das kann z. B. bei technischen Problemstellungen der Fall sein, wo das Spezialistenwissen des Mitarbeiters einen Engpass darstellt. Bei der Einflussnahme durch Interaktion, die hauptsächlich von oben erfolgt, steht die Festlegung von

Zielen, Information und Kommunikation, dies auch von unten nach oben und horizontal sowie das Entscheiden und das Überprüfen der Zielsetzung im Fokus.

4.2 Transformationale Führung

Während sich die transaktionale Führung in den meisten Fällen zwischen der beratenden (konsultativen) und der delegativen Führung bewegt, ist die transformationale Führung eng mit der Veränderung des Status quo und damit dem organisatorischen Wandel verbunden. Durch die Transformation von Werten und Einstellungen sollen anspruchsvollere Ziele erreicht und zugleich Leistung und Motivation gesteigert werden.

Insofern haben transformationale Führer

- eine Zukunftsvision,
- vermitteln den Mitarbeitern das Gefühl, dass sie eine Berufung haben,
- verändern althergebrachte Strukturen, Normen und Denkweisen,
- erwecken Stolz, Mitglied der Erfolgscrew zu sein und
- veranlassen die Mitarbeiter, Probleme als Chance zum Lernen zu begreifen.

Indem die Geführten sich mit dem charismatischen Führer identifizieren, eifern sie ihm nach, weil eine erreichbare Vision vermittelt wird. Charisma und Inspiration gelten ebenso als typisches Merkmal transformationaler Führung wie die intellektuelle Stimulierung, alte Denkmuster zu durchbrechen und neue Einsichten zu erlangen.

Trotz aller Veränderungen in Technik, Politik und Wirtschaft können unsere Industriepioniere sich hier gut einordnen, insbesondere, was die Visionen und den Firmenstolz betrifft. Felfe hat folgende empirischen Befunde zur transformationalen Führung ermittelt (z. B. Felfe 2024):

- hohe emotionale Verbundenheit zur Organisation
- Bereitschaft, sich zusätzlich zu engagieren
- positiver Einfluss auf Kreativität und Innovation

- positiver Zusammenhang zur wirtschaftlichen Entwicklung und zur Abnahme von Absentismus

Bereits Max Weber hat der charismatischen Führung einen hohen Stellenwert beigemessen, allerdings ist das Konzept mit etlichen Tücken verbunden:

- Transformationale Führung erfordert ein hohes Ausmaß an emotionaler Intelligenz, Kommunikationsfähigkeit und Selbstreflexion.
- Damit verbunden ist dann häufig eine gewisse Mehrdeutigkeit, die vorherrscht, um eine Situation adäquat zu erfassen.
- In Zeiten anhaltender Rezession bzw. tiefgreifendem Strukturwandel sind charismatische Führer eher fehl am Platze, weil nach nüchternen Sanierern gefragt wird.
- Charismatische Führer sind eher selten anzutreffen und einen »Buchhaltertyp« kann man nur bedingt einen in einen glänzenden Rhetoriker verwandeln.
- Und »beim nächsten Chef wird alles anders« trifft häufig nicht zu (Rohwetter 2025).

Gleichwohl ist es unabdingbar, wandlungserkennend, wandlungsfähig und wandlungsbereit zu sein. Rein theoretisch würde ständige, erfolgreiche Anpassung keine tiefgreifenden Veränderungen erfordern. Da Organisationen aber behäbig sind und die Wandlungsbereitschaft nach einer gewissen Zeit absinkt, ist es dennoch erforderlich, in gewissen Abständen für Reformen zu sorgen. Diverse, modeanfällige Rezepte stehen dann bereitwillig zur Verfügung. Aber bitte »Vorsicht an der Bahnsteigkante« (vgl. Palmer et al. 2006).

5 Change Management

Veränderungen können sich auf Bewegungen im Raum beziehen, den Wechsel der Gestalt oder von Gestik, Mimik und z. B. der Stimme ebenso wie die Entwicklung von körperlichen oder ökonomischen Größenordnungen. Es kann aber auch der

Übergang zu einem neuen Prinzip bzw. einem neuen Paradigma bedeuten, was hier im Vordergrund steht.

Ist z. B. die Geschwindigkeit der Veränderung eher niedrig und bewegen wir uns im Rahmen des Bestehenden, liegt eine Adaption vor, im Gegensatz zur Evolution, die eine Umformung oder einen Paradigmenwechsel umfasst. Die Natur der Veränderung kann aber auch beträchtlich sein. Dann sprechen wir von Rekonstruktion innerhalb des Systems bzw. von einer Revolution, etwa beim Übergang von der Mechanik zur Elektronik oder, was die Staatsform betrifft, von der Diktatur zur Demokratie und umgekehrt.

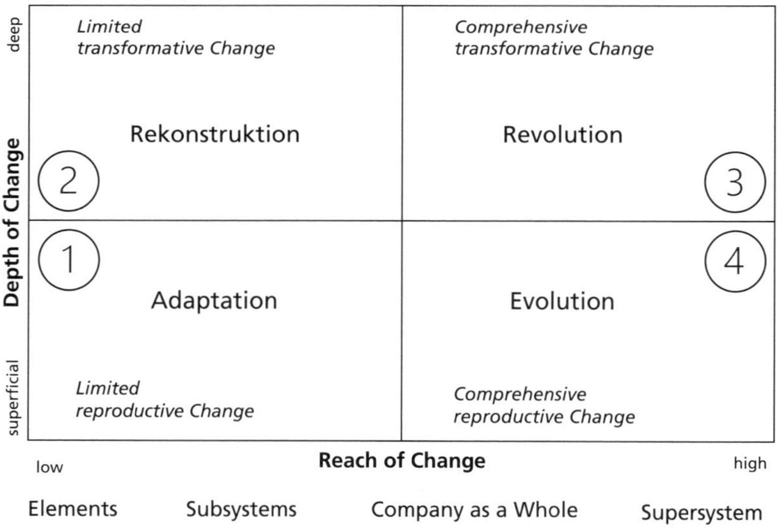

Dar. IV.2: Veränderungstypen (Krüger 2000,43)

Häufig wird die Notwendigkeit zum Wechsel zu spät bemerkt. Vorher hat man sich zu lange auf dem Erreichten ausgeruht. Das bisherige Leistungsniveau wurde als ausreichend angesehen und bestimmte Frühwarnsignale wurden nicht beachtet. Nach einer gewissen Blindheit und Inaktivität sowie evtl. eingetretenen falschen Maßnahmen, kommt es dann zur Krise und es dauert eine geraume Zeit, bis das Gegensteuern Erfolge zeigt.

Aktuelle Beispiele betreffen z.B. die deutsche Automobilindustrie, wo man sich zu lange auf den perfekten Premiummodellen von Audi, BMW, Mercedes und Porsche ausgeruht hat und erst (fast zu spät) bemerkte, dass im großen Automarkt China Elektroautos mit moderner Batterietechnologie und vor allem neuartiger Entertainmentsoftware entwickelt wurden, die in China, aber nun auch via Export beträchtliche Marktgewinne erzielen. Aber auch gesamte Volkswirtschaften können in die Rezession geraten, weil man zu lange sich kaputtgespart hat und die nötigen Strukturinvestitionen sowie die Anreize für disruptive Innovationen durch fragwürdig gewordene Schuldenbremsen allzu lange blockiert wurden.

Ein weiteres fatales Beispiel liefert der demografische Wandel, dessen Ausmaß lange Zeit und bis heute negiert wurde. So wurde die Tatsache, dass Deutschland ein Einwanderungsland für Fachkräfte ist, nicht hinreichend erkannt, und nun befinden sich Deutschland und andere Länder im Zwang, vor lauter Abschiebungsdruck sich auf die illegale Migration zu konzentrieren, ohne deutlich zwischen legaler und illegaler Einwanderung differenzieren zu können.

Meistens liegen multiple Ursachen vor: Hierzu zählen z. B.

- Altlasten früherer Veränderungsinitiativen: Umgang mit Misstrauen, Zynismus und Lähm-bzw. Lehmschichten erfahrener Mitarbeiter, insbesondere im Middle Management
- Simultane Veränderungen: Fachkräftemangel und Wegfall traditioneller Märkte
- Verkürzung der strategischen Planungshorizonte, häufig um etliche Jahre
- Und, last but not least: Topmanager mit wesentlich geringerer Verweildauer bzw. Erfahrung.

Hinzu kommt, dass Veränderungsvorhaben häufig nur bedingt erfolgreich sind. Dies kann an einer ungenügenden, hektischen Ursachenanalyse liegen, aber auch am Anwenden einer unpassenden Therapiemode durch falsche Berater, ähnlich wie bei falschen Heilungsmethoden oder dem Herumdoktern an Symptomen im medizinischen Bereich.

Insofern werden z.B. IT-Projekte allzu oft vor Fertigstellung aufgegeben, Bauprojekte liegen hinter dem Zeitplan bzw. über dem geplanten Budget oder neue Systeme werden nach Installation nicht so genutzt wie geplant. Auch die psychologischen und emotionalen Belastungen sind bei allen Projekten nicht zu unterschätzen. Auch wenn die Projekte letztlich erfolgreich waren, ist man häufig ängstlich und verwirrt, zeitweilig frustriert und erschöpft. Insofern kommt es auf das adäquate Projektmanagement an. Folgende personellen und organisatorischen Voraussetzungen sind zu nennen.

Personelle Voraussetzungen

Möglichst viele, wenn nicht alle Mitarbeiter müssen das Veränderungsvorhaben akzeptieren und veränderungsbereit und veränderungsfähig sein. Darüber hinaus muss bekannt sein, welche Fähigkeiten und Kompetenzen zukünftig erforderlich sein werden und wie man diese Qualifikationen erlangen wird. Hinzukommt dann noch der unbedingte Wille zur nachhaltigen Umsetzung.

Zusätzlich sind verschiedene Rollen bzw. Funktionen miteinander zu verzahnen. Zunächst braucht man einen Machtpromotor (Sponsor), der positionsmäßig das Projekt des Wandels hinreichend stark unterstützen kann, hinzukommen weitere Führungskräfte, das Change-Management-Team und das übergreifende Projektteam neben weiteren projektunterstützenden Funktionen, z. B. mittels geeigneter Dokumentations- und Projektmanagement-Software. Hierbei geht es um die adäquate Prozessgestaltung und -lenkung durch Planung, Koordination und Kontrolle sowohl in personeller als auch in instrumenteller und materieller Hinsicht.

Organisatorische Voraussetzungen

Wenn ein grundlegender Wandel der Organisation, des Geschäftsmodells, bestimmter grundlegender Prozesse und Systeme erforderlich ist, dann ist eine Projektorganisation erforderlich (► Dar. IV.3).

Zur Projektorganisation zählt ein Projektleiter, der mit seiner Gruppe als Anlaufstelle für das komplexe Vorhaben gilt, von dem ja viele Personen betroffen sein können. Ihre Aufträge bekommen sie vom Projektträger oder dem eigentlichen Auftraggeber.

Dar. IV.3: Projektorganisation

Auftraggeber	Was?	Entscheidungskompetenz
Projektträger (Projektausschuss)		Vorentscheidung: Verbindung Projekt – Linie
Projektleiter	Wie?	Prozesskompetenz
Projektteam (evtl. Ad-hoc-Gruppen)	Wie?	Fachkompetenz

Unabdingbar ist auch ein Lenkungsausschuss, dem mehrere Mitglieder der Unternehmensleitung angehören, und an den regelmäßig berichtet wird. Als sinnvoll hat sich auch ein Kreis von Paten bzw. Sponsoren erwiesen, welche sowohl mit dem Projektmanagement zusammenarbeiten, aber auch als Machtpromotoren einen Kreis von Projektunterstützern bilden (vgl. Krüger 1994).

Sehr wichtig sind aber auch die oberen und oberste Führungsebenen, denn die Mitarbeiter wollen über Beweggründe und potenzielle Auswirkungen organisatorischer und persönlicher Art angemessen, d.h. rechtzeitig und umfassend, also auch ehrlich und authentisch informiert werden.

Nicht zu vergessen sind natürlich die Vorgesetzten. Insofern sind sie Bestandteil des weiter oben bereits beschriebenen transformativen Führungsstils. Dabei ist folgende, eigentlich transaktionale Komponente zu beachten:

- Führungskräfte müssen sich selbst auf die Veränderungen vorbereiten. Letztlich sollen sie ja dahinterstehen. Dies kann allerdings problematisch sein, wenn die Vorgesetztenpositionen radikalen Veränderungen wie z.B. dem Wegfall von Positionen ausgesetzt sind. Hier müssen die oberen Instanzen Farbe bekennen und vorab Lösungsmöglichkeiten anbieten. Dann ist der Rest unproblematischer.
- Veränderungen und die eigene Rolle im Prozess sind zu verstehen. Veränderungen, die einen selbst betreffen, müssen angenommen werden.
- Kompetenz sind ausbauen, um die Veränderungen zu managen.
- Führungskräfte müssen sodann ihre Mitarbeiter durch den Veränderungsprozess führen:

- Veränderungen bei den Mitarbeitern einführen
- Mitarbeiter durch den Prozess begleiten
- Misserfolge ehrlich analysieren und Erfolge gebührend würdigen.

Ein gut aufgestelltes und durchdachtes Projektmanagement ist somit das A und O des Change Managements. Häufig werden aber modische Fehler gemacht, die manchen Anfangserfolg wieder zunichtemachen können. Folgendes sollte beachtet werden:

- Das Change-Projekt darf nicht durch Dringlichkeiten und einseitige Prioritäten des Tagesgeschäftes verwässert werden.
- Anfangserfolge sind zwar stets deutlich zu würdigen, weil sie den Zusammenhalt fördern, aber man darf nicht vorschnell aufhören und zur Tagesordnung übergehen.
- Sonst entsteht ein Kurieren an Symptomen und die Änderungsoperationen waren nicht gründlich genug. Insgesamt ist eine gesunde Balance zwischen der aufgabenorientiert-technokratischen und der personenorientiert-beziehungsbezogenen Vorgehensweise erforderlich.

Meistens überwiegt das technokratische Denken. Hinzu kommt auch die beliebte Vorgehensweise, in Phasen zu denken und diese schematisch abzuspulen. Dabei hängt vieles davon ab, welche Sichtweise man auf eine Organisation hat. Und letztlich muss man sich dabei auch einigen können, denn unterschiedliche Sichtweisen führen u. U. zu abweichenden bis konfligierenden Vorgehensweisen.

6 Organisationsentwicklung

Typisch sind folgende Betrachtungsweisen, über deren Grundannahmen und Wirkungsprinzipien man Bescheid wissen muss, um wirkungsvoll agieren zu können. Missverständnisse sind sonst unvermeidbar, denn die Unterschiede sind beachtlich (vgl. Cameron/Green 2009).

6.1 Die Organisation als Maschine

Die Betrachtungsweise ist typisch für Anhänger des sachrationalen Denkens und der darauf aufbauenden Management-Tools insbesondere aus dem Bereich des klassischen Managements. Im Vordergrund stehen die Phasen der Zielsetzung, Durchführung (Realisation) und Kontrolle, die hintereinander abgearbeitet werden. Messbare Ergebnisse stehen im Vordergrund, etwa im Unterschied zu Interpretationen und Experimenten.

So selbstverständlich diese Vorgehensweise auch erscheint, so wird den ungeplanten Abweichungen häufig zu wenig Aufmerksamkeit geschenkt, oder auch der Tatsache, dass nicht alle Vorgänge auf eindeutige Ursache-Wirkungs-Beziehungen oder eindeutige, intersubjektiv einvernehmliche Befunde zurückgeführt werden können.

Legendär ist die Unterscheidung von Mintzberg zwischen ursprünglich geplanten und faktisch sich ergebenden, d. h. emergenten Strategien. Der bekannte Management-Guru hatte vor vielen Jahren festgestellt, dass erfolgreiche Unternehmen sich häufig faktisch auf Dinge fokussiert hatten, die ursprünglich in dieser Form so gar nicht geplant waren. Für das Maschine-Modell hätten solche Konstellationen durchaus Probleme bereitet, wenn die Anpassung an die neue Situation nicht schnell genug erfolgte. Schließlich kommt nicht immer alles, so wie es geplant war. Insofern läuft das Maschine-Modell Gefahr, an alten Zöpfen festzuhalten.

6.2 Die Organisation als politisches System

Um eine Organisation als politisches System zu verstehen, muss man sich vergegenwärtigen, dass – und das wird beim Maschine-Modell leicht übersehen – auch im Top und Middle Management starke Meinungs- und Interessenunterschiede zwischen den wichtigsten Akteuren bestehen können.

Ein prägnantes Beispiel liefert der Daimler-Konzern. Edzard Reuter wollte das Unternehmen strategisch ganz groß aufstellen und zu Lande und in der Luft markante Zeichen setzen. So beteiligte man sich an mehreren Luftfahrtunternehmen, erwarb die Mehrheit beim schwächelnden Elektroriesen AEG und investierte global in den PKW- und in den LKW-Sektor. Das große Problem bei solchen ambitiösen Vorhaben ist, dass man auf halber Strecke stehen bleibt und die Widerstände der Skeptiker zunehmen. Ähnliches kann ja auch bei der Transformation von der fossilen Kreislaufwirtschaft in Erneuerbare Energien geschehen. Reuters Nachfolger Jürgen Schrempp machte etliches von Reuters Plänen rückgängig und konzentrierte sich vornehmlich auf das Fusionsprojekt »Daimler-Chrysler«. In beiden Fällen wurde viel Geld versenkt, nicht zuletzt, weil im Falle Mercedes und Daimler die ökonomischen Ergebnisse enttäuschend waren und man vor allem nicht berücksichtigte, dass sehr unterschiedliche Managementkulturen aufeinanderstießen. Heute hat man sich wieder auf das (vermeintliche) Kerngeschäft konzentriert und die PKW- und die LKW-Sparte global aufgestellt. Und man hat wohl evtl. der Elektromobilität zu Gunsten der Brennstoffzellen- und Wasserstofftechnologie zu wenig Aufmerksamkeit gewidmet.

Auch hier handelt es sich um strategische Entscheidungen, an denen Koalitionen von Managern und Anteilseignern beteiligt sind. Eberhard Witte hat vor vielen Jahren im Rahmen der Neugliederung der damaligen Deutschen Post das Phänomen der Macht- und der Fachpromotoren empirisch untersucht. Später kamen die Prozesspromotoren noch dazu, und dann auch noch die jeweiligen Opponenten, die mit den Promotoren um die richtigen Entscheidungen ringen mussten.

Im politischen System nimmt der Manager die Rolle eines Verhandlungsführers ein, der auch in der Lage ist, tatsächliche und potentielle Opponenten zu überzeugen. Dazu ist auch die Vision eines transformativen Führers erforderlich, der Koalitionen schmieden und Agenden verknüpfen kann.

Vergleicht man das Maschinen-Bild mit dem Bild des politischen Systems, erscheint es sinnvoll zu sein, beide Modelle im Hinblick auf den erforderlichen Wandel und die Tatsache unvorhergesehener Soll-Ist-Abweichungen zu kombinieren. Verhängnisvoll wäre es dagegen, die politisch ja durchaus vorhandenen Interessengegensätze in einer größeren Organisation in machiavellistische Grabenkämpfe ausarten zu lassen, wo das eigentliche Sachziel in den Hintergrund tritt. Letztlich gilt das gleiche auch für das politische System in der Demokratie selbst.

6.3 Die Organisation als Organismus

Bei der Organismus-Metapher liegen kybernetische und systemorientierte Vorstellungen zugrunde. Die ganzheitliche Betrachtung hat den Vorteil, dass man sich vergegenwärtigt, dass geringfügig erscheinende Veränderungen durchaus zu größeren Verwerfungen führen können, also dann Verschlimmbesserungen eintreten würden. Darüber hinaus bestehen potenzielle Nachteile, die auch für das Maschine-Modell gelten: Ein Unternehmen ist schließlich mehr als eine automatisch geregelte Heizungsanlage. Diese bedarf ja auch der Steuerung im Hinblick auf unterschiedliche Jahreszeiten oder Klimaveränderungen. Im Wandlungsprozess tritt die Rolle des Betreuers bzw. des Coaches in den Vordergrund. Es sollte aber nie die Reaktion und vor allem die Initiierung von Veränderungen aus dem Auge verloren gehen.

6.4 Die Organisation als Fluss

In der Regel wird – wenn es um allfällige Veränderungen geht – der Prozessperspektive zu wenig Aufmerksamkeit geschenkt. Eine Zeitlang war die Prozessorganisation in den 80ern eine dominierende Managementmode. Nach dem Besuch von Führungstrainings plapperte man häufig den Satz »unser Unternehmen ist eine Prozessorganisation« nach. Michael Gaitanides hat hier zwar Pionierarbeit geleistet, aber vieles ist nicht konsequent umgesetzt worden (Gaitanides 2007).

In der Regel wird nach wie vor erst der organisatorische Aufbau beim organisatorischen Wandel betrachtet und dann erst der Ablauf. Bei einer konsequent kundenorientierten Betrachtungsweise müsste es jedoch umgekehrt sein: Welche Kern- und Serviceprozesse sind für den Kunden wichtig? Und dann kommt erst die Überlegung: Wer ist zuständig?

In der Logistikbranche wird diese Betrachtung nach am ehesten angewendet. Schließlich ist es wichtig, den Prozess einer Bestellung und Auslieferung nachverfolgen zu können. Bei konsequenter Betrachtung hätte man dann flachere Hierarchien und wechselnde »Prozess-Owner«. Aber die Beharrungskräfte der Hierarchie sind sehr hoch. Die Flussperspektive lenkt zwar den wichtigen Fokus auf die Prozesse und ihre Optimierung, vernachlässigt aber dann auch womöglich den

Sachverhalt, dass der Prozess selbst der Reform bedarf. Und das kann wiederum Beharrungskräfte hervorrufen, die keine Änderung wollen.

Insgesamt ist es nötig, sich zu verständigen, welches Bild man sich von seiner Organisation machen sollte. M. E. bietet sich eine Kombination aus Prozessorientierung, Ganzheitlichkeit und politischer Sensibilität für nötige Reformen an. Die entsprechenden OE-Prozesse sind dabei nicht zu unterschätzen. Letztlich sind diese aber nötig für den Aufbau einer fortschrittsfähigen Unternehmenskultur. Insofern sind alle neuen Mitarbeiter schon bei der Personalauswahl einzubinden, damit sie in das richtige Bild passen und die Bilder in den Köpfen kompatibel sind.

7 Coaching

Die Führungskräfte sollten sich auch als Coach begreifen. Etliche dürften davon überfordert sein. Der Vorgesetzte als »Navigator« und eben nicht als »Diktator« ist dafür ein treffendes Beispiel. Insofern ist hier die transformative Führung gefragt. Das setzt aber voraus, dass die Chefs einen klaren Kompass haben und Orientierung bieten können. Das ist leider häufig nicht der Fall, weil erfahrenere Führungskräfte in der Vergangenheit bereits etliche Enttäuschungen erlitten haben und sich nicht festlegen wollen.

Zum »Kompass« gehört auch Authentizität, um evtl. doch vorhandene Selbstzweifel offen anzusprechen und trotzdem einen verlässlichen Weg durch den Dschungel des Wandels zu finden. Weiterhin müssen die Vorgesetzten sowohl hinsichtlich Sachorientierung und Personenorientierung, also auch im Repertoire der transaktionalen Führung bewandert sein. Insofern sind regelmäßige Führungstrainings, am besten zusammen mit dem jeweiligen Team, Voraussetzung für ein erfolgreiches Coaching durch die Chefetage. Leider wird viel mit Vertraulichkeit und exklusiven Meetings gearbeitet, wodurch unnötige Abschottungen erfolgen und Misstrauen entsteht.

Mit Coachingaufgaben werden neben den Chefs aber vor allem auch folgende spezialisierte Personengruppen betraut (vgl. Hannebauer 2026):

- Personalentwickler
  Personalentwicklung ist sowohl eine Führungsaufgabe als auch eine Spezialaufgabe der Abteilung für Personalentwicklung und Weiterbildung. In Großunternehmen müssen diese Bereiche eng mit dem operativen Personalmanagement zusammenarbeiten. In Klein- und Mittelbetrieben fallen diese Aufgaben zusammen und müssen zugleich externalisiert werden.
  Der Coaching-Aspekt betrifft sowohl die Anpassungsfortbildung als auch die Aufstiegsfortbildung. Dies setzt einerseits regelmäßige Beurteilungsgespräche voraus, um die jeweiligen Stärken weiter zu stärken und ggfs., um neue Kompetenzen zu erweitern und gleichzeitig zu lernen, mit den Schwächen sinnvoll zu leben. Die enge Zusammenarbeit mit den Führungskräften ist auch deshalb erforderlich, weil das »training-on-the-job« sinnvoll mit dem »training-off-the-job« zu verzahnen ist.
  So vernünftig und selbstverständlich diese Gesichtspunkte auch klingen: In diesen Bereichen liegt eine der größten Schwachstellen der Personalarbeit.
- Trainer
  Die Trainer sind erforderlich, um die erforderlichen Kompetenzlücken zu beseitigen. Die Palette reicht vom fachlichen bis hin zum methodischen und zum verhaltensmäßigen Bereich. Letzteres wird häufig unterschätzt und deshalb nicht angemessen angegangen.
  Dabei wird auch häufig übersehen, dass sich bereits das Fachtraining nicht klar vom Verhaltensbereich trennen lässt. Schließlich hat die fachliche Schulung viel mit der Vermittlung von Selbstbewusstsein zu tun und mit der Überwindung von Akzeptanzproblemen und damit verbundenen Ängsten.
  Entsprechendes gilt für den methodischen Bereich: Die Digitalisierung ist hierfür ein beredtes Beispiel. M. E. liegt hier ein weiterer Grund für die Misere in Deutschland. Dabei ist auch das Training in Fragen der Prozessorganisation von großer Bedeutung. Es ist natürlich nicht damit getan, wenn traditionelle Abläufe Eins zu Eins übertragen werden, ohne das entsprechende Know-how bezüglich der Möglichkeiten und Grenzen neuer Informations- und Kommunikationstechnologien zu haben. Auch hier sieht man wieder, wie das Training von Fach- und Methodenkompetenz miteinander verzahnt ist.

Am schwierigsten ist das Training im Verhaltensbereich, z. B. bezüglich des Trainings von Problembewusstsein und (z. T.) selbständigem Entscheidungsverhalten, der Kooperation in (heterogenen) Teams, aber auch von Kundenorientierung und Qualitätsbewusstsein. Häufig wird der Zeitaufwand unterschätzt, denn mit dem Durchgehen von Checklisten zum neuen Verhaltenscode und dem einen oder anderen Rollenspiel ist es nicht getan. Trotz zunehmender Dringlichkeit im muss man sich mehr Zeit nehmen, auch und wenn das agile Management im modischen Vordergrund steht.

- Externe Coaches
  Manchmal ist es sinnvoll, abteilungsbezogene Coachings durchzuführen und dabei auf externe Coaches zurückzugreifen. Externe Coaches können aber auch für separates Coaching bei bestimmten Spezialfällen zum Einsatz kommen. Dies gilt auch für das »Executive Coaching«. Letztlich macht es Sinn, in Sachen Transformation und Charisma Vorbild zu sein und sich fit zu machen, bevor die ganze Mannschaft einbezogen wird.
  Ansonsten ist Coaching in der aktuellen Nach-Corona-Zeit in aller Munde.

8 Führungssysteme

Mitarbeiterführung beginnt bekanntlich im interaktiven Verhältnis zwischen dem Vorgesetzten und seinen Mitarbeitern, erstreckt sich sodann auf den Gruppenbereich und endet bei den Führungssystemen, die sich auf die gesamte Organisation erstrecken. Hier gibt es in Deutschland eine langjährige Tradition, natürlich stark beeinflusst von Modewellen und damit verbundenen wissenschaftlichen Erkenntnissen aus dem angloamerikanischen Bereich. Führungssysteme bilden somit den ideologischen und konzeptionellen Hintergrund für alle vorher und nachher beschriebenen Aktivitäten (vgl. Wagner 1991). Nach dem Zweiten Weltkrieg war in Westdeutschland zunächst das Harzburger Modell sehr populär.

8.1 Harzburger Modell

Um das Harzburger Modell angemessen einordnen zu können, muss man sich die Zeit nach dem Zweiten Weltkrieg vergegenwärtigen: Das autoritäre Führerprinzip war auf den ersten Blick vorbei und die Zeit des Wiederaufbaus begann, wobei im ostdeutschen Teil die kapitalistischen Restelemente im Mittelstand durch die Prinzipien der sozialistischen Planwirtschaft in den Kombinaten ergänzt und allmählich verdrängt wurden. Im Westteil der Bundesrepublik wurden sukzessive die angloamerikanischen Publikationen bzw. Forschungsbeiträge zur Personalführung an den Hochschulen und in der Wirtschaftspraxis rezipiert.

In dieser Zeit war es revolutionär, dass 1954 der Verwaltungsrechtler (und ehemalige SS-Oberführer) Reinhard Höhn in Bad Harzburg sein Führungsmodell vorstellte, dass auf dem Prinzip der Delegation von Verantwortung aufbaute. Auch Grundsätze der militärischen Personalführung flossen in das Konzept mit ein, das die Stellenbeschreibung im Mittelpunkt hatte. Darüber hinaus enthielt es ein durchaus als bürokratisch empfundenes System von allgemeinen und speziellen Führungsanweisungen (Höhn 1961).

Damals als revolutionär wurde das Prinzip der Delegation von Verantwortung empfunden. Ihm zufolge ist die Handlungsverantwortung weitgehend auf die Mitarbeiter zu delegieren, während die Führungsverantwortung, also z. B. die Verantwortung für die Personalauswahl, die Personalbeurteilung und damit verbundene Konsequenzen beim Vorgesetzten verbleibt. Wie weiter oben bereits ausgeführt, ist das Delegationsprinzip recht anspruchsvoll und eigentlich bis heute ein wichtiges Thema in einschlägigen Führungsseminaren. Dies liegt nach wie vor daran, dass viele Vorgesetzte nicht richtig delegieren, also nicht loslassen können und zusätzlich viele Mitarbeiter sich scheuen, Verantwortung zu übernehmen und entsprechende Entscheidungen zu treffen.

Nach wie vor »trainingswürdig« ist der Sachverhalt, dass der Mitarbeiter dann verantwortlich für sein Handeln ist, wenn er zuvor professionell ausgewählt und regelmäßig entsprechend beurteilt worden ist. Hierfür ist der Vorgesetzte wiederum verantwortlich. In der Praxis ist zudem die Abgrenzung zwischen Handlungs- und Führungsverantwortung nicht immer eindeutig, wobei ja auch noch in den größeren Unternehmen mehrere Führungsetagen anzutreffen sind, die in die Vorgänge mit einbezogen sind.

So altmodisch das Harzburger Modell heute auch erscheint, hatte es in seiner Entstehungszeit eine wichtige, durchaus innovative Funktion. Das Delegationsprinzip und die Stellenbeschreibung sind nach wie vor wichtig und zugleich Bestandteil des Führungsmodells Management by Objectives, das in den 60er Jahren in Deutschland modern wurde.

8.2 Management by Objectives

Management by Objectives, das u.a. auf Odiorne zurückgeht, gilt mittlerweile als der internationale Klassiker unter den Führungsmodellen. Die Interpretationsbandbreite reicht von »Führung durch Zielvorgabe« bis hin zur »Führung durch Zielvereinbarung«. Dies korrespondiert wiederum mit unterschiedlichen, beratenden bzw. partizipativen Führungsstilen auf den dazu passenden Führungsebenen. Insofern dominiert die Zielvereinbarung auf der obersten und den oberen Hierarchieebenen, während die Zielvorgabe dann fortlaufend auf den weiteren Ebenen typisch ist (Odiorne 1965).

Ebenso wie beim Harzburger Modell ist auch beim MbO die Stellenbeschreibung (job description) von zentraler Bedeutung. Damit verbunden sind die Managementprinzipien des Management by Delegation und des Management by Exception, also der Führung im Ausnahmefall. Das Besondere an dem Führungsmodell ist, dass das MbO-Prinzip auf allen Ebenen der Organisation anwendbar ist (► Dar. IV.4).

Mittlerweile hat sich das MbO-Prinzip in faktisch allen großen Organisationen durchgesetzt, also auch in öffentlichen Behörden und Non-Profit-Organisationen. Allerdings ist die Governance-Systematik jeweils unterschiedlich, weil die organisationspolitische Willensbildung im öffentlichen Sektor auf der Basis von Gesetzen und Regierungsentscheidungen erfolgt bzw. in Mitgliederversammlungen von Vereinen oder im Privatsektor in Vorstands- und Aufsichtsratssitzungen bei Kapitalgesellschaften. Nützlich ist hier auch die Unterscheidung zwischen Ziel und Zweck (Purpose), Letzteres bildet die von den Interessengruppen oder Stakeholdern vorgegebene organisationspolitische Richtschnur, die von unterschiedlichen Verfassungen ausgeht und zu hierdurch geprägten, komplexen Zielsystemen führt. Wichtig sind jeweils auch die vorgelagerte Vision der Entscheidungsträger und die daraus abgeleiteten Strategien.

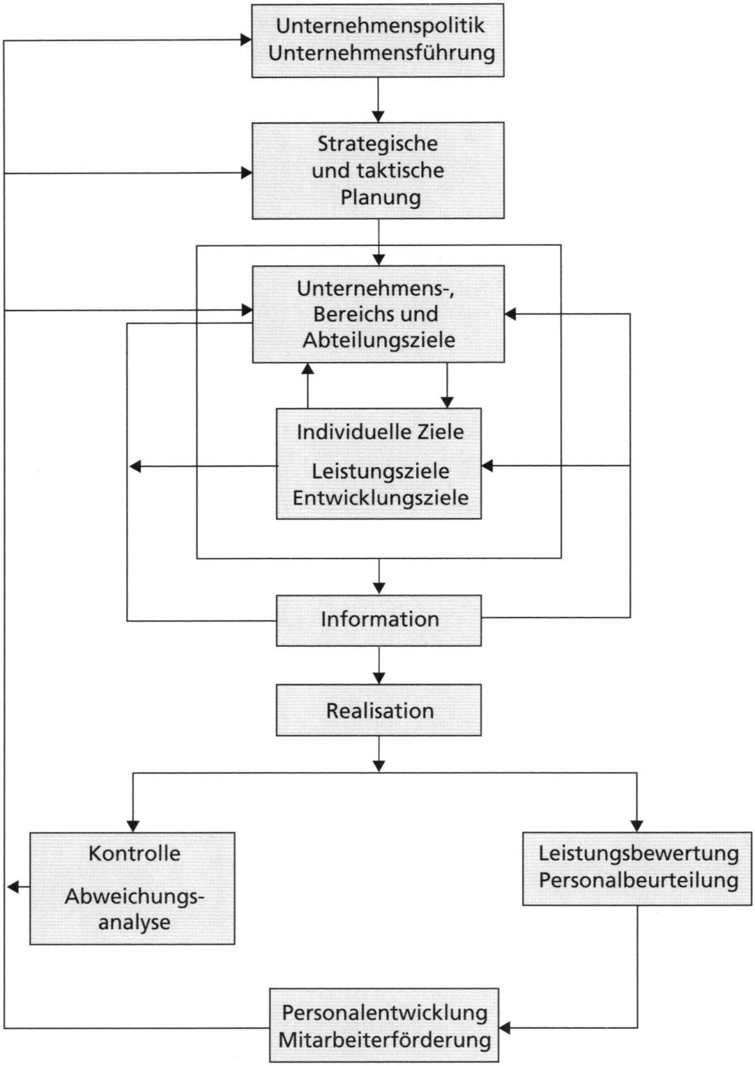

Dar. IV.4: Zielorientierung als Element der Personalführung (Wagner 1991, S. 166)

Ziele lassen sich in mehrerlei Hinsicht zuordnen und unterscheiden:

- Balanced-Scorecard-Perspektive (► II.17), also Ziele im Hinblick auf die Finanzen, die Kunden, die internen Prozesse und das Wachstum der Organisation. Hier liegt also eine mehrdimensionale Zielbetrachtung vor, die sowohl in privatwirtschaftlichen als auch in öffentlichen Organisationen eingesetzt wird. Mittlerweile hat der Modehype aus den 90er Jahren aber nachgelassen (Kaplan/Norton 2024).
- Sachziele und Formalziele
  Sachziele beziehen sich auf das Leistungs- bzw. auf das Produktprogramm der Organisation, während die Formalziele die Sachziele in ökonomischen Kenngrößen beschreiben, die absolut oder relativ ausgedrückt werden können. Zum Beispiel ist der Umsatz einer Produktgruppe zu nennen oder die Höhe von Einnahmen und Ausgaben. Ein relatives Formalziel könnte den Verschuldungsgrad einer öffentlichen oder privaten Organisation angeben, also z. B. das Verhältnis von Schuldenhöhe und Bruttosozialprodukt bzw. Umsatz.

Für Unternehmen gilt der Return-on-Investment als wichtigstes Formalziel. Endergebnis ist die Kapitalrentabilität, also das Verhältnis von Gewinn zu eingesetztem Kapital. Diese Kennziffer (G/K) lässt sich in folgende tautologische Beziehung umwandeln (G/K = G/U x U/K), also Kapitalrentabilität ist gleich Umsatzrentabilität (G/U) mal Kapitalumschlag U/K. Durch diese einfache Formal lässt sich ein weiter ausdifferenziertes Kennzahlensystem entwickeln, bei dem die vier Komponenten »G«, »K« und »U« weiter in ihre Bestandteile zerlegt werden, wie es beim sogenannten Du-Pont-Kennzahlensystem der Fall ist (► Dar. II.16).

Sieht man von der zentralen Kennziffer der privatwirtschaftlichen Kapitalrentabilität einmal ab, lassen sich alle Zielbetrachtungen auch in sozialistischen Systemen anwenden. Hier steht die gesamtwirtschaftliche Planerfüllung im Vordergrund, wobei ebenfalls die globalen Pläne auf die regionale, branchenbezogene und organisationsbezogene Ebene heruntergebrochen werden. Der entscheidende Unterschied dürfte in der Flexibilität des in Privatwirtschaften dominierenden Delegationsprinzips und der Marktorientierung liegen, wobei z. B. Produktionsumstellungen schneller erfolgen, wenn die Kunden andere Produktsortimente nachfragen als ursprünglich geplant. Auch Personalanpassungen sind schneller möglich, falls erforderlich. Hinzu kommt die Eigentumsfreiheit in den kapitalistischen Systemen im Unterschied zur rigiden »Diktatur des Proletariats«.

8.3 Führungsinstrumente

Nachfolgend werden verschiedene Führungsinstrumente vorgestellt, die sich durchaus bewährt haben, aber trotzdem manchen Modewellen standhalten mussten. Eine konzeptionelle Klammer nehmen dabei die sogenannten Führungsleitlinien ein, welche im Zeitablauf unterschiedliche Bezeichnungen hatten (Wagner 1991).

Richtlinien, Leitlinien und Leitbilder für Führung und Zusammenarbeit

Als älteste Bezeichnung sind in Deutschland die Führungsrichtlinien zu nennen. Sie spielten im Harzburger Modell eine wichtige Rolle und hatten, wie die Bezeichnung verdeutlicht, einen verpflichtenden Charakter. Das passte wiederum zu der relativ autoritären Nachkriegszeit und atmete zugleich den Geist der Herkunft aus der militärischen Führung.

Überhaupt gab und gibt es viele Parallelen und Sympathien zwischen den Vorgesetzten in militärischen und großen Organisationen in Wirtschaft und Verwaltung. Viele Manager der Nachkriegszeit waren Offiziere der Wehrmacht, wenn nicht sogar in Naziorganisationen wie der (Waffen)-SS.

Später sprach man von Führungsgrundsätzen. Damit wird deutlich, dass man nicht alles verpflichtend regeln kann. Dafür sind die Unterschiede in der situativen Führung doch zu groß. Zu den Grundsätzen einer kooperativen Führung zählt z. B. die Einheit von Aufgabe, Kompetenz und Verantwortung, die bereits für das Harzburger Modell galt. Damit wird ausgedrückt, dass z. B. eine Position im Führungsbereich mit entsprechenden Befugnissen ausgestattet sein muss, um zahnlose Tiger zu vermeiden, umgekehrt aber auch eine entsprechende Verantwortung mit sich bringt.

Weitere Grundsätze betreffen z. B. die Informationspflichten der Vorgesetzten und ihrer Mitarbeiter, damit sachgemäße Entscheidungen getroffen werden können. Hinzu kommt das Delegationsprinzip, mit dem in der öffentlichen Verwaltung zuweilen das Dienstwegprinzip im Wege steht. Hier ist nämlich der Dienstweg einzuhalten, der über mehrere Instanzen gehen kann, und für den womöglich wertvolle Zeit verloren geht. Last but not least ist der Grundsatz der Selbstkontrolle zu nennen, demzufolge Entscheidungen erst dann getroffen werden sollten, wenn man selbst davon überzeugt ist und man einer Fremdkontrolle guten Gewissens entgegensehen kann.

In den 70er und 80er Jahren waren Leitlinien für Führung und Zusammenarbeiten en vogue, analog zu den Fahrbahnen auf der Autobahn, die man zwar wechseln darf, aber in Deutschland nur, wenn man links überholt. Und natürlich geben die Leitplanken die Grenzen des Handelns vor. Zu dieser Zeit war man sich bereits des situativen Charakters der Führung bewusst.

Aktuell spricht man von Führungs-Leitbildern. Sie sind kürzer und prägnanter als die Vorgängerkonzeptionen und sollen gewissermaßen auf einem Bierdeckel Platz finden. Eng damit verbunden ist die Vision, wohin das Unternehmen soll und welche Mission damit verbunden ist. Natürlich kann man die Basisprinzipien des Leitbildes noch durch weitere Beschreibungen und Erklärungen ergänzen. Dies wird an dem folgenden Beispiel des Kantonspitals Aarau in der Schweiz deutlich. Das dortige Führungsleitbild für Mitarbeitende umfasst die folgenden Leitprinzipien:

Dar. IV.5: Führungsleitbild

Leistung
Ich fördere und fordere mein Team fachlich und persönlich
Transparenz
Ich bin in meinen Handlungen transparent
Vertrauen
Ich pflege eine vertrauensbildende und respektvolle Zusammenarbeit
Verantwortung
Ich übernehme Verantwortung und gebe den Handlungsspielraum vor
Dynamik
Ich baue auf Bewährtem und handle vorwärtsgerichtet
Blick fürs Ganze
Ich handle im Interesse der Patientinnen und Patienten unseres Spitals

Jedes dieser Leitprinzipien enthält wiederum nähere Konkretisierungen. Von diesen einfach klingenden Ausführungen sollte man sich nicht täuschen lassen. Es ist davon auszugehen, dass sie in Workshops, und u. U. moderiert durch externe Coaches, gründlich erarbeitet wurden. Die Ausführungen machen außerdem nur einen vollständigen Sinn, wenn sie die nachhaltige Mission des Krankenhauses bzw. der betreffenden Organisation und die strategische Vision berücksichtigt haben.

Häufig wird übersehen, dass für die Betroffenen und die Beteiligten jedes einzelne Wort seine organisationsspezifische Bedeutung hat und man deshalb den Text nicht ohne weiteres für andere, ähnliche Organisationen kopieren sollte oder kann. Um eine länger andauernde Identifikation der einzelnen Mitarbeiter mit dem Leitbild zu erzielen, müssten zu Anfang möglichst viele in den Entwicklungsprozess einbezogen worden sein, dem dann via Multiplikation durch eine Serie von Trainingsmaßnahmen der Anschluss an möglichst alle in der Organisation folgen müsste. Mit kurzen Informationsveranstaltungen oder dem Verteilen von Broschüren ist es nicht getan. Vieles wird kaum gelesen oder nur oberflächlich zur Kenntnis genommen. Dabei sind Verhaltensveränderungen erforderlich, in die auch die neu eingestellten Personen miteinbezogen werden müssen.

Jedes der Leitprinzipien mit seinen relativ kurzen Konkretisierungen müsste Gegenstand von Führungsworkshops sein, um die unterschiedlichen Interpretationsmuster, die sicherlich auftreten werden, zu harmonisieren und durch Feedbackschleifen zu aktualisieren. Die Wirklichkeit sieht meistens anders aus: Aufwändig erstellte, bunte und hübsch aussehende Materialien werden verteilt und verschwinden nach flüchtigem Lesen in den Schreibtischschubladen. Derweil wartet man auf die nächste Welle von Guidelines zur Führung und Zusammenarbeit.

Ziele und Delegation

Ziele und Delegation bilden, wie schon erwähnt, den harten Kern der beiden Führungsmodelle Management by Objectives und Harzburger Modell. Beide bilden quasi zeitlos gültige Führungsmerkmale. Natürlich muss der Umgang mit Zielen gelernt sein. Inhalt, Ausmaß und zeitlicher Bezug sind die drei wichtigsten Zieldimensionen, die im Rahmen der Zielplanung in Maßnahmen und Aktionen zu konkretisieren sind (► Dar. IV.6).

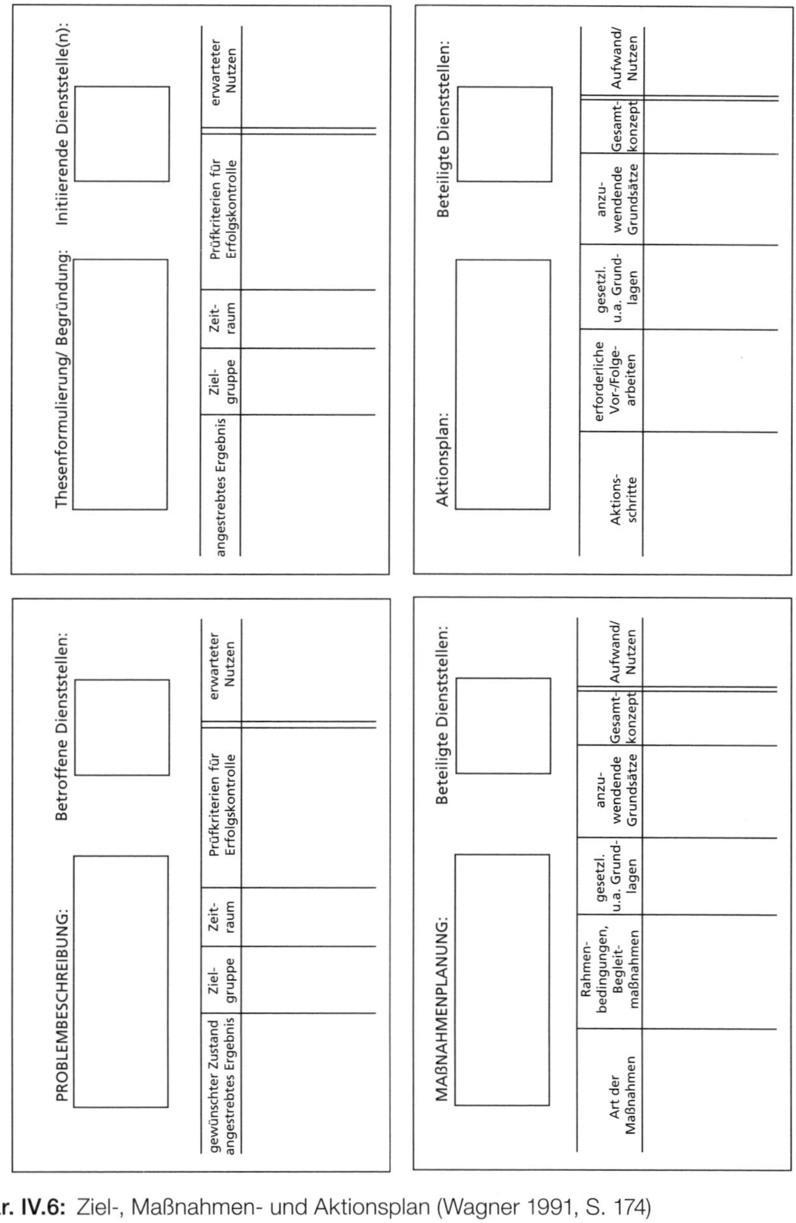

Dar. IV.6: Ziel-, Maßnahmen- und Aktionsplan (Wagner 1991, S. 174)

Ziele sollen anspruchsvoll, aber dennoch realistisch sein. Die Zielkonkretisierung kann sowohl top-down, also von oben nach unten, aber auch umgekehrt, bottom-up, erfolgen. Sinn macht auch das Gegenstromverfahren, bei dem man sich in der Mitte trifft. Ziele sind sowohl Bestandteil der strategischen als auch der taktischen und der operativen Planung. Die entsprechenden Zeithorizonte betragen z.B. mehr als fünf Jahre, zwei bis drei Jahre oder weniger als ein Jahr. Zu bedenken ist, dass bei zunehmender Komplexität und Dynamik die Zeithorizonte sich tendenziell immer mehr verringern, bei markanten Innovationen die Umsetzungszeiten aber nur bedingt zu verkürzen sind. Entsprechend steigt der Zeit- und Anpassungsdruck; Kreativität ist erforderlich.

Sind die Ziele konkretisiert, erfolgt die Maßnahmen- und die Aktionsplanung. Hier kommt, was die Aufgabenverteilung betrifft, die Stellenbeschreibung (job description) ins Spiel. Auf den Grundsatz der Kongruenz von Aufgabe, Kompetenz und Verantwortung wurde bereits hingewiesen. Eine Stellenbeschreibung ist wie folgt aufgebaut:

1. Funktionale Zielsetzung
   - Was ist die Funktion der jeweiligen Position, wozu ist sie da?
2. Organisatorische Einordnung der Stelle:
   - An welche Position wird berichtet (übergeordnete Position)?
   - Welche Positionen sind zugeordnet (untergeordnete Positionen)?
3. Wen vertritt der Stelleninhaber bei dessen Abwesenheit (aktive Stellvertretung)?
4. Durch wen wird der Stelleninhaber selbst vertreten (aktive Stellvertretung)?
5. Welche Vollmachten oder andere Zeichnungsbefugnisse hat der Stelleninhaber?
6. Über welchen finanziellen Handlungsspielraum verfügt der Stelleninhaber?
7. Welche (Teil-)Aufgaben sind zu erledigen?

Punkt 7 beschreibt die Aufgaben und sollte nicht mehr als 7 bis 10 Teilaufgaben umfassen. Sonst wird die Stellenbeschreibung zu kleinteilig, und es besteht zunehmend die Gefahr, dass man sich hinter seiner Stellenbeschreibung verschanzt, wenn Kompetenzkonflikte drohen. Aktuell werden Stellenbeschreibungen bei

Neueinstellungen und Versetzungen angefertigt. Permanente Überarbeitungen haben sich jedoch als eher bürokratisch erwiesen. Dies gilt letztlich auch für Funktionendiagramme, wo die (Teil-)Kompetenzen der zusammenarbeitenden Personen erfasst werden. Inzwischen gelten Stellenbeschreibungen als »old-fashioned«. Sie wirken bürokratiestiftend, aber man sollte sie schon auch hin und wieder mal gelesen haben.

Zusätzlich oder alternativ haben sich Anforderungsprofile erwiesen, die sich grob in die

- Fachkompetenzen
- Methodenkompetenzen und
- Sozialkompetenzen

unterscheiden lassen. Anforderungsprofile haben den Vorteil, dass man den aktuellen Status der Teilkompetenzen zum Gegenstand von Beurteilungs- und Fördergesprächen machen kann und sich z.B. maßgeschneiderte Trainingsprogramme damit verknüpfen lassen.

Insgesamt hat die Bedeutung allzu formalisierter Organisationsdokumente abgenommen. In einer modernen Unternehmenskultur muss man lernen, sich mehrdimensional zu arrangieren, ohne allzu oft bei Kompetenzkonflikten die höheren Instanzen anzurufen. Das ist die Quintessenz von kooperativen Aushandlungsprozessen bei der Zielformulierung und eingeübter Selbständigkeit im Rahmen der Delegation von Aufgaben, Kompetenzen und Verantwortung. So sollte es eigentlich sein, aber wer ist wirklich so fit?

Information und Kommunikation

Information und Kommunikation sind das Schmiermittel der Personalführung (vgl. Wagner 1991). Mittlerweile gibt es diverse interne und externe Kommunikationsmedien, ein Sachverhalt, der mit der Gefahr einhergeht, den Wald vor lauter Bäumen nicht zu sehen. Deshalb ist es kein Wunder, wenn seitens der Organisationsadministration versucht wird, den Wildwuchs einzugrenzen und z.B. den E-Mail-Austausch auf relevante Zeitpunkte zu beschränken.

Andererseits wird erwartet, dass der moderne Manager alle organisationsrelevanten technischen und sozialen Medien einwandfrei beherrscht und souverän mit Ihnen umgeht. Digitale Souveränität wird in der Managementwelt also erwartet.

Insgesamt haben alle Fach- und Führungskräfte eigentlich eine Hol- und Bringpflicht, was den Umgang mit Informationen betrifft.

- Die Vorgesetzten haben die Aufgabe, die Mitarbeiter in geeigneter Weise über alle Informationen zu unterrichten, die für deren Aufgabenerledigung wichtig sind. Dazu gehören auch Hintergrundinformationen z. B. strategischer Art. Es ist dann eine Frage der Unternehmenskultur, wie groß einerseits das Vertrauen in die Verschwiegenheit der Mitarbeiter ist und andererseits deren Verständnis für unbequeme Nachrichten. Fatal ist es in der Regel, aus falsch verstandener Verschwiegenheit nichts über mögliche Fusionen oder Firmenverkäufe und Arbeitsplatzabbau zu berichten und dann die Mitarbeiter vor vollendete Tatsachen zu stellen. Dann ist die Enttäuschung nämlich groß. Das setzt allerdings auch eine gewisse Reife seitens der Mitarbeiter voraus.
- Aber auch die Mitarbeiter haben Informationspflichten. Wenn z. B. die Delegation von Aufgaben konsequent praktiziert wird, ist es denkbar, dass der selbständig handelnde Mitarbeiter oder die entsprechende Mitarbeiterin Informationen erhält, die für den Vorgesetzten und das relevante Entscheidungsverhalten wichtig sind oder die Handlungsweise des Mitarbeiters verständlich macht.
- Nicht zuletzt sind alle Fach- und Führungskräfte von der obersten Unternehmensebene regelmäßig rechtzeitig und umfassend über wichtige Ereignisse zu unterrichten. Dabei haben elektronische Medien an Bedeutung zu- und traditionelle Formate (Magazine, Broschüren etc.) entsprechend abgenommen. Führungskräftekonferenzen können nach Corona auch problemloser online abgehalten werden. Trotzdem ist das persönliche Treffen sehr wertvoll und sollte nicht allzu stark wegrationalisiert werden.

Entscheidung

Entscheidungen können im Rahmen des individuellen Ermessensspielraumes bzw. der Delegation von Aufgaben als Einzelentscheidung oder im Rahmen eines kollektiven Abstimmungsprozesses als Gruppenentscheidung getroffen werden. Von der Bedeutung her können sie als strategisch, taktisch oder als operativ eingestuft werden, d.h. sie sind von lang-, mittel- oder kurzfristiger Relevanz. Bekanntlich verkürzen sich die Zeiträume immer mehr angesichts der bereits mehrfach erwähnten zunehmenden Dynamik, in der wir leben. Mit der Bedeutung der Entscheidungen verändert sich auch der Charakter der Entscheidungen. Insofern unterscheidet man zwischen Entscheidungen (vgl. Kirsch 1977) bei

- Unsicherheit bzw. Ungewissheit
- Dieser Sachverhalt trifft meistens bei strategischen Entscheidungen zu. So können politische Entwicklungen ebenso häufig nur schlecht eingeschätzt werden wie z.B. Handelskriege durch Zölle, wettbewerbsverzerrende Subventionen bei neuen Technologien oder technologische Fortschritte beim Fahrzeugbau bzw. neuartige Speichertechnologien bezüglich Erneuerbarer Energien.
  Die normative Entscheidungstheorie hat sich hier mit Optimismus-Pessimismus-Annahmen und entsprechenden Menschenbildern beholfen. Heute hat sich nicht nur die Spieltheorie weiterentwickelt, was z.B. Handelskriege betrifft, auch Simulationsrechnungen bis hin zur Künstlichen Intelligenz können relevante Alternativen durchrechnen und zur Bewertung vorlegen, aber eine gewisse Unwägbarkeit bleibt trotzdem. Besonders schwierig wird es zudem, wenn ein US-Präsident wie Donald Trump erratische Entscheidungen trifft, die man sich zwar schon hätte denken können, was man aber so auch nicht für möglich gehalten hätte.
- Nicht zu unterschätzen ist der Einfluss der Forschung, die erforderlich ist, um Sprunginnovationen zu entwickeln, was aber auch mit großen Unwägbarkeiten verbunden ist. Insgesamt hat die Praxis m. E. vielfach gezeigt, dass neue Entwicklungen schlicht übersehen bzw. verschlafen wurden oder auch Erfindungen nicht zügig genug umgesetzt wurden. Hinzu kommt, dass langfristig erscheinende Entwicklungen wie der demografische Wandel schon seit Jahren bekannt sind, man die Schlussfolgerungen aber erst dann zieht, wenn man die Auswirkungen sieht, so dass es für vernünftige Maßnahmen eigentlich fast schon zu spät ist.

- Unter Risiko
  Wenn der strategische Rahmen abgesteckt wurde, ist der Entscheidungsrahmen übersichtlicher. Hier können Prognosemodelle relevante Alternativen durchrechnen und die Folgerungen z. B. für Produktion und Beschaffung abschätzen. Trotzdem können bestimmte Konsumprodukte überraschend besser abschneiden als gedacht, so dass flexible Anpassungen erforderlich sind.
  Durchaus bewährt haben sich Entscheidungsmatrizen, bei denen im Hinblick auf eine bestimmte Zielsetzung verschiedene Alternativen verglichen und mit verschiedenen quantitativen und qualitativen Kriterien bewertet werden (► Dar. IV.7).
  Allerdings zeigen Ergebnisse der deskriptiven Entscheidungsforschung, dass nach einer gewissen Zeit nicht mehr alle Alternativen akribisch untersucht werden, sondern zwei oder drei Alternativen in den Vordergrund rücken. Hinzu kommt gemäß der Theorie der kognitiven Dissonanz vor der Entscheidungsfällung, dass man beginnt, sich auf bestimmte Alternativen subjektiv einzugrenzen. Dies hat u. U. die weitere Konsequenz, dass man sich nach der gefällten Entscheidung länger an die gefällte Entscheidung klammert, auch wenn bestimmte Informationen in die andere Richtung deuten.
  Dabei ist es wichtig, Entscheidungen zu revidieren, wenn sich die zugrundeliegenden Annahmen geändert haben sollten.
- Sicherheit
  Hier handelt es sich um operative Entscheidungen, die sogenannten programmierten Entscheidungen gleichkommen. Insofern bieten sich durchaus IT-Lösungen an, verbunden mit Instrumenten aus dem Bereich des Operations Research bzw. der Logistik. Prozesse bzw. Abläufe stehen im Vordergrund. Sinnvoll kann z. B. die Netzplantechnik sein, die auch als Software zur Verfügung steht. Dabei sind an bestimmten Ereignisknoten auch manuelle Eingriffe denkbar und sinnvoll, wenn Zielabweichungen dies erfordern.

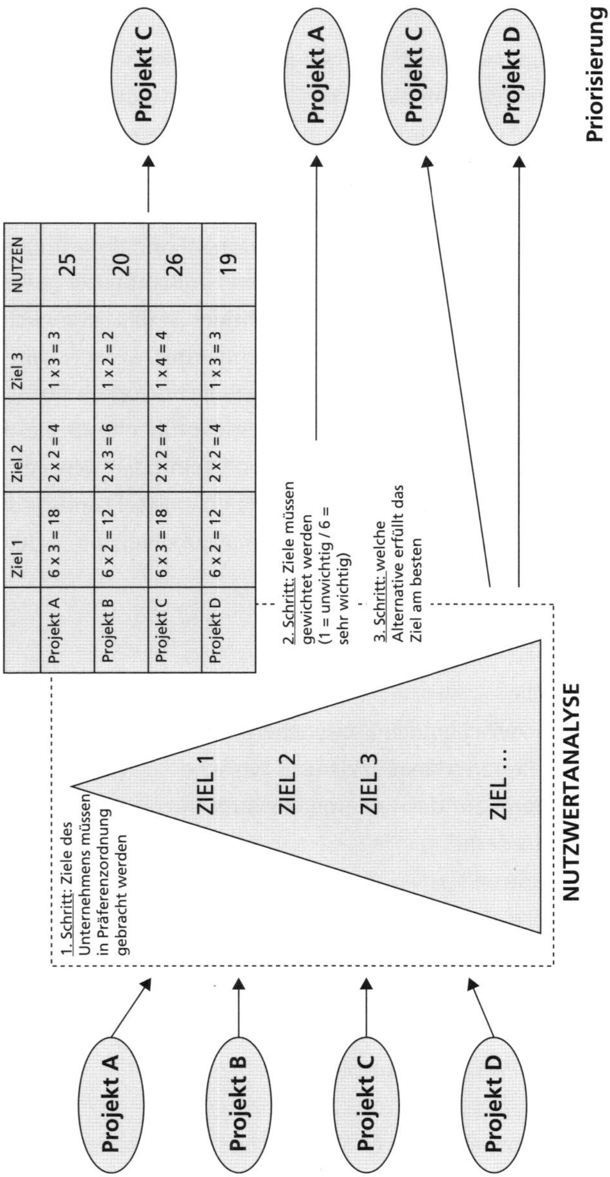

Dar. IV.7: Entscheidungsmatrix: Nutzwertanalyse

Kontrolle

Kontrolle und kooperative Führung sind natürlich kein Widerspruch (Wagner 1991). Selbst Lenin muss man hier Recht geben: »Vertrauen ist gut, Kontrolle ist besser«. Mittlerweile gibt es im Rahmen des Management by Objectives formalisierte Berichtssysteme, die auch kennzahlenbasiert sind und sehr schnell die erreichten Ergebnisse mit dem ursprünglich Geplanten miteinander vergleichen. Vor zehn Jahren hat man noch vor technokratischer Formalisierung gewarnt, aber mittlerweile haben Smartphone, Tablet, PC und Großcomputer jeweils ihren Beitrag zum Ergebnisbericht geleistet. Umso wichtiger ist das persönliche Feedback-Gespräch, das auch per Videokonferenz durchgeführt werden kann, wenn man sich gut kennt und es sich nicht um außergewöhnliche Vorkommnisse handelt.

Kontrollen können regelmäßig oder als Stichprobenkontrolle durchgeführt werden. Letzteres kann bei Inventuren sinnvoll sein oder wenn es sich um die Aufdeckung bzw. Verhinderung von Diebstählen handelt. Damit sind bereits zwei grundsätzlich verschiedene Kontrollinhalte angesprochen: die Sachkontrolle und die Personenkontrolle.

- Sachkontrolle
- Ergebniskontrolle
  Hier kann man zwischen den Zwischenergebnissen und den Endergebnissen unterscheiden. Ersteres dient dazu, u. U. typische Abweichungen zu erkennen, die sich gravierend auf das Endergebnis auswirken können und rechtzeitige Korrekturen erfordern.
- Bereitschaftskontrolle
  Es ist zu gewährleisten, dass alle sachlichen Voraussetzungen zur Aufgabendurchführung vorliegen. Hierzu zählen die erforderlichen Personen in quantitativer und qualitativer Hinsicht, die sachlichen Hilfsmittel, aber auch die erforderlichen Gebäude und ihre Ausstattung. Zugleich besteht hier eine Schnittstelle zur Personenkontrolle.
- Verfahrenskontrolle
  Hier steht der Arbeitsprozess im Vordergrund, und zwar in operativer Hinsicht (Sind z. B. alle Prozessschritte ausreichend mit Material und Personal versorgt

oder in darüber hinausgehender Hinsicht, wenn eine Änderung der bisherigen Abläufe erforderlich ist.

- Qualitäts- und Quantitätskontrolle
  Entsprechen die erzielten Stückzahlen und ihre jeweilige Qualität den gewünschten Erfordernissen? Gab es z.B. hohe Ausschussraten? Was ist die Ursache dafür? Auch hier besteht eine Schnittstelle zur Personenkontrolle.
- Zeitkontrolle
  Bei vielen Projekten handelt es sich hier um einen kritischen Punkt. Im Baugewerbe ist es fast schon der Normalzustand. Hier ist letztlich eine systematische Überprüfung aller anderen, bereits erwähnten Kontrollformen erforderlich.
- Personenkontrolle
- Leistungsfähigkeitskontrolle
  Hier ist zu kontrollieren, ob die eingesetzten Mitarbeiter den Arbeitsanforderungen entsprochen haben. Dies betrifft dann die erforderliche Ausbildung und die Berufserfahrung, aber auch die am Arbeitsplatz geltenden physischen und psychischen Belastungen und nicht zuletzt die Verantwortung gegenüber den Sachmitteln und den betreffenden Personen.
- Leistungswilligkeitskontrolle
  Mit Leistungswilligkeit ist das weiter Feld der Motivation angesprochen. So fragt die Prozesstheorie der Motivation, ob die betreffende Person das gewünschte Ergebnis für sich als attraktiv empfindet: Lohnt es sich z.B. für uns, sich entsprechend anzustrengen? Die zweite Frage zielt auf das Selbstbewusstsein: traue ich es mir zu, die betreffende Aufgabe zu erfüllen. Attraktivität der Zielerreichung und die Instrumentalität des Arbeitseinsatzes sind somit die entscheidenden Schlüsselfaktoren, die es hier zu überprüfen gilt. Das ist oftmals leichter gesagt als getan, weil es mit einfachem Abfragen nicht getan ist, um die realistische Leistungswilligkeit zu erreichen.
- Kontrolle des sozialen Verhaltens
  Soziales Verhalten kann sowohl Gegenstand von Beurteilungsgesprächen sein als auch in Kennziffern deutlich werden. Hierzu zählen die Fluktuation und der Krankenstand, die Fehlzeiten (Absentismus) und Produktivitätskennziffern. Wie schon angesprochen, waren hohe Werte in diesem Bereich der Grund, z.B.

in der Automobilindustrie der Monotonie am Arbeitsplatz entgegenzuwirken und z. B. teilautonome Arbeitsgruppen einzuführen.
Soziales Verhalten äußert sich gegenüber den Kollegen, den Mitarbeitern und den Vorgesetzten. Letztlich ist es ein Ausdruck der jeweiligen Unternehmenskultur, wo es um Kooperationsbereitschaft, Kreativität und Spontaneität geht, aber auch um den Abbau von Misstrauen und die Stärkung von Selbstbewusstsein. Damit liegt auch die Schnittstelle zum Beurteilungsgespräch vor, wo letztlich die persönlichen Leistungsergebnisse und das Leistungsverhalten regelmäßig zu thematisieren sind.
Dabei besteht nach der Erfahrung mit Corona und der nur zögerlichen Rückkehr vom Homeoffice aus Sicherheitsgründen zu einer pragmatischen Kombinationslösung von Homeoffice zur Anwesenheit im Büro die Gefahr, dass persönliche Gespräche mangels gemeinsam geteilter Arbeitszeit an Bedeutung weiter verlieren.

Förderung und Personalentwicklung als Führungsaufgabe

Die Mitarbeiterförderung ist eine wichtige, häufig unterschätzte Führungsaufgabe. Dabei ist sie selbstverständlich. Sie beginnt bereits bei der Personalauswahl, bei der die Fachabteilung mit hohem Stellenwert zu beteiligen ist. Eine zur Unternehmenskultur und Unternehmensstrategie passende Personalauswahl stärkt die angestrebte Selbständigkeit im Rahmen der Delegation von Verantwortung und das angestrebte Selbstbewusstsein bei gemeinsam zu treffenden Entscheidungen. Mitläufertum und »Nach-dem-Munde-Reden« sollte somit vermieden werden. Insofern sind bewusst und gezielt ausgewählte Mitarbeiter ein Führungssubstitut und erleichtern die Führungsarbeit (Mentzel 2018).

Diese kann sich dann auf die Einführung der neuen Mitarbeiter und auf ihre Personalentwicklung konzentrieren. In der Einführungsphase sollte die Fach-, die Methoden- und die Sozialkompetenz bereits sorgfältig beobachtet, bewertet und besprochen werden. Es ist z. B. ein Zeichen von Schwäche, wenn Mitarbeiter nach Ablauf der Probezeit kommentarlos verabschiedet werden (Wagner 1991). Dabei hört man das immer wieder.

Führungsaufgabe ist es sodann, den Wachstumsprozess des Mitarbeiters zu begleiten. Dazu gehört die gezielte Übertragung bzw. Bevollmächtigung mit immer schwierigeren Aufgaben bis hin zur selbständigen Aufgabenerledigung im Rahmen der Delegation von Verantwortung.

Eine gewichtige Hürde im Aufstiegsprozess ist das sog. Petersprinzip. Der amerikanische Erziehungswissenschaftler Peters glaubte, an den dortigen Universitäten festgestellt zu haben, dass Personen so lange aufsteigen, bis sie ihren »level of incompetence« erreicht haben. Um dies zu vermeiden, sollte man den Führungsnachwuchs öfters mit Projektaufgaben betrauen, sei es als regulärer Teilnehmer oder als Projektleiter. Dies hat den Vorteil, dass man andere Bereiche kennenlernt und die Vorgesetztencrew sich in sogenannten Beurteilungskonferenzen ein Urteil über Personen mit Potenzial aus unterschiedlichen Abteilungen machen kann.

Ein wichtiger Bereich der Personalentwicklung betrifft die Weiterbildung, die je nach Unternehmensgröße intern und/oder extern stattfinden kann. Hier empfiehlt es sich, auf der Basis von Beurteilungsgesprächen und nach Möglichkeit im Rahmen von 360-Grad-Beurteilungen sorgfältig zu besprechen, welche Kompetenzfelder noch nicht hinreichend genug abgedeckt sind. Zu beachten ist dabei das Transferproblem nach Beendigung eines Trainings, denn schließlich soll das Gelernte erfolgreich angewendet werden. Eventuell ist hier ein gezieltes Coaching oder Mentoring sinnvoll, denn dann ist die Transferproblematik leichter, d. h. gezielter zu lösen.

Auch ein Auslandseinsatz kann in das Personalentwicklungsprogramm passen, vorausgesetzt, man hat sich schon vorher im Rahmen des PE-Konzeptes fundierte Gedanken über die Anschlussverwendung gemacht. Sonst entstehen häufig Reintegrationsprobleme nach Ablauf des Auslandseinsatzes.

9 Alternative Zeitkonzepte für Führung und Zusammenarbeit

Immer wieder werden »alternative« Konzepte für Führung und Zusammenarbeit diskutiert (vgl. Hesse/Bruch 2021, S. 58). Dabei variiert ihre Einschätzung im Zeitablauf. So war es lange Zeit undenkbar, dass man einen Langzeiturlaub (Sabbatical) nehmen kann, der aus dem Ansparen von Zeitkontingenten finanziert wird.

Mittlerweile gibt es dafür konkrete Anwendungsbeispiele, z.B. bei Lehrern oder Hochschulangehörigen. Auch wenn hier noch viel Luft nach oben ist und viele Flexibilitäts- und Individualisierungsmöglichkeiten noch längst nicht ausgeschöpft sind, ist es doch erfreulich, wenn man nun öfters das Gegenteil belegen kann. Entsprechend ist auch das Tabu, dass sich Mitarbeiter und erst recht nicht Führungskräfte oder CEOs ihr Aufgabengebiet teilen können.

9.1 Job Sharing

Das Motto für das Konzept des Job Sharing lautet: Zwei teilen sich einen Arbeitsplatz. Die Diskussion hierüber ist inzwischen etwas stiller geworden, wobei es in den 80er Jahren im Zusammenhang mit neuen Formen der Arbeitsorganisation, insbesondere Job Rotation, Job Enlargement, Job Enrichment und teilautonomen Arbeitsgruppen häufiger als »letzter Schrei« thematisiert wurde. Abgesehen davon, dass die Neigung zu Innovationen im Personalmanagement meistens nicht besonders ausgeprägt ist, hat sich das Job-Sharing-Konzept in Deutschland nicht wirklich durchgesetzt, weil es schnell an arbeitsrechtliche Grenzen stoßen kann. In anderen Ländern können sich zwei Personen einfacher untereinander einen Arbeitsplatz teilen, ohne dass für die vorgesetzte Ebene Haftungsrisiken wegen des Krankheitsausfalls entstehen. Wird nämlich eine Person krank, müsste die andere Person einspringen. Aber man kann sie dazu nicht zwingen, weil ein gemeinsames Arbeitsverhältnis sich nicht konkretisieren lässt. Dann ist es eben einfacher, z.B. für die Position eines Nachrichtensprechers mehrere Personen vorzusehen und für diese einen Einsatzplan zu erstellen inklusive von Vertretungsregelungen im Falle von Krankheit, Urlaub etc.

In eine ähnliche Kategorie fällt der gleitende Übergang in den Ruhestand. Hier würde die ältere Person sich einen Arbeitsplatz für eine gewisse Übergangszeit mit der nachfolgenden Person teilen. Im Idealfall würde der Arbeitszeitanteil für den Älteren fortlaufend abnehmen und für die nachfolgende Person entsprechend fortlaufend zunehmen. So unrealistisch sich das womöglich anhört, so würde theoretisch ein allmählicher Wissenstransfer stattfinden und wertvolles Erfahrungswissen würde nicht verloren gehen. Allerdings zeigt auch hier die Praxis, dass die Weitergabe von Know-how nicht zu den starken Seiten des Managements gehört.

Dies fängt bereits bei der Dokumentation der relevanten Routinen und Informationen an, für die keine ausreichende Zeit zur Verfügung steht, auch weil die Dringlichkeiten des Alltags genügend Ausreden schaffen, dies zu unterlassen.

Andererseits ist der Know-how-Transfer sehr wichtig. Deshalb muss man rechtzeitig andere Kooperationsformen schaffen, z.B. die befristete Weiterarbeit der erfahrenen Person, etwa in Teilzeit.

9.2 Shared Leadership

In der Wochenzeitschrift »Die Zeit« vom 6.3.2025 meinte die Personalvorständin von Beiersdorf: »Auch ein CEO kann in Teilzeit arbeiten, zum Beispiel im Tandem« (S. 18). Das Problem der Teilzeit von Führungskräften hat sehr viel mit der Personalförderung für weibliche Führungskräfte zu tun.

Teilzeit von Führungskräften, egal ob männlich oder weiblich, ist mittlerweile kein Tabuthema mehr, wie es früher einmal mehr; schließlich ist die Führungskraft häufig unterwegs, z.B. im Ausland, bei wichtigen Besprechungen oder im Homeoffice. Problematisch wird allerdings bereits die Behandlung von Mehrarbeiten, denn vier Stunden am Tag sind schnell erreicht. Die Nichtbezahlung von Überstunden kann man eigentlich nur bei leitenden Angestellten vornehmen, weil für sie das Betriebsverfassungsgesetz nicht gilt mit entsprechenden Betriebsvereinbarungen für die Tarifmitarbeiter. Entsprechendes gilt für die Tarifverträge. Andererseits erwarten die Manager dann doch ein höheres Entgelt oder variable Vergütungen, so dass Teilzeit für Führungskräfte faktisch eher nur bei Absenkungen auf 6 bis 7 Stunden am Tag in Betracht kommt.

Insofern wird man um Tandemlösungen nicht herumkommen, womit wir wieder beim Thema Job Sharing wären. Da die Anzahl von Führungspositionen in einer Hierarchie von Rängen im Verhältnis zu allen Personen eine Minderheit darstellt, sind exklusive Absprachen für die Vertretungssituationen eher möglich. Liegt ein Führungstandem vor, sind sowieso regelmäßige schriftliche oder mündliche Absprachen mit dem jeweils Anwesenden und Abwesenden erforderlich, damit die betroffenen Beteiligten nicht das Gefühl haben, mit zwei unterschiedlichen Informationsständen und Einschätzungen konfrontiert zu werden. Mit Hilfe der derzeitigen elektronischen Kommunikationsmittel ist hier vieles möglich. Trotzdem erfordern Tandems auch hier insgesamt mehr Arbeitszeit als es die einfache Addition von »0,5 + 0,5 = 1,0« ergibt.

Unter spezieller Berücksichtigung der Familienförderung, also nicht nur der Frauenförderung schlechthin und damit des Schlagwortes der Work-Life-Balance können Führungstandems für eine bestimmte Lebensphase durchaus Sinn machen. Personalpolitisch möchte Beiersdorf in dem oben erwähnten Beispiel ausgeglichene Talentpools schaffen, also z. B. bei den externen Einstellungen den Anteil weiblicher Personen bei den Ingenieurberufen steigern und umgekehrt den Anteil männlicher Personen im Marketing- oder Personalbereich mit höheren Frauenanteilen.

Insgesamt gibt es laut der Firmenangabe zurzeit 27 Job-Tandems auf Führungsebene, davon sind bei den 54 betreffenden Personen (nur) zehn Männer. Zwar wird angestrebt, den Männeranteil zu erhöhen, Probleme bestehen aber gegenwärtig, weil die Teilzeit von Männern mit der Übernahme von Care-Arbeit in der Familie auf materielle Gründe ebenso stoßen kann wie auf Akzeptanzprobleme. Zwar zeigt der weiter oben beschriebene Wertewandel, dass durchaus die männlichen Familienpartner eher bereits sind, sich mehr der Familie zu widmen, aber am Bild des als lächerlich empfundenen Latzhosenträgers im Sandkasten hat sich dennoch noch nicht so viel geändert, auch und gerade bei den Frauen. Bei Frauen wird es als selbstverständlicher angesehen – mittlerweile bis hin zum Vorstandsmitglied (meistens im Personalbereich) – nach der Elternzeit noch eine weitere, befristete Teilzeitphase dranzuhängen. Früher gab es Beispiele, dass solche Mangerinnen als Direktorinnen oder Prokuristinnen eher aus der Firma gemobbt wurden. Letztlich hängt dies u. a. auch mit dem weiter oben beschriebenen Wertewandel zusammen, demzufolge die intrinsisch motivierte Selbstaufgabe kombiniert mit »preußischem Pflichtgefühl« an Attraktivität verloren hat.

10 Agiles Management

Auf die zeitgenössische VUCA-World wurde bereits zu Beginn dieses Buches hingewiesen. Wie geht man nun mit zunehmender Komplexität und Dynamik,

Mehrdeutigkeit und Unsicherheit um? Die »Patentantwort« lautet: Agiles Management!

Was ist Agiles Management? Der Begriff stammt aus dem IT-Projektmanagement und beschreibt ein flexibles, teamorientiertes Vorgehen, welches die bekannten Starrheiten sowohl der traditionellen, bürokratischen Organisation überwinden als auch mehr sein soll als eine flexible Organisation. Der Ansatz geht zurück auf Steven Goldman, Roger Nagel und Kenneth Preiss im Jahre 1991 und wurde in mehreren Etappen weiterentwickelt. Man kann agiles Management auch mit »beidhändigem Vorgehen« vergleichen, das als »ambidextrious« bezeichnet wird: Hier sollen strukturelle Freiräume geschaffen werden, um innerhalb der Basisorganisation innovativ arbeiten zu können. Dies setzt voraus, dass man sich sowohl im Rahmen des Operativ-Herkömmlichen als auch des Innovativ-Abweichenden bewegen können muss.

Auf den ersten Blick sind die Regeln für das agile Management nicht viel anders sind als die Führungsrezepte, die hier bereits im Rahmen der kooperativen und der transformativen Führung und Organisation vorgestellt worden sind:

- Neue Strukturen schaffen
- Priorisieren, priorisieren!
- Schnelle Entscheidungen herbeiführen
- Flexible Projekt-Budgets einführen
- Konkrete Outcomes fordern
- Sinn suchen. Wofür soll es sein?
- Kontinuierliches Lernen durch Retrospektiven (Wo stehen wir?)
- Relevante, situationsabhängige Indikatoren entwickeln (leading metrics)
- Transparenz herstellen und Backlogs (Rückstände) pflegen
- Agile Werte leben (»Walk the talk«)

Bei nüchterner Betrachtung handelt es sich um eine Mischung bekannter Rezepte aus der Organisationsanalyse, dem Projektmanagement und Erkenntnissen der Flexibilisierungsforschung. Kundenorientierung und Anpassungsfähigkeit sind natürlich wichtige Schlagworte, die ergänzt werden durch Aspekte der Autonomie bzw. Selbstorganisation wie

- Selbstverpflichtung
- Transparenz
- Offenheit und
- teamübergreifende Selbstorganisation

Entscheidend ist dabei, ein agiles Mindset zu entwickeln, über dessen Entstehung und Pflege wir noch mehr wissen müssen. Beate Schreiter et al. haben hier in der PQ 02/2025, (S. 40–47) einen explorativen Erkundungsversuch unternommen. Hierbei geht es um die Forschungsfrage, welches Vorbild- und Führungsverhalten dabei unterstützenswert ist (S. 41). Zu einem agilen Mindset gehört entsprechend (S. 40):

- Lernbereitschaft, d. h. eine positive Einstellung zu Veränderungen,
- eine positive Einstellung zum kollaborativen Austausch,
- Kundenorientierung und
- Selbstorganisation

Gefragt wurde nach der

- Vorbildfunktion,
- der Art des passenden Führungsverhaltens und
- den dazu passenden, förderlichen Strukturen

Die Ergebnisse sind wie folgt:

- Aufmerksamkeit, Glaubwürdigkeit und nachvollziehbare Aktivitäten sind wichtig, damit die Führungskräfte als Vorbild wahrgenommen werden. Diese allgemein zutreffende und somit auch banal wirkende Aussage gilt hier natürlich besonders auch für das Agieren der Führungskraft in agilen Situationen bzw. in denjenigen Fällen, die als solche wahrgenommen werden.
- Dazu spielt das Erinnerungsvermögen bzw. die Gedächtnisleistung eine wichtige Rolle. Sofern man das agile Agieren verstanden und einprägsam wahr-

genommen hat, kann man von nachhaltigem Erfahrungslernen (Bandura) sprechen.
- Einen wichtigen Punkt nimmt die Motivation ein, die umso stärker ist, je mehr die Führungskraft zeigt, dass sie sich auch einbringt und zum Nachahmen anregt; ein Sachverhalt, der ja allgemein auch für Coaches und Trainer gilt.

Damit sind auch schon die wesentlichen Merkmale zur Förderung des Führungsverhaltens zum agilen Mindset beschrieben, die, um es erneut zu wiederholen, sicherlich auch generell zum State of the Art moderner Personalführung zählen.

- Unterstützung und Förderung
- Vertrauen und Verantwortung
- Lern- und Arbeitsatmosphäre
- Teamspirit
- Transparenz
- Führung durch Authentizität und Nahbarkeit

Schreiter et al. haben fünf Einflussdimensionen identifiziert, die strukturell bedeutsam sind: Kommunikation und Austausch, Lern- und Entwicklungsförderung, Ressourcenbereitstellung, Practices und Kundenorientierung (► Dar. IV.8).

Es wird deutlich, dass neben den allgemein klingenden Empfehlungen zur modernen Führung immer wieder spezielle Tools und passende Software, etwa im Rahmen der Kommunikation, des Zeitmanagements, der Workflow-Optimierung etc., empfohlen werden. Hinzu kommen andere, moderne Instrumente wie das Design Thinking und die Visionspyramide im Bereich von Kreativität und strategischem Denken oder das Nudging und die Scrum-Methode.

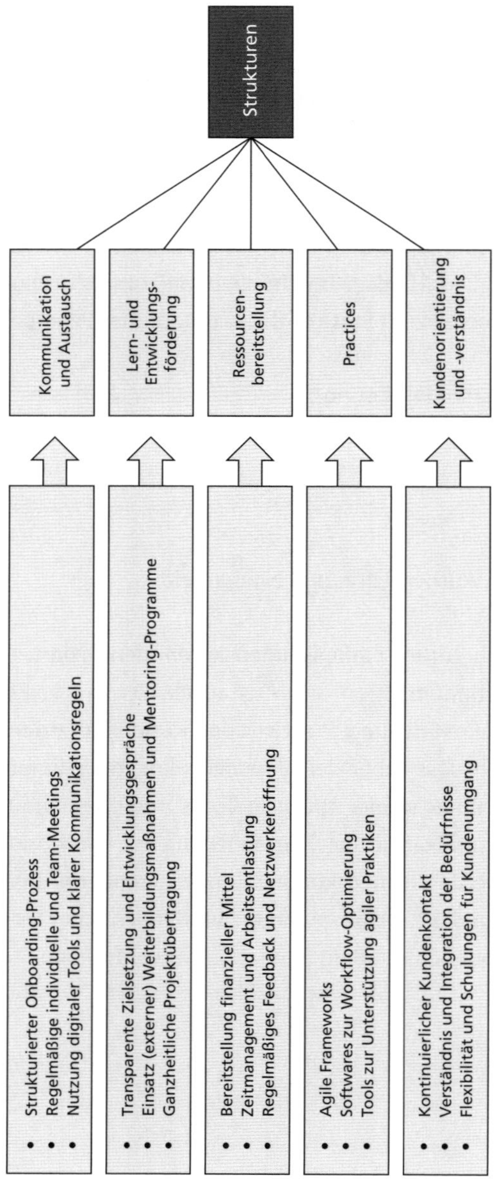

Dar. IV.8: Strukturen zur Förderung von agilem Mindset (Schreiter 2025, S. 44)

Beide Methoden sind mit Projektmanagement und Produktmanagement eng verbunden. Während bei Scrum z. B. Produktversionen inkremental ständig weiterentwickelt werden, bedeutet »Nudging« Anschubsen oder Anstoßen, um Verhalten in kleinen Schritten langsam, aber sicher zu verändern. Gemeinsam ist diesen Methoden, im Rahmen des Bestehenden Freiräume zu sehen, sie zu schaffen und im Rahmen der mehrdimensionalen Organisationen auszubauen. Dies setzt wiederum Selbstführung und Selbstorganisation voraus.

11 Selbstführung und Selbstorganisation

1991 wurde die Selbst GmbH gegründet von Heinz Fischer, damals Bereichsvorstand Personal bei der Deutsche Bank AG, später Personalvorstand bei Hewlett Packard, Thomas Sattelberger, damals Bereichsvorstand bei der Lufthansa und später in mehreren anderen Vorstandsfunktionen bis hin zum zeitweiligen FDP-Staatssekretär im BMBF, sowie Werner Then vom Bund Katholischer Unternehmer. Heute heißt das Netzwerk »Inspiring Network«. Es steht für ein »positives Menschenbild, geprägt von Selbstbestimmung und eigenverantwortlichem Handeln«. Auf dieser Basis sollen Zukunftsprobleme innovativ gelöst werden. Man sieht sich als Vordenker, auch wenn man sich dann möglicherweise an der Quelle zur »Mythenproduktion« sich befindet. Auf jeden Fall wurden und werden innovative Impulse ausgesendet.

»Selbst« war damals tatsächlich ungewöhnlich, obwohl um 1985 diverse Guru-Bestseller erschienen, wie z. B. »Das Ende der Arbeitsteilung« oder »Auf der Suche nach Spitzenleistungen«. Hierarchie und traditionelles Managen war out, und es galt, neue Wege zu beschreiten im Spannungsfeld von Lean Management und Business Process Reengineering bis hin zu weichen Faktoren im Rahmen der Unternehmenskultur. Selbstführung und Selbstorganisation haben dabei an Aktualität nicht verloren, eher im Gegenteil (vgl. Hesse/Bruch 2021).

Nach der Argumentation von Rolf Wunderer befinden wir uns bei den »substitutes for leadership«, welche die Führungskräfte von den Mühen der transaktionalen Führung entlasten. Sie sind zugleich Bestandteil einer entsprechenden Unternehmenskultur der Eigenverantwortlichkeit, Strategie und Organisation und der bereits erwähnten, qualitativen Personalstruktur mit einer diesbezüglichen Leitkultur am Arbeitsplatz und Lernorganisation (Wunderer 2007).

Letztlich ist ein strukturierter Onboarding-Prozess erforderlich, damit neue, entsprechend ausgewählte Mitglieder von Anfang an in der Lage sind, sich selbst zu organisieren. Hinzu kommt die Möglichkeit, im Rahmen dieser relativen Autonomie sich auszutauschen und sich gegenseitig zu unterstützen. Wichtig ist außerdem die bereits erwähnte Möglichkeit der Delegation von Verantwortung und die individuelle Partizipation an den Chancen zu eigenen Personalentwicklung.

Allerdings sind für dieses anspruchsvolle Vorhaben alle Beteiligten und Betroffenen angesprochen. Häufig erfüllen die Vorgesetzten nicht ihre Vorbildfunktion und etliche Mitarbeiter sind nur bedingt in der Lage, »beidhändig« zu arbeiten. So wird häufig agiles Management als modernes Managementinstrument in alte Strukturen hereingepflanzt, weil es ja »in« ist, aber die Rahmenbedingungen einfach nicht stimmen. Insofern ist Führung und Leadership ein dankbares Thema nicht nur für die seriöse Forschung, sondern auch für viele selbsternannte Fachleute und Heilsbringer, die sich hier einbringen.

12 Digital Leadership

Lange galt Führung ausschließlich als ein reales Phänomen der wechselseitigen Beeinflussung zwischen Personen auf ein bestimmtes Ziel hin. Mit zunehmender Digitalisierung ist es nur konsequent, dass nun auch »digital leadership« die Szene belebt. Dabei ist dies nur konsequent, denn wenn es »substitutes for leadership«, wie z. B. die Unternehmenskultur, die Organisation oder die bereits ebenfalls erwähnte qualitative Personalstruktur gibt – also Bereiche, die Führung ersetzen oder erleichtern –, warum soll Führung nicht auch virtuell bzw. digital vorhanden sein. Dabei kann man sich der »Digital Leadership« über mehrere Schritte nähern (Picot 2020):

- Digitale Kompetenz und Reifegrad
  Wie schon die Erläuterungen zum agilen Management gezeigt haben, gibt es diverse IT-Tools, welche hier eingesetzt werden. Z. B. lassen sich die Projekte

mit IT-Netzplänen steuern, kombiniert mit cloud-gestützten Informationstools, in denen Ergebnisse von Besprechungen dokumentarisch festgehalten und dann auch mit Aufträgen, sprich Anweisungen verbunden werden. Dabei entwickeln sich digitale Kompetenzen bzw. Reifegrade, bei denen die persönliche Kommunikation und Steuerung durch technologische, datengesteuerte Settings zurückgedrängt bzw. ersetzt werden. Voraussetzung ist dabei auch die persönliche Akzeptanz und Motivation.

- Digitale Kommunikation
  Zur technologischen Kommunikation tritt zunehmend die Kommunikation über Videokonferenzen. Was früher noch recht anfällig und langsam war, ist heute technologisch gesehen selbstverständlich. Sicherlich hat die Corona-Pandemie diese Entwicklung unterstützt. Problemlos kann man heute eine große Zahl von Personen gleichzeitig und über Erdteile hinweg, zusammenbringen. Lediglich die Zeitverschiebungen setzen noch bestimmte physikalische Grenzen. Zugleich werden langwierige Reisen eingespart.
  Allerdings konzentrieren sich diese Videokonferenzen am einfachsten auf Routineentscheidungen bzw. eher technokratische Abstimmungen und weniger auf Konfliktfälle, in denen kompliziertere Abwägungen getroffen werden müssen. Hier gibt es gewisse Barrieren, die einfacher durch persönliche Treffen durchbrochen werden können. Digitale Kommunikation ist somit noch nicht unbedingt Führung, aber auf jeden Fall Beeinflussung unter Personen, die sich bereits kennengelernt haben sollten. Sicherlich ist hier vieles im Fluss, was letztlich auch mit dem Wandel von Menschenbildern und Wertvorstellungen zusammenhängt. Vielleicht kommuniziert man eines Tages mit Avataren, die auf der Basis von KI-Informationen miteinander kommunizieren?
- Digital Natives
  Digital Natives haben einige Zeit auch die Szene belebt. Sie können, so wie es dargestellt wird, überall arbeiten. Sie brauchen nur ein Notebook und WLAN, weil sie ja dann von überall arbeiten können, abgesehen von den Funklöchern in Brandenburg, wie man scherzhaft sagen kann. Digital Natives arbeiten in der Regel im IT-Projektmanagement oder als Autoren von Büchern und Zeitschriften. Vorausgesetzt ist also eine abgegrenzte, aufgabenbezogene Autonomie und natürlich die nun bereits mehrfach erwähnte Fähigkeit zur Selbstorgani-

sation. In diesem Sinne kann man auch von einer »virtuellen Organisation« sprechen, ein Begriff, den A. Picot schon 2008 geprägt hat. Im Extremfall wäre dies eine Organisation ohne reale Arbeitsstätten, in erster Linie mittels IT vernetzt mit geleasten Clouds im Hintergrund und Mitarbeitern, die in Homeoffices bzw. Hotels etc. an unterschiedlichen Standorten zusammenarbeiten. Dies wäre eine virtuelle Organisation, bei der Digital Leadership bzw. virtuelle Führung ausgeübt wird. Utopie oder Tendenz zur Wirklichkeit? Die Diskussion im Jahre 2025 sieht anders aus. Dabei werden »Workations«, also wechselnde Arbeitsplätze, immer wieder diskutiert (Arbeit und Arbeitsrecht 12/24, S. 42).

- Hybride Modelle
  Gegenwärtig werden, ähnlich wie beim »blended learning«, vornehmlich gemischte Arbeitsplatzmodelle diskutiert. So sieht die Neue Zürcher Zeitung mit dem Blick auf Tendenzen in den USA bei bekannten Banken und Beratungsfirmen sogar einen »backlash« zur traditionellen vollständigen Anwesenheit am Arbeitsplatz. Allerdings ist wohl nicht mehr zu erwarten, dass es so weit wieder kommen wird. So ist davon auszugehen, dass sich bei fünf Arbeitstagen in der Woche ein Verhältnis von Drei zu Zwei oder Zwei zu Drei einpegeln wird. Hinzu kommen Abwesenheiten für Dienstreisen.
  Entscheidend ist offensichtlich eine gewisse Face-to-face-Situation sowohl für den Austausch im Kollegenkreis und die Abstimmung in Personalführungsangelegenheiten also auch die klassische Vorgesetzen-Mitarbeiter-Beziehung. Die Zeiten dürften aber (hoffentlich) vorbei sein, wo die Mitarbeiteranwesenheit vornehmlich der Anwesenheitskontrolle und Machtausübung im Sinne einer veralteten Personalführung dienen soll. Dafür sind die »Messen« im Sinne von Mehrdimensionalität und Agilität, Delegation von Verantwortung, Selbstkontrolle und Selbstführung schon »gesungen«.

Allerdings stellen sich bei diesen Überlegungen zu den Leadership-Aspekten immer noch mehrere Fragen. Wie erfolgt die Abstimmung via Unternehmenskultur und Strategie zwischen den unterschiedlichen, strategischen, taktischen und operativen Ebenen einer Organisation? Nicht zuletzt stellt sich die Frage nach den internationalen, interkulturellen Gemeinsamkeiten und Unterschieden in international agierenden Organisationen.

13 Das Phänomen Unternehmenskultur

Die bisherigen Ausführungen haben gezeigt, dass ein großer Teil unseres Managementwissens auf Erkenntnissen angloamerikanischer Forschung beruhen. Insbesondere nach dem Zweiten Weltkrieg hat dieser Transfer eingesetzt. Er ist bis heute nicht abgeschlossen, auch wenn er durch weitere Tendenzen abgeschwächt und überlagert wird. Ein gewisser Trost bleibt dabei, dass viel Wissen vorher, bedingt durch die verbrecherische Politik der Nationalsozialisten, von Europa, insbesondere Deutschland in umgekehrter Richtung transferiert worden ist. Inzwischen stehen wir – bedingt durch die Globalisierungstendenzen – mit vielen Ländern auf unterschiedlichen Erdteilen im Austausch, wo wir es auch durch lange historische Entwicklungen bedingt mit unterschiedlichen Wertvorstellungen, Traditionen und letztlich Kulturen zu tun haben. Der Slogan »America First« des aktuellen US-Präsidenten Trump verstärkt sogar diese Internationalisierungstendenzen, weil es erstens einen »brain drain« amerikanischer Forscher in andere Länder geben wird, wo sie bessere Forschungsbedingungen vorfinden werden, und zusätzlich die früheren Verbündeten der USA sich andere Partner suchen werden. Aber beginnen wir mit dem Phänomen der Unternehmenskultur.

13.1 Ebenen der Unternehmenskultur

Lange hat man die Organisationen analysiert, ohne auf die Unternehmenskultur zu achten, also die Gesamtheit der gemeinsam geteilten Werte, Normen, kognitiven Bezugsrahmen, Artefakten und Symbolen. Grundsätzlich gibt es nach Schein eine individuelle, organisationale und eine gesellschaftliche Ebene (Schein 1985).

- Ebene 1: Sichtbare Verhaltensweisen: Artefakte, Rituale, Mythen
- Ebene 2: Gefühle für das Richtige, kollektive Werte
- Ebene 3: Grundannahmen, Wesen, Beziehungen zur Natur, Zeit- und Aktivitäten-Orientierung

Furore als Managementmode machte das bereits erwähnte 7-S-Modell der Unternehmensberater Peters und Waterman, das Mitte der 80er Jahre propagiert wurde und rasche Verbreitung fand in einer Zeit, in der eine Krise in der weltweiten Automobilproduktion wegen der Erfolge der japanischen Automobilbranche stattfand. Peters und Waterman unterschieden bekanntlich zwischen:

- Harten Faktoren: Struktur, Strategie, Systeme
- Weiche Faktoren: Spezialfertigkeiten, Stammpersonal, Stil und Selbstverständnis

Für sich gesehen, ist das eigentlich kein überraschendes Ergebnis, nur mit dem wichtigen Unterschied, dass nun die harten und die weichen Faktoren nicht für sich, sondern ganzheitlich betrachtet werden, also wie eine Synthese aus klassisch-tayloristisch-aufgabenorientiert und Human-Relations-personenorientiert. Und das wurde sodann zum durchaus löblichen Gegenstand unzähliger, gut besuchter Managementseminare. Andererseits zeigt das Einbeziehen der Unternehmenskultur allein schon mit den Annahmen von Schein auf drei Ebenen, dass via Landeskultur auch eine konsequente Betrachtung zur vergleichenden Managementforschung bezüglich unterschiedlicher Länder erforderlich ist.

13.2 Unternehmenskultur und Landeskultur: die vergleichende Managementforschung

Das Zusammenspiel oder das mögliche Auseinanderklaffen von Unternehmenskultur und Landeskultur wird insbesondere bei international tätigen Unternehmen deutlich, und welches schon etwas größere Unternehmen hat bei der Exportnation Deutschland keine Berührungspunkte mit dem Ausland? Besonders deutlich wird das bei multinationalen Unternehmen, die mit Tochtergesellschaften oder Niederlassungen in mehreren Ländern vertreten sind. Dabei hängt es wiederum von der historischen Entwicklung und von der Unternehmensstrategie ab, wie einheitlich oder wie regional differenziert vorgegangen wird.

Z. B. die deutsche Lufthansa und ihre Wettbewerber treten international einheitlich auf und versuchen, möglichst viele ihrer Regeln auch in dieser Form durchzusetzen. Gleichzeitig hat sie Tochtergesellschaften in Österreich, der Schweiz, Belgien und Italien, die äußerlich völlig selbständig auftreten. Eine einheitliche

Unternehmenskultur würde sich eventuell z. B. für die Managementebenen anbieten, falls eine zentrale Personalentwicklungsplanung vorläge.

Fakt ist jedenfalls, dass es weltweit recht unterschiedliche Landeskulturen gibt, wobei z. B. die asiatischen Länder auf lange Herrschaftstraditionen zurückblicken können und wiederum Australien und Neuseeland, Afrika und Südamerika neben den Traditionen ihrer Ureinwohner den Einflüssen der verschiedenen Kolonialherren ausgesetzt waren. Ein wahrer Schmelztiegel sind die USA mit Einwanderungsströmen aus verschiedenen Ländern, der Rassendiskriminierung und der bis heute nachwirkenden Folgen der Sklaverei. Allein in Europa kann man skandinavische, romanische, slawische und »germanische« Prägungen unterscheiden.

Entsprechende Unterschiede spürt man bereits bei der Auslandsentsendung, wo man auf nicht unwesentliche Unterschiede bereits im deutschsprachigen Österreich trifft, von fernen Ländern ganz zu schweigen, wo zudem u. U. auch autokratische Herrschaftsstrukturen mit andersartigen Wertvorstellungen und Gewohnheiten vorliegen. Scholz unterscheidet hier zwischen Monokultur-, Multikultur- und Mischstrategien.

Allerdings ist die vergleichende Managementforschung recht aufwändig, weshalb die Anzahl umfassender Untersuchungen begrenzt ist. Immer wieder genannt werden insbesondere Trompenaars und Hofstede. Trompenaars 1993 (Riding the Waves of Culture) unterschied insbesondere folgende Ausprägungen beim interkulturellen Vergleich:

- Universalistisch – partikularistisch
  Regeln oder Beziehungen?
- individualistisch – kommunitaristisch
- individualistisch – kollektivistisch
- spezifisch – diffus
  Egozentrisch, auf sich bezogen oder allgemeine Teilnahme am öffentlichen Leben
- neutral – affektiv
  sachlich oder emotional
- Leistung – Herkunft
  z. B. Arbeiterkind oder Erbe

- sequenziell – synchron
  zeitliche Verarbeitung »eins nach dem Anderen« oder gleichzeitig (bzw. agil)
- internal – external
  introvertiert oder extravertiert

Während Fons Trompenaars and Charles Hampdon Turner 8841 Manager in 43 Ländern befragten, inwieweit sie mit anderen, mit der Umwelt und mit der Zeit umgegangen sind, befragte Geert Hofstede in mehreren Wellen seit 1967 auf Basis einer Mitarbeiterbefragung bei IBM ebenfalls eine ähnliche Anzahl in 40 Ländern. Von repräsentativen Befragungen kann dabei kaum die Rede sein. Bei Hofstede (Hofstede 2001) kam noch dazu, dass nicht klar wird, ob er die jeweilige Landeskultur oder die landesspezifische IBM-Kultur erfasst hat. Gleichwohl kann den Untersuchungen trotz aller methodischen Einwände eine gewisse Plastizität und eine überwiegende Anschaulichkeit attestiert werden. Trompenaars und Hofstede ist dabei außerdem gemeinsam, dass jeweils Länder identifiziert wurden, denen eine hohe, mittlere oder niedrige Ausprägung der von ihnen erfassten Kulturdimensionen zugeschrieben werden konnte. Im Laufe der Zeit hat Hofstede die folgenden sechs Kulturdimensionen identifiziert, auf die bereits früher hingewiesen wurde. Hier können beispielhaft verschiedene Länder zugeordnet werden.

- Machtdistanz
  - Wie ranghierarchisch geht man miteinander um bzw. wie offen kann man miteinander umgehen, ohne autoritär behandelt zu werden?
    z. B. China, Südeuropa vs. USA, Großbritannien, Skandinavien
- Individualismus/Kollektivismus
  - Wie kollektiv sind z. B. die Belohnungssysteme, inwieweit zählt das erfolgreiche Individuum?
  - z. B. USA vs. China
- Maskulinität/Feminität
  - Dominiert Strenge, Zucht und Ordnung vs. Toleranz und Verständnis, Empathie
  - z. B. Osteuropa, Türkei vs. Skandinavien
- Unsicherheitsvermeidung

    - wie ausgeprägt ist die Risikoorientierung?
    - z. B. eher hoch in China, niedriger in Deutschland
- Langfristige oder kurzfristige Orientierung
    - Zählt der kurzfristige Erfolg oder hat man einen langen Atem?
    - Langfristig: China, Japan, vs. USA
- Ausgelassenheit versus Zurückhaltung
    - Gehören Feste und Partys zum festen Bestandteil der Kultur oder herrscht eher »hanseatische« Kühle?
    - z. B. Italien vs. Nordeuropa

Trotz diverser methodischer Bedenken kann man mit diesen Dimensionen von Hofstede und auch von Trompenaars plausibel erscheinende Länderprofile zusammenstellen und diese z. B. zur Grundlage von interkulturellen Trainings machen, um das wechselseitige Verständnis zu vertiefen und im Sinne einer produktiven Unternehmenskultur zu harmonisieren.

Im Gegensatz zu diesen interkulturellen Klassikern nimmt das GLOBE-Projekt (Global Leadership and Organizational Behaviour Effectiveness), das in mehreren Phasen seit 1993 unter der Leitung von Robert J. House in mehr als 60 Ländern durchgeführt wurde, einen höheren Grad empirischer Evidenz für sich in Anspruch (vgl. House 2004). Im Ergebnis wurden neun quantitative Dimensionen erfasst:

- Durchsetzungsvermögen
- Zukunftsorientierung
- Egalitarismus der Geschlechter
- Humane Orientierung
- Institutioneller Kollektivismus
- Kollektivismus innerhalb der Gruppe
- Leistungsorientierung
- Machtdistanz
- Unsicherheitsvermeidung

Dabei werden u.a. auch die Zusammenhänge zu den Forschungen von Hofstede deutlich, die nachfolgende zu folgenden Clustern kombiniert wurden (House 2004):

- Lateinamerika
  - Argentinien, Bolivien, Brasilien, Mexiko
  - hohe Machtdistanz, niedrige Geschlechtergleichheit und niedrige Zukunftsorientierung
- Angelsächsischer Raum
  - Australien, Irland, USA, GB
  - hohe Unsicherheitsvermeidung, niedriger Gruppenkollektivismus und Geschlechtergleichheit
- Sub-Sahara, Afrika
  - Namibia, Nigeria, Sambia, Simbabwe
  - Hoher Gruppenkollektivismus und Humanorientierung, niedrige Unsicherheitsvermeidung und Geschlechtergleichheit
- Mittlerer Osten
  - Ägypten, Kuwait, Marokko, Katar, Türkei
  - Hoher Gruppenkollektivismus, niedrige Geschlechtergleichheit und Zukunftsorientierung
- Lateinisches Europa
  - Frankreich, Spanien, Italien, Portugal
  - Hohe Machtdistanz, niedrige Unsicherheitsvermeidung und Zukunftsorientierung
- Deutsches Europa
  - BRD, Österreich, Niederlande
  - Hohe Unsicherheitsvermeidung und Zukunftsorientierung, niedrige Humanorientierung und Gruppenkollektivismus
- Nordisches Europa
  - Dänemark, Finnland, Schweden
  - Hohe Unsicherheitsvermeidung und institutioneller Kollektivismus, niedriger Gruppenkollektivismus und Machtdistanz
- Osteuropa

  - Russland, Polen, Griechenland, Ungarn
  - Hohe Machtdistanz, niedrige Leistungsorientierung und Unsicherheitsvermeidung
- Konfuzianisches Asien
  - China, Japan, Südkorea
  - Hohe Leistungsorientierung und Gruppenkollektivismus, niedrige Geschlechtergleichheit
- Südasien
  - Indonesien, Thailand, Iran
  - Hohe Humanorientierung und Gruppenkollektivismus, niedrige Geschlechtergleichheit

Die Herausforderung für das Internationale Personalmanagement liegt nun darin, vor dem Hintergrund der aktuellen und der prognostizierten Unternehmensstrategie passende Schritte im Rahmen der interkulturellen Wirtschaftskommunikation zu entwickeln, um den unterschiedlichen Rahmenbedingungen in den kooperierenden Regionen gerecht zu werden und die bislang bestehende Unternehmenskultur in der Muttergesellschaft nicht zu überfordern.

Für die Kooperation mit China bedeutet dies z. B., dass Unterschiede beim Gruppenkollektivismus, bei der Unsicherheitsvermeidung und der Geschlechtergerechtigkeit bestehen. Insofern sind z. B. weibliche Fach- und Führungskräfte, die nach China entsandt werden, entsprechend zu sensibilisieren. Darüber hinaus ist zu beachten, dass rein individuelle Lösungen, die nicht ausreichend mit den relevanten Mitarbeitergruppen abgestimmt sind, schnell an Grenzen stoßen. Umgekehrt können deutsche Personen von der Risikofreude der Chinesen etwas lernen. Insofern ist interkulturelles Training erforderlich, um die Zusammenarbeit zu fördern. Nach Möglichkeit sollte dies in gemischten Gruppen erfolgen, also nicht isoliert im Zuge der Vorbereitung auf einen Auslandseinsatz im Inland. Dabei sollte man produktiv in Kauf nehmen, dass zunächst Irritationen über die kulturellen Unterschiede entstehen und Ablehnungen erfolgen können. Durch die wechselseitige Auseinandersetzung mit der Fremdheit entsteht dann Akzeptanz und Verständnis mit der fremden Kultur. Leider werden diese Überlegungen durch das aktuelle »America First«-Denken konterkariert. Diversity wird quasi per Befehl als schädlich angesehen und der entsprechenden Forschung die Gelder entzogen. Es bleibt abzuwarten, welche destruktiven Folgen noch kommen werden oder ob nicht nun doch eine weitere Emanzipation von der angloamerikanischen Führungs- und Kulturforschung gelingt.

V
Personalmanagement im Wandel

Personal- und Sozialpolitik ist, wie schon der wirtschaftshistorische Überblick zeigte, eng mit der technologischen und organisatorischen Entwicklung ebenso verbunden wie mit den soeben beschriebenen Entwicklungen in der Personalführung. In kleinen Betrieben geht Personalführung und Personalmanagement in Personalunion sowieso ineinander über.

Obwohl der Slogan »der Mensch steht immer im Mittelpunkt« quasi zeitlos ist, kann man ihn dennoch in der Regel als maßlose Übertreibung bezeichnen. Jede technologische Entwicklung ging mit Personaleinsparungen einher, welche im Zeitablauf häufig mit äußerster Rücksichtslosigkeit durchgeführt wurden. Deshalb entstanden diverse Schutzgesetze in den einzelnen Industrienationen im Bereich der Personal- und Sozialpolitik. Nicht von ungefähr bildeten sich die Gewerkschaften, um die Rechte der Arbeitnehmer zu stärken und zu verteidigen. Andererseits konnten durch Innovationen neue Märkte bedient werden, und es entstanden dann auch neue Arbeitsplätze

Auch wie der Mensch eben nicht immer im Mittelpunkt steht, ist die Bedeutung der Personalfunktion in Wirtschaft und Verwaltung nicht immer sehr überragend: Vielfach wird Personalarbeit mit Personalverwaltung gleichgesetzt. Es gibt aber auch Best-Practice-Beispiele, wo die Vertretung der Personalfunktion in der Unternehmensleitung einen hohen Stellenwert einnimmt. Aber auch dann muss man kritisch fragen, ob diese Tatsache der strategischen Weitsicht geschuldet ist oder bestimmten Mitbestimmungsgesetzen, die in Deutschland für den Kernbereich des Personal- und Sozialwesens einen »Arbeitsdirektor« vorschreiben oder sogar, wie es im Montanmitbestimmungsgesetz gefordert wird, einen Arbeitsdirektor, der nicht gegen die Stimmen der Arbeitnehmervertreter im Aufsichtsrat gewählt werden darf (vgl. Wagner 1994).

Aktuell befindet sich der Stellenwert des Personalmanagements aufgrund des demografischen Wandels im Aufwind, bzw. er müsste es sein, es gibt aber trotzdem gegenwärtig einen starken Personalabbau im Automobilsektor und seinen Zuliefererbereichen, weil die Elektromobilproduktion eine geringere Anzahl von Arbeitskräften erfordert und die Nachfrage noch nicht den hochgesteckten Erwartungen entspricht.

1 Personalplanung

Die Personalplanung ist untrennbar mit der allgemeinen Unternehmensplanung verbunden. Ein konzeptionsloses Planungsverhalten schlägt sich unweigerlich in einer fehlerhaften Personalbedarfsplanung nieder. Insofern beginnen die Fehlerquellen bereits bei der strategischen Unternehmensplanung generell und der daraus folgenden Absatzplanung im Speziellen. Bei einer wachsenden Komplexität und Dynamik der relevanten Umwelt ist das wiederum leichter gesagt als getan. Trotzdem sollten die Planungsüberlegungen sowohl vorausschauend genug als auch flexibel sein, um insbesondere auf weiche Signale rechtzeitig reagieren zu können. Was für die Absatzplanung gilt, gilt auch für die daraus abgeleitete Produktions- und dann auch für die Personalplanung. Insbesondere sind bezüglich der Produktionsplanung die Ergebnisse der Investitionsplanung mit einzubeziehen, weil in der Regel modernere Produktionsmaschinen weniger Personal benötigen. Entsprechendes gilt dann auch für den technischen Fortschritt im Informations- und Kommunikationsbereich, z. B. bezüglich des Einsatzes von KI-Technologien bei Standardroutinen. Aus allen diesen Überlegungen folgt, dass die hochrangigen Personalverantwortlichen schon sehr frühzeitig in die strategischen Planungsüberlegungen einzubeziehen sind und nicht als Befehlsempfänger am Ende der Planungskette stehen dürfen. Dies ist allerdings nicht überall der Fall (Seisreiner 2026). Häufig überwiegt »business as usual«.

1.1 Ersatzbedarfsplanung

Auf den ersten Blick folgt die Ersatzbedarfsplanung einer einfachen Logik: Man weiß ja aufgrund der Analyse der Altersstruktur schon Jahre im Voraus, wann eine Person in den Ruhestand geht. Allerdings gibt es dabei auch Unwägbarkeiten:

- Es ist häufig nicht sicher, ob die betreffende Person früher ausscheidet oder einige Zeit länger bleiben möchte. Auch wenn viele z. B. mit 50 sagen, dass sie nicht länger als nötig im Betrieb verharren möchten, überlegt man es sich dann doch, dass man nicht unbedingt »Papa ante portas« spielen möchte.
- Umgekehrt können z. B. Absatzrückgänge und Rationalisierungserwägungen zu Vorruhestandserwägungen führen. So sind in Deutschland insbesondere bei den großen Unternehmen der sanfte Personalabbau und der Ausschluss von betriebsbedingten Kündigungen nach wie vor gang und gäbe. Gleichzeitig nimmt der Mangel an Fachkräften aus demografischen Gründen zu.

Insofern ist der Ersatzbedarf doch nicht so einfach zu bestimmen, wie man annehmen möchte. Hinzu kommt die häufig eher unzureichende Abstimmung zwischen Investitions- und Personalplanung, und zwar gerade auch dann, wenn es zu Produktionsausweitungen kommt. Hier kommt der schon lange vorhergesagte demografische Mangel bei den Fach- und Führungskräften erschwerend hinzu, so dass es an der Abstimmung zwischen Ersatz- und Zusatzbedarfsplanung mangelt.

Wenn man jetzt noch das anspruchsvolle Konzept des gleitenden Überganges in den Ruhestand praktizieren möchte, um einen reibungslosen Wissenstransfer zwischen der erfahrenen Führungskraft und dem Nachwuchs zu gewährleisten, müsste man ziemlich gründlich das Matching vorbereiten, die Pläne und Motive der Betroffenen und der Beteiligten genauer kennen und auch Alternativen bereit haben (»Plan B«), falls es eben doch nicht so kommt, wie es geplant war (Müller 2025). Darüber hinaus zeigt die Nachfolgeplanung, dass der Ersatz in der Regel nicht auf Eins zu Eins hinausläuft, sondern zu einem gewissen Teil auch andere Kompetenzen gefragt sind. Auch insofern ist die so einfach erscheinende Ersatzplanung doch komplizierter ist als man denkt.

1.2 Nachfolgeplanung

Früher war die Nachfolgeplanung bei den Führungskräften berechenbarer, weil bei den Großunternehmen das Prinzip der Förderung aus den eigenen Reihen vorherrschte. Offensichtlich wurde das Prinzip aus dem militärischen Sektor übernommen, indem man, abhängig von der jeweiligen Bewährung, die dann im Rahmen von Beurteilungsgesprächen festgestellt wurde, in möglichst vielen Verwendungen eingesetzt wurde. Bei der Bundeswehr waren es in der Regel zwei Jahre, immer mit Umzügen, Kindergarten- und Schulwechsel verbunden, z. B. bei Siemens durchschnittlich drei bis vier Jahre im Wechsel zwischen Stab und Linie. Dem ganzen System lag die Überlegung zugrunde, mit einer möglichst großen Verwendungsvielfalt hinreichend qualifiziert zu sein, um letztendlich Top-Positionen zu übernehmen. Vorstandsmitglieder z. B. bei Deutsche Bank und Siemens waren in der Regel »Eigengewächse« und in früheren Jahren sogar hin und wieder als »Stammhauslehrlinge« ohne oder mit nachgeholter akademischer Ausbildung.

Heute, in Zeiten der VUCA-Welt funktioniert dieses System nicht mehr. So werden Vorstandsmitglieder aus anderen Unternehmen abgeworben oder die hochkarätigen Positionen werden mit ehemaligen Top-Leuten aus strategieorientierten Unternehmensberatungen rekrutiert. Dies hat offensichtliche Vor- und Nachteile:

- Die Neuzugänge bringen frischen Wind in zum Teil verkrustete Strukturen. Damit verbunden sind Anregungen und Innovationen, die u. U. relativ schnell eingeführt werden können.
- Andererseits werden die Neuzugänge häufig als Fremdlinge angesehen, weil sie aus einer anderen Unternehmenskultur kommen oder keine hinreichende Sensibilität mitbringen.
- Die Einstellung Unternehmensfremder kann u. U. auch als vor die Nase gesetzt empfunden werden und die Überlegungen zu einer langfristig ausgerichteten Personalentwicklung konterkarieren. Mangelnde Loyalität kann dann die Folge sein.

Insgesamt sollte sich die interne und die externe Beschaffung bei der Personalentwicklungsplanung die Waage halten. Dabei könnten folgende Grundsätze im Rahmen einer individualisierten Karriereplanung Beachtung finden (► Dar. V.1):

- größere Dynamik und Mobilität der Mitarbeiter zwischen verschiedenen Positionen und Firmen

- Laufbahnen können sowohl aufwärts als auch horizontal oder sogar auch (vorläufig) abwärts erfolgen
- die Verantwortung für die Laufbahnentwicklung liegt primär beim Individuum, nicht bei der Organisation

Dafür sind Lernzyklen erforderlich, die in verschiedenen beruflichen Phasen erfolgen (Entdecken, Ausprobieren, Etablierung, Expertentum).

Dar. V.1: neue und traditionelle Laufbahnmodelle (Gubler 2024, S. 15)

	Annahmen in traditionellen Laufbahnmodellen	Annahmen in neuen Laufbahnmodellen
Laufbahnumfeld	Stabil, vorhersagbar, hohes Maß an Sicherheit	Instabil, wenig vorhersagbar, wenig Sicherheit
Arbeitsverhältnisse	Arbeitsplatzsicherheit durch Loyalität	Beschäftigung dank Leistung und Flexibilität
Laufbahnverlauf	Vertikal nach oben, meistens in wenigen Organisationen	Multidirektional (nach oben, unten oder geradeaus), meistens in verschiedenen Organisationen
Benötigte Fähigkeiten	Berfus- und Firmenspezifisch	In verschiedenen Funktionen und Umgebungen nutzbar
Erfolgskriterien	Objektiver Laufbahnerfolg (sichtbare Positionen, Stellung, Status etc.)	Subjektiver Laufbahnerfolg (subjektive Zufriedenheit mir dem Erreichten etc.)
Ausbildung	Langfristig ausgerichtet, Programme mit formalen Abschlüssen	Kurzfristig ausgerichtet, Lernen »on the job«
Das Individuum fühlt sich verpflichtet gegenüber …	der Organisation	dem Beruf
Verantwortung für die Laufbahn liegt …	bei der Organisation	beim Einzelnen

Nach Hall (1996) liegen damit in Anlehnung an den flexiblen Meeresgott Proteus die Merkmale der sogenannten »Protean Career« vor, womit versucht wird, die beschriebenen Schwachstellen der traditionellen Personalentwicklungsplanung zu überwinden.

Das Besondere an diesem Konzept liegt somit darin, die Gestaltungskompetenz von der Organisation auf das Individuum zu verlagern. Aber ist das auch realistisch? Ist es mehr als eine Modewelle oder doch wieder nur ein Mythos? Einerseits ist es grundsätzlich zu begrüßen, dass man als Individuum »sieht, wo man bleibt« und seines Glückes Schmied ist. Es kann schließlich fatal sein, wenn man sich auf die Absprachen mit seiner Unternehmensleitung verlässt und dann vor vollendete Tatsachen gestellt wird.

Andererseits stößt die Protean Career auch an gläserne Decken, z. B. wenn es um die Einstellung von Personen ab dem Lebensalter 50 handelt und man trotzdem in den Zeitungen von den »50« als den neuen »30« liest. Je mehr ein Arbeitnehmer-Markt in bestimmten Phasen des Lebensalters oder der Unternehmensentwicklung bzw. der allgemeinen Konjunktur vorliegt, desto größer sind die Chancen für eine Protean Career. Insofern hat sich die strategische Personalplanung angesichts vielfältiger Veränderungen immer mehr von der Langfristplanung verabschiedet und ist einem Denken in regelmäßig durchzuspielenden Szenarien gewichen, um zwar auch das Undenkbare zu erwägen, aber auch rechtzeitig Korrekturen vornehmen zu können. Genau so sollten sich aber auch die Mitarbeiter verhalten! Und wie soll dann eine stabile Unternehmenskultur entstehen?

2 Recruiting

Aktuell finden sich an Bussen und Bahnen, Lieferwagen, Autos der Müllabfuhr etc. und Plakatwänden, also überall, Hinweise darauf, dass Personal dringend gesucht wird. Das ist allein nur der traditionelle, der sichtbare Teil des Bewerber-Arbeitsmarktes. Hinzu kommen digitale Jobbörsen. Online-Plattformen, Bewerbermessen und Anzeigen in Zeitungen, die einschlägig gelesen werden, wenn auch mit abnehmender Tendenz. Warum werden so viele Personen dringend gesucht? Wie vereinbart sich das mit Nachrichten über Kurzarbeit und Entlassungen im größeren Stil in einer Wirtschaft, die seit zwei Jahren stagniert?

2.1 Arbeitgeber- oder Arbeitnehmermarkt?

Offenkundig ist der demografische Wandel die Ursache dafür, dass Ausbildungsplätze zunehmend nicht mehr ausreichend besetzt werden können und die Nachfrage nach Studienplätzen an den Hochschulen zurückgeht. Dabei ist das Phänomen schon seit Jahren bekannt bzw. vorhersehbar gewesen. In Ostdeutschland ist dies noch offenkundiger, weil Anfang der 90er Jahre und danach viele junge Frauen das Land verlassen haben und die Zahl der Geburten und der Schulanfänger stark zurückging. Inzwischen haben wir im Osten wieder vorübergehend steigende Schülerzahlen und Lehrermangel, was aber vor allem für die Zuzugsgebiete gilt (z.B. Potsdam, Jena, Erfurt, Leipzig, Dresden), wo neue Wohnungen gebaut wurden und man mit diesem Wachstum nicht nachkam. Aber auch hier merkt man wieder einen Rückgang bei den benötigten Kitaplätzen.

Bezogen auf das ganze Land muss aber festgestellt werden, dass die im Vergleich zu den Babyboomern (ab 1948) schon nicht mehr so geburtenstarken Jahrgänge ab 1960 heute in Rente gehen und ihnen deutlich weniger Inländer (ob ohne oder mit Migrationshintergrund) nachfolgen. Hier ist, was die niedrige Geburtenrate betrifft, keine Änderung abzusehen. Die Tatsache, dass ein entsprechender Arbeitskräfteschwund entstanden ist, wurde zeitweilig durch Zuwanderungen aus dem EU-Ausland überdeckt, die im Rahmen der Freizügigkeitsregelungen der EU in Deutschland arbeiten bzw. nach dem erfolgten Brexit nicht mehr in Großbritannien sein können. Hinzu kommen viele Geflüchtete, die – zum Teil nur mit befristeter Duldung – heute bei uns tätig sind. Trotzdem kommen Arbeitsmarktexperten zu dem Schluss, dass wir jährlich ca. 400.000 Arbeitskräfte benötigen, um eine ausgeglichene Bilanz am Arbeitsmarkt zu haben. Dass Deutschland somit ein Einwanderungsland ist, wurde lange Zeit von vielen Parteien (z.B. CDU) eher negiert und bis heute zum Teil noch abgestritten (z.B. die AfD). Immerhin gibt es jetzt ein Einwanderungszuzugs-Gesetz, dessen Wirksamkeit aber noch nicht optimal ist.

Andererseits werden im Rahmen der zurzeit bestehenden Rezession bzw. Stagnation und der schleppend verlaufenden Energietransformation in vielen Industriebranchen Arbeitsplatzabbaupläne verkündet, wobei – typisch für Deutschland – zumeist von einem sanften Personalabbau ohne betriebsbedingte Kündigungen ausgegangen wird. Deshalb ist zu bezweifeln, dass die meisten Freisetzungen etwa durch Umschulungen zu einer Entlastung der oben genannten Arbeitsmarktprobleme führen werden. Hinzu kommen nach wie vor bestehende Ressentiments gegen Ältere, etwa schon ab 50 Jahren. Insgesamt kann man also schon von einem Arbeitnehmermarkt ausgehen, auch wenn die Effekte, die durch die Künstliche Intelligenz eintreten werden, hier zwar zur Kenntnis genommen, aber wahrscheinlich noch nicht hinreichend berücksichtigt werden konnten.

2.2 Employer Branding und Personalmarketing

Inzwischen hat sich die Erkenntnis durchgesetzt, dass es neben dem generellen Image eines Unternehmens, das man z. B. von seiner Warte als Konsument, Bürger oder als Lieferant kennt, auch ein Arbeitgeber-Image gibt. Allerdings gibt es hier Wechselwirkungen; So wird man von einem Waffenlieferanten oder einem Zigarettenkonzern eine andere Vorstellung haben als von einem Produzenten von Kinderspielzeug oder einer Rathausverwaltung. Wenn man sich also bei einem dieser Organisationen bewirbt, sollte man das Produktprogramm und möglichst den Marktanteil, die Größe und die Ertragslage, den Innovationsgrad bzw. die Traditionen gut kennen. Das Corporate Image, um das es hier geht, kann sich durchaus verbessern oder verschlechtern. So hat die Abfallwirtschaft inzwischen einen besseren Ruf wegen ihrer ökologischen Bedeutung oder die Rüstungsindustrie evtl. wegen der veränderten Sicherheitslage in Europa. Insgesamt sollte man sich aber stets im Klaren sein, wo man arbeiten könnte und z. B. die Bundeswehr nicht mit einer Pfadfinderorganisation verwechseln.

Abgeleitet vom Corporate Image, aber auch durchaus im Zeitablauf eigenständig entwickelt entsteht das Arbeitgeber-Image. Z. B. ist der Öffentliche Dienst und sind bestimmte Unternehmen bekannt für sichere Arbeitsplätze, andere für ihre systematische Weiterbildung oder gute Bezahlung, mittlerweile auch (wieder) für Werkswohnungen. Das Arbeitgeber-Image bildet wiederum den Hintergrund für das Arbeitgeberprofil mit seinen harten und weichen Faktoren wie z. B (► Dar. V.2):

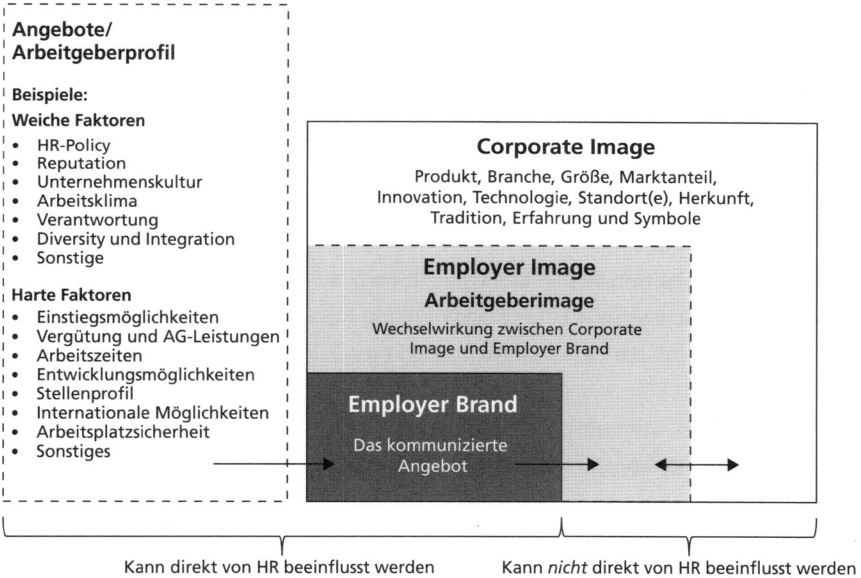

Dar. V.2: ausgewählte Elemente einer Employer Brand (Jäger/Wickel-Kirsch 2020)

Hier ist es nun Aufgabe des Personalmarketings, diese Elemente den potenziellen Bewerbern glaubhaft zu verdeutlichen. Auch wenn Personalmarketing eher eine Aufgabe des Personalbereiches ist, ist eine enge und glaubhafte Verknüpfung mit dem Marketingbereich und der allgemeinen Öffentlichkeitsarbeit unerlässlich. So dürfen keine Widersprüche auftreten, etwa wenn die Ankündigungen von Entlassungen mit den Aussagen zu sicheren Arbeitsplätzen kollidieren. Mit Hochglanzbroschüren ist es also nicht getan.

Eine offene Frage betrifft die Unternehmensgröße bzw. die Frage, ob sich nur die Großunternehmen erfolgreich mit Employer Branding platzieren können. Für »Hidden Champions« bedeutet dies u. U., dass sie etwa offener auftreten müssen, wenn sie gute Leute haben wollen. Klein- und Mittelbetriebe müssten versuchen, sich über ihre Verbände entsprechend zu profilieren oder sich auf einen oder wenige der o. g. Faktoren zu konzentrieren (Becker 2026).

2.3 Recruiting-Wege und -Prozesse

Bereits Ende der 90er Jahre sprach man von einem »war for talents«, und es kam zu den ersten Überlegungen bei führenden Unternehmen in Bezug auf Employer Branding und Personalmarketing. Heute ist die Situation eindeutiger, denn die Zeiten sind vorbei, wo man aus einer Vielzahl von Bewerbungen die richtige Person auswählen konnte.

E-Recruiting ist nun selbstverständlicher geworden. Digital finden und binden lautet die Devise. Insofern kann man folgende Kommunikationskanäle in dieser Hinsicht unterscheiden (Armutat/Wickel-Kirsch 2026):

- Karriere-Webseiten und Job-Portale
  Viele Unternehmen haben mittlerweile spezielle Karriere-Webseiten, in denen man einschlägige Informationen zum Bewerbungsprozess sowie zu den Grundsätzen der Personalpolitik bzw. der Personalentwicklung und den damit verbundenen Karrieremöglichkeiten erfährt. Verlinkungen zur allgemeinen Unternehmens-Webseiten sind üblich, so dass wichtige Merkmale des Employer Brandings vorliegen.
  Job-Portale können sowohl durch externe Anbieter vorliegen als auch mit der Karriere-Website der Unternehmen verbunden sein. Aber auch bei den Job-Portalen, in denen die suchenden Unternehmen mit ihren Stellenangeboten zu finden sind, sind natürlich Verlinkungen zur Karriere-Website möglich. Diese Links bzw. Klicks können dann, ähnlich wie beim allgemeinen Konsumgütermarketing, messtechnisch erfasst und zu Effektivitätskennziffern verarbeitet werden. Entsprechendes gilt dann natürlich auch für die Online-Stellenanzeige.
- Online-Stellenanzeige
  Jäger und Wickel-Kirsch stellen fest (Wagner, S, 108), dass in den Stellenanzeigen zunehmend auch »Imagepräsentationen« zur Employer Brand des Unternehmens zu finden sind. Ansonsten gilt die Online-Stellenanzeige als Num-

mer Eins des Personalmarketings. Mittlerweile ist es üblich, auch alle mobilen Endgeräte wie z. B. Tablets und Smartphones in die Personalakquisition einzubeziehen. Mobile Recruiting beschleunigt somit die Dauer der Kommunikation zwischen Nachfrage und Angebot deutlich.

- Mobile Recruiting
  Allerdings sind beim Mobile Recruiting verschiedene Grundsätze zu beachten, die mit der verringerten Größe des Bildschirms und geringeren Speicherkapazitäten zusammenhängen (► Dar. V.3).

Dar. V.3: Anforderungen an eine mobil optimierte Stellenanzeige (Jäger/Wickel-Kirsch bei Wagner, S. 109/110)

ANFORDERUNGEN AN EINE MOBIL OPTIMIERTE STELLENANZEIGE (MOPS)	
1.	Stellentitel, Arbeitgeber und Einsatzort sind Schlüsselinformationen und müssen mit dem »ersten« Blick gefunden werden.
2.	Schlüsselinformationen grundsätzlich oberhalb des Seitenumbruchs platzieren; die wichtigsten Informationen müssen auf einer einzigen Seite erkennbar sein.
3.	Ladezeiten und »Klickaufwände« so weit wie möglich reduzieren!
4.	Weniger ist mehr: Bilder/Logos oder (zu viele) Employer-Branding-Inhalte dürfen die Stelleninformationen nicht verdrängen.
5.	Einspaltiges, vertikales Layout. Horizontales Scrollen unbedingt vermeiden!
6.	Alle Schriftzeichen müssen auch ohne vorheriges Zoomen lesbar sein. Vertikales Scrollen so weit wie möglich reduzieren.
7.	Buttons eindeutig beschriften! Button-Größe auf Touch-Navigation auslegen.
8.	Kurze, klare und strukturierte Texte sind bei der mobilen Kommunikation Pflicht. Zu viele (unstrukturierte) Informationen verwirren ind frustrieren!
9.	Cross-Plattform-Kompatibilität und Responsive-Design sind Rahmen und Ausgangspunkt für eine mobil optimierte Stellenanzeige.
10.	Last, but not least: Inhalte hinter den Links müssen ebenfalls mobil optimiert sein – hier: Bewerberfragebogen oder HR- bzw. Coroporatewebsite!

Mit der optimierten Stellenanzeige ist es jedoch noch nicht getan. Eigentlich ist es nur ein erster Schritt im Rahmen des Mobile Recruiting. Wichtig ist bei den damit zusammenhängenden Interaktionen zwischen beiden Seiten des Rekrutierungsprozesses, dass die technischen Möglichkeiten der mobilen Geräte nicht überfordert oder durch »elektronische Sackgassen« ausgebremst werden, sondern mittels Einfachheit, Beschränkung auf das Wesentliche und visueller Brillanz der Bewerbungs- und Auswahlprozess beschleunigt wird. Das setzt aber auch eine entsprechend gut besetzte interne oder externe Personalabteilung voraus.

- Social Media
  Das Nutzerverhalten verändert sich seit Jahren dramatisch. Facebook und Xing haben inzwischen an Boden verloren, während Instagram und TikTok gerade bei den Jüngeren stärker präsent sind. Anstelle von Xing hat sich LinkedIn inzwischen stärker profiliert. Dort finden sich Online-Stellenanzeigen mit Hinweisen auf Karrierewebsites von Unternehmen und Jobportalen. Auch kurze Videos werden immer üblicher, natürlich auch bei YouTube (Furkel 2024).
  Immer wichtiger wird dabei, dass die Videos kurz, prägnant und kreativ sind. Sonst werden sie beim jüngeren Publikum nicht wirklich zur Kenntnis genommen. Ansonsten gelten die sozialen Medien inzwischen als selbstverständlich, wenn auch weniger bei den Älteren.
  Insofern sind via Social Media vielfältige Interaktionsvarianten möglich. Hierzu gehören z. B auch Videos, welche von den Bewerbern angefertigt werden und dabei bestimmte Kompetenzfelder des Anforderungsprofils der zu besetzenden Stelle verdeutlichen sollen. Sicherlich bestehen hier vielfältige Chancen für das Recruiting von Auszubildenden, für die viele offene Stellen bereitstehen. Hier beginnt die zukunftsgerichete Personalsuche bereits im Kindergarten, aber bitte ohne Social Media!
  Eine weitere Variante betrifft das »active sourcing«, in dem Personalspezialisten einschlägige soziale Medien durchforsten, um geeignete Bewerber aufzuspüren. Bei LinkedIn ist das z. B. der Fall. Mitarbeiter können aber auch als »Influencer« agieren, um Bekannte anzuwerben (Eck 2024).

Aber auch traditionelle Alternativen haben durchaus noch ihre Berechtigung, wenn auch abnehmend und sich stärker auf bestimmte Nischen fokussierend:

- Anzeigen in Printmedien
  Auch wenn die Zeiten der dicken Samstagsausgaben der Tageszeitungen vorbei sind, in denen sehr viele Stellenanzeigen zu finden waren, gibt es

dennoch diese Varianten der Personalsuche. Wahrscheinlich wird es die traditionelle Stellenanzeige geben, solange es traditionelle Zeitungsleser gibt, die sich den E-Ausgaben entgegenstellen. Insbesondere Führungskräfte und Hochschullehrer sind hier (noch) zu finden. Allerdings fällt auf, dass diese Stellenanzeigen häufig auch Links zu Karriere-Websites, formalen Ausschreibungsbestandteilen und weiteren Hintergründen, auch durch Abdruck eines QR-Codes, aufweisen. Viele Printanzeigen sind auch durch Bilder grafisch untersetzt und verweisen damit indirekt auf das Arbeitgeber-Image, in dem man gesehen werden möchte.

- Empfehlungen
  Empfehlungen sind bei Klein- und Mittelbetrieben immer noch üblich, welche keine internen oder externen Fachleute für Employer Branding und Personalmarketing haben und auch (noch) keine Karriere-Website mit Online-Stellenanzeigen sowie Mobile Recruiting und Social-Media-Kontakte aufweisen. Auf die Dauer werden diese Defizite zumindest teilweise abgemildert werden, weil man sich auch bei einer Empfehlung weitere Unterlagen gerne anschauen möchte. Zumindest sollte die allgemeine Website aktuell und modern gestaltet sein und dabei auch Hinweise zu offenen Stellen und Grundsätzen der Personalarbeit enthalten.

Hinzu kommt die Überlegung, welche Personen mit der Suche beauftragt werden sollen. Neben der unternehmensinternen Personalabteilung kommen in Betracht:

- Personalberater und »Headhunter«
  Bei besonderen Fach- und Führungskräften wird man auf externe Recruiting-Spezialisten nicht verzichten können. Dabei ist es auch hier üblich, dass man auch elektronische Tools wie Bewerber-Portale, eine eigene Website und Hinweise zum Ablauf des Recruitings-Prozesses hat, weil das einfach praktischer und zeitgemäßer ist.
  Natürlich ist auch ein Active Sourcing in sozialen Netzwerken möglich, neben der diskreten, persönlichen Ansprache. Nicht zuletzt ist die Kontaktdatenbank des Headhunters das Kapital für das Geschäftsmodell.
- Career Services und Partnerkreise an Hochschulen

Vor allem nach dem Vorbild US-amerikanischer Universitäten sind auch an den deutschen Hochschulen Career-Services selbstverständlich geworden. Ihre Aufgabe ist es, durch geeignete Kurse auf die Berufswelt vorzubereiten, Praktika zu vermitteln und Hilfestellung für den Übergang in den Beruf zu leisten. Einige Universitäten, wie z.B. die Universität Potsdam, haben zusätzlich noch spezielle Mentoring-Programme, z.B. für Studentinnen und ausländische Studenten.
Die Universität Potsdam verfügt zusätzlich noch über einen »Partnerkreis« mit aufnehmenden Organisationen aus Wirtschaft und Verwaltung. Organisiert von einem gemeinnützigen, privatwirtschaftlich organisierten Tochterunternehmen werden gegen einen gewissen Mitgliedsbeitrag Absolventen auf offene Nachwuchspositionen vermittelt, wobei verschiedene »Matching-Formate« zur Verfügung stehen: von der Praktikanten- und Absolventenmesse bis hin zum Berufs-Workshop oder der persönlichen Vermittlung.

Insgesamt geht es somit darum, die Diagnostik zu professionalisieren, wobei diese Überlegungen bereits bei der Personalsuche beginnen, bevor sie sich auf die Bewerberauswahl konzentrieren. In diesen Zusammenhängen spielt auch die Künstliche Intelligenz eine zunehmend wichtigere Rolle. Der Begriff Künstliche Intelligenz ist wahrscheinlich nicht neu. Zuerst wurde er 1955 von dem Informatiker John McCarthy geprägt. In seinen Ausprägungen geht es um die Nachbildung von menschlichem und/oder von rationalem Denken und dem entsprechenden Verhalten (Stuart J. Russell/Peter Norvig).

3 Recruiting und Künstliche Intelligenz

Z.B. mit ChatGPT und anderen Programmen hat sich das Anwendungssektrum der Künstlichen Intelligenz inzwischen deutlich weiterentwickelt. Aber auch, wenn bislang »nur« komplexe, regelbasierte Systeme mit neuronalen Netzwerken zur Anwendung gekommen waren bzw. durch maschinelles Lernen gesteuerte Algorithmen, und noch nicht selbst lernende Künstliche Intelligenz, gibt es durch eine Reihe von aktuellen Anwendungen einen ständig zunehmenden Erkenntnisfortschritt, nicht zuletzt auch in einem Ideenwettbewerb zwischen den USA, China und dem allmählich aufwachenden Europa.

3.1 Diagnostik und KI: Einsatzfelder von KI

Jäger und Wickel-Kirsch sehen im Wesentlichen die folgenden vier Anwendungsbeispiele (S. 124):

- Optimierung der Jobangebote (Programmatic Job Advertising)
  Es wird, sobald der qualitative Personalbedarf konkretisiert worden ist, der Text für die Stellenbeschreibung in verschiedenen Varianten entwickelt und die passenden Suchkanäle werden ermittelt, obwohl die konkrete Person noch gar nicht im Mittelpunkt steht.
- Matching von Angebot und Nachfrage
  Inzwischen gibt es einen erkennbaren Fortschritt bei der Entwicklung von »intelligenten« Matching Tools, wie es sie ja auch bei Partner-Börsen Verwendung stattfindet. Einerseits gibt es bereits eventuell schon vorgefertigte Bewerberprofile, die man für den potenziellen Fall im Netz stehen hat (z. B. im Bewerberportal) oder das System transformiert einen der Bewerbung anhängenden tabellarischen Lebenslauf in die Felder der Matching-Maske und der Abgleich zwischen Anforderungsprofil und den Bewerberangaben kann beginnen.
- Bewerbervorauswahl mittels KI-basierter Diagnostik
  Vor dem Hintergrund eines vorher erstellten Bewerbungsrasters und der Erkenntnisse beim Matching ist es nun möglich, eine vorläufige Rangreihe zwischen den Bewerbern aufzustellen. Jäger und Wickel-Kirsch sind hier der Meinung, dass der Vorauswahlprozess somit »weitgehend automatisiert ablaufen« kann (S. 125). »Eine Entscheidung über die über die Passung der Anforderungen in der ausgeschriebenen Stelle mit dem ‚digitalen' Bewerberprofil wird dann selbständig mit einem ‚gesicherten' Passungsgrad vorgenommen und in ein Ranking mit anderen Bewerbungen integriert« (ebd.).
- Bewerberkommunikation mithilfe von Chatbots

Sind die Ansichten über die KI-gestützte Bewerbervorauswahl noch eher wohlwollend, weil man sich auf die Objektivität der schriftlichen Fakten doch verlassen zu können glaubt, sind die Meinungen über die Möglichkeiten und die Sinnhaftigkeit der Vorauswahl mit Hilfe von Chatbots eher skeptisch bzw. geteilt. Dabei sind vielfältige Möglichkeiten inzwischen vorhanden (Jäger/Wickel-Kirsch 126).

So sind mittlerweile Bild- und Spracherkennungstools bereits vorhanden, hinzukommt das »video- oder telefonbasierte Prescreening-Interview«, u. U. kombiniert mit einer KI-basierten Stressanalyse des Interviewten. Weiter könnte es gehen mit einem KI-gesteuerten Online-Assessment. KI könnte die individuell passenden Übungen zusammenstellen. Ein Chat-Bot könnte moderieren und situative KI-gestützte Fragen stellen.

Auch wenn jetzt noch diverse Bedenken durchaus zu Recht zu überwinden sind, gilt dennoch die Aussage von Rainer Straub: »Das Recruiting wird zur Königsdisziplin von HR«. Das zeigt sich jetzt auch beim Einsatz von KI, wo das Recruiting Schrittmacher ist (Personalmagazin 04/24, S. 3).

Häufige Einsatzfelder von KI im Recruiting-Prozess sind nach Angaben des ICR Benchmarking Report (Angaben in Prozent):

- Stellenanzeigen: 59
  KI stellt Stichworte zusammen und schreibt passgenaue Texte
- Social-Media-Inhalte: 47
  LinkedIn, Instagram, TikTok erhalten automatisierte Vorschläge für Postings
- Automatisierte E-Mail-Antworten: 37
  gängige Fragen werden eigenständig beantwortet
- Interviewfragen: 34
  KI erstellt Gesprächsleitfaden.
- Active Sourcing: 33
  Es werden Suchketten und Keywords für das Durchforsten einschlägiger Netzwerke erstellt.
- Employer Branding: 31
  KI entwirft Vorlagen für Newsletter und Image-Kampagnen

- Suchmaschinen-Optimierung (SEO): 26
  Es werden relevante Begriffe für den schnelleren Zugriff vorgeschlagen
- Recruiting-Kampagnen: 23
  KI entwickelt erste Ideen, macht Vorschläge.

Insgesamt ergibt sich hier ein arbeitserleichterndes, zeitsparendes Tätigkeitsspektrum, das man nicht unterschätzen sollte. KI erleichtert dabei auch die Personalplanung, indem z. B. die Ersatzbedarfsplanung für Ausscheidende und die hierzu relevanten Datenquellen aus der Personalentwicklung miteinander verzahnt werden. Augenblicklich und schon in absehbarer Zeit stark zunehmend gibt es also ein beträchtliches Unterstützungsspektrum. Offen bleibt noch derzeit, inwieweit auch die noch relevanten Entscheider selbst durch Roboter »wegautomatisiert« werden. Tools für automatisierte Dialoge gibt es jedenfalls bereits. Und das Einsatzspektrum wird sich weiterentwickeln, z. B. im Hinblick auf die Auswahlentscheidung. Ob man das nun gut findet oder auch nicht (vgl. Furkel 2024).

3.2 Bewerberauswahl

Anknüpfend auf die soeben gemachten Ausführungen zum automatisierten, durch KI unterstützten Vor-Screening, erfolgt die Sichtung und die Analyse der Bewerbungen, für die noch kein Absageschreiben erforderlich ist. Dabei kann die Absage durchaus auch das Angebot an die sich bewerbende Person umfassen, die eingereichten Unterlagen in einen Pool für spätere Bewerbungen aufzunehmen.

Ansonsten wäre es toll, wenn eine ABC-Analyse ergeben hätte, dass man auf jeden Fall eine Teilgruppe aussichtsreich erscheinender Bewerbungen identifiziert hat, zu der dann noch eine Gruppe von durchaus guten Bewerbungen dazu kommt, wobei es bei diesen »B«-Bewerbungen noch einige Bedenken gibt.

Vorauswahl

Bei der Vorauswahl nimmt die Analyse der Bewerbungsunterlagen den größten Raum ein.

- Das Bewerbungsschreiben
  Es ist umstritten, wie ausführlich und wie detailliert das Bewerbungsschreiben sein soll. Hier wird die Meinung vertreten, dass auf jeden Fall schlüssig begründet werden sollte, warum man sich insbesondere aufgrund von Qualifikation und Werdegang als die ideale Person ansieht. Dabei kann es sich gleichwohl um eine Bewerbung mit langjähriger Erfahrung handeln als auch um eine Nachwuchskraft, die sich zumindest aufgrund der in der Stellenausschreibung beschriebenen Basisqualifikation eine faire Chance erhofft. Schließlich kennt man ja nicht die Bewerberlage, und die kann in Zeiten des Fach- und Führungskräftemangels durchaus komplex sein.
  Auf jeden Fall sollte die Diktion und der Schreibstil korrekt sein, ebenso wie die äußere Form. Umgekehrt würden z. B. Fettflecken und Eselsohren auf ein mangelndes Interesse schließen lassen.
- Der (tabellarische) Lebenslauf sollte an der Gegenwart ansetzen und dann bis zum obersten Schulabschluss zurückgehen. Dabei kann man Stufe für Stufe die einzelnen Stationen immer knapper beschreiben. Auf jeden Fall sollte der Bezug zum Anforderungsprofil deutlich werden, das in der Stellenausschreibung oder Anzeige zum Ausdruck gekommen ist.
  Wichtig ist insgesamt, dass man einen zusammenhängenden Überblick über die zugrundeliegende, erwartete Ausbildung und Berufserfahrung erhält. Ideal wäre es, wenn die einzelnen beruflichen Stationen, sofern auch mehrere vorliegen, insgesamt ein möglichst ideales Bild abgeben würden. Dabei kann man dies, wie erwähnt, von Nachwuchskräften so nicht erwarten. Hier versucht man dann eher, vom Bisherigen auf das weitere Entwicklungspotenzial zu schließen.
  Mögliche Lücken sollten ebenso gut begründet werden wie der u. U. vorliegende Stellenwechsel. Einerseits sollte man z. B. Haftstrafen o. ä. nicht vertuschen, aber umgekehrt auch nicht den Eindruck des Job Hoppings entstehen lassen. Insgesamt eignet sich der tabellarische Lebenslauf mittlerweile recht gut für eine Analyse mit Hilfe von KI. Dabei kann und sollte man bei ganzheitlicher Betrachtung auch die jeweiligen Arbeitszeugnisse mit heranziehen.

- Arbeitszeugnisse
  Nach jeder abgeschlossenen Tätigkeit, aber auch beim Wechsel des Vorgesetzten besteht ein Anspruch auf ein qualifiziertes Zeugnis. Dabei ist zwischen dem Zwischenzeugnis und dem Abschlusszeugnis zu unterscheiden.
  Zunächst sind die wahrgenommenen Aufgaben und die damit verbundenen Tätigkeiten hinreichend deutlich zu beschreiben. Dies gilt auch für die entsprechenden Befugnisse bzw. Kompetenzen, die damit auch den Verantwortungsbereich darstellen. Problematisch ist dann der bewertende Teil, der sowohl wahrheitsgemäß als auch wohlwollend sein soll. Dies führt dann dazu, dass um den heißen Brei herum geschrieben wird und man dann zwischen den Zeilen lesen muss:
  Eher negativ ist es dann, wenn man »Verständnis für seine Arbeit« hatte, also nur bedingt seinen Einsatz zeigte oder umgekehrt.
  Sie arbeitete zu unserer »vollsten Zufriedenheit« statt »wir waren mit ihrer Leistung jederzeit sehr zufrieden«.
  Auch hier besteht eine gewisse Erwartung an KI, wenn man sowohl den Zeugniscode analysiert bekommt als auch die Einschätzung des jeweiligen Unternehmens, z.B. hinsichtlich seiner Größe und dem Professionalisierungsgrad des (Personal-)Managements.
- Schulzeugnisse
  Schulzeugnisse können im Längsschnittvergleich trotz unterschiedlicher Leistungsniveaus pro Schule oder dem jeweiligen Bundesland durchaus die Stärken und die Schwächen bei den Noten widerspiegeln. Ansonsten werden sie mit zunehmendem Abstand zur aktuellen Bewerbung immer unwichtiger. Nicht zu vergessen sind mögliche Leistungsabfälle in der Pubertät, insbesondere bei Jungen, oder der Einfluss des Lehrpersonals, der jeweils nicht zu unterschätzen ist.

Nachfolgende Auswahlinstrumente werden in der Regel fakultativ eingesetzt, und zwar je nach Art der jeweiligen Position oder einem gewissen Mangel an verlässlich erscheinenden Informationen. So sehr man nun gründlich sein will, weil man ja weiß, dass jede noch so gute Personalauswahl subjektive Elemente und Fehler enthält, ist dennoch zu bedenken, das folgende Instrumente auch Zeit beanspruchen, die man bei einer knappen Bewerberlage glaubt, nicht zu haben.

- Einholen von Referenzen
  Referenzen können auf den ersten Blick sicherlich das inzwischen entstandene Bild von der Bewerbung abrunden. Wegen des Befragungsaufwandes, der mit der Einholung einer Referenz verbunden ist, kann es sich aber nur um eine begrenzte Anzahl unter den bereits analysierten Bewerbungen handeln. Allerdings sind zumindest folgende Voraussetzungen erforderlich:
  - Die befragte Referenz sollte bei allem Wohlwollen gegenüber der sich bewerbenden Person auch zu abwägenden Kommentaren bereit und in der Lage sein.
  - Die fragende Person sollte geschickt fragen und die Antworten entsprechend einordnen können.

  Sonst entsteht eine Gefälligkeitsdarbietung ohne jeden großen Nutzen. Ähnliche Überlegungen gelten auch für das ...
- Leumundszeugnis
  Letztlich entspricht es einer schriftlich abgegebenen Referenz, verbunden mit dem Nachteil, dass kein Interview mit einer Referenzperson vorgesehen ist.
- Grafologische Gutachten
  sind hingegen eher umstritten. Irgendwie muss man an sie »glauben«. Andererseits gibt es durchaus wenige seriös geltende Experten, die aufgrund von Erfahrung, Intuition und Einfühlungsvermögen von der Schriftart auf Persönlichkeitszüge schließen können.
  Diese Bedenken gelten weniger für die ...
- Medizinische Begutachtung
  Dabei ist es sicherlich möglich, den körperlichen Gesundheitszustand festzustellen, der hinsichtlich Belastung und Beanspruchung bei bestimmten Tätigkeiten erforderlich ist. Schwieriger ist es jedoch, die psychischen Komponenten einer Persönlichkeit zu ergründen. Hier liegt noch eine große Erkenntnislücke vor, wie das Beispiel des German-Wings-Piloten zeigt, der vor zehn Jahren das von ihm gesteuerte Flugzeug mit allen Passagieren in den von ihm bewusst beabsichtigten Selbstmord trieb. Psychologische Begutachtungen fanden of-

fiziell nicht statt. Offensichtlich erfolgte Arztbesuche mit später gefundenen Medikamenten fanden privat statt und fielen unter das Arztgeheimnis.

- Biografischer Fragebogen
  Hier handelt es sich um Fragen, die auf Erkenntnissen über erfolgreiches Führen beruhen und eine entsprechend große und langjährige Datenbasis voraussetzen. Dies ist insbesondere bei großen US-amerikanischen Unternehmen, etwa in der Versicherungsbranche, der Fall. In Deutschland wird diese Art von Führungsforschung in der Regel nicht praktiziert. Eine gewisse Ausnahme bildete lange Zeit der britisch-niederländische Nahrungsmittel-Multi »Unilever«, wo man versuchte, empirisch abgesicherte Erkenntnisse über den Zusammenhang von erfolgreich absolvierten Übungen in Assessment-Centern und dem späteren Führungserfolg zu gewinnen. Hinzu kommt, dass es sich um vergleichbare Führungspositionen handelt, etwa Verkaufsleiter und Produktmanager im Marketing. Andernfalls vergleicht man leicht Äpfel mit Birnen.
  Typische Fragen sind z. B.:
  - Wann haben Sie das erste Mal in Ihrem Leben Geld verdient?
  - Was lesen Sie in ihrer beruflichen Freizeit?

  »Erfolgreiche Führer« haben z. B. im ersten Fall schon mit jungen Jahren einen Basar für ihre nicht mehr gebrauchten Bücher oder Spielsachen organisiert oder Zeitungen ausgetragen, um das Taschengeldbudget aufzubessern. Dies zeigt sicherlich Eigeninitiative und kann auch in Millionärshaushalten zur Entfaltung kommen.
  Im zweiten Fall liest man am besten Zeitungen und Magazine, keine großvolumigen Bücher, und schon gar keine philosophischen oder sozialkritischen Werke. Die neuesten Empfehlungen zu »Social Responsibility«-Aktivitäten im Kindergarten kann man schließlich auch einer knappen Checklist entnehmen.
  Auch wenn diese Fragen vielleicht aufgesetzt erscheinen, ist es ja nicht verkehrt, z. B. vom Anforderungsprofil der zu besetzenden Stelle auszugehen und dann systematisch zu erfragen, wann und wo die gewünschten Eigenschaften in der Lebensbiografie zum Zuge gekommen sind. Hinzu kommen die aktuellen Einsatzmöglichkeiten mit KI, vorausgesetzt, dass eine hinreichende, situativ passende Datenbasis vorhanden ist.

- Projekte/Veröffentlichungen
  Manchmal ist auch der Nachweis von einschlägigen Projekterfahrungen mit zusammenhängenden Dokumentationen wie Projektberichten und Publikationen sinnvoll. Der Vorteil liegt dann darin, dass man Schwarz auf Weiß konkrete Ergebnisse sieht. Allerdings handelt es sich häufig um Gemeinschaftsaufgaben, und dann muss man den Beitrag des Bewerbers richtig einschätzen können.

Engere Auswahl
Nachdem nun alle schriftlichen Unterlagen unserer A- und B-Bewerber ausgewertet, verglichen und in eine Rangreihe gebracht worden sind, erfolgt die Vorbereitung auf die Kandidaten, die in die engere Auswahl gekommen sind. Dazu gehören z. B. die Fragen, die in den Einstellungsinterviews relevant sind, die auszuwählenden Tests bzw. die damit verbundenen, zu überprüfenden Eigenschaften etc.

Interviews
Ohne Interviews wäre eine seriöse Personalauswahl undenkbar. Allerdings haben es die modernen Kommunikationstechnologien ermöglicht, das klassische Face-to-face-Interview um andere Varianten zu ergänzen. Hiermit sind insbesondere Telefon- und Videointerviews gemeint. Setzt man voraus, dass für die in der Vorauswahl ermittelten Personen jeweils ein Interviewleitfaden erstellt wurde und dies ggfs. mit Unterstützung durch KI, ist es nun möglich, ein Telefon-Interview vorzuschalten. Dabei können die Fragen auch ohne die persönliche Anwesenheit eines HR-Recruiters, also vorher aufgenommen oder per Computerstimme, durchgeführt werden. In erster Linie dienen solche Interviews der Negativ-Abgrenzung, um den Kreis der ernsthaften Bewerber weiter einzuschränken. Anstelle eines Telefonats ist auch ein Videogespräch (z. B. Zoom, Teams) denkbar, und dies auch mit einer standardisierten Person. Diese Variante hat den Vorteil, dass man bereits einen ersten, persönlichen Eindruck bezüglich Erscheinungsbild, Gestik und Mimik bekommt.

Alternativ oder additiv zum standardisierten Vorab-Interview können auch Fragen übermittelt werden, die mit der Bitte um ein Präsentationsvideo verbunden sind. Dabei könnten die Motivation zur Bewerbung und erste Überlegungen zu konzeptionellen oder programmatischen Vorstellungen auf der neuen Stelle eine Rolle spielen.

Nun kommt es zum Herzstück der Personalauswahl, dem persönlichen Einstellungsinterview. Es bietet sich an, dass von der Unternehmensseite, gemeinsam oder getrennt, Vertreter der Personalabteilung und der Fachabteilung teilnehmen. Während die Personaler eher die abteilungsübergreifende Passfähigkeit beurteilen können, sind die fachlichen Vorgesetzten eher in der Lage, die fachlichen und die methodischen Kompetenzen einzuordnen. Letztlich müssen alle Vorgesetzten in der Beurteilung der sozialen Kompetenzen und der Passfähigkeit zur Unternehmenskultur einig sein.

Wichtig ist, dass möglichst viele offene Fragen gestellt werden und der Redeanteil der Bewerberseite deutlich höher ist als umgekehrt. In der Praxis findet man allerdings häufig das Gegenteil, weil man sich nicht gründlich genug vorbereitet hat und/oder kein gut abgestimmter Fragenkatalog vorliegt. Außerdem hat sich das strukturierte bzw. multimodale Interview durchgesetzt (Wickel-Kirsch, Schuler). Dabei kann zwischen folgenden Phasen unterschieden werden (► Dar. V.4.):

Dar. V.4: Phasen eines Interviews (Jäger, Wickel-Kirsch 2020, S. 54)

Phasen eines Interviews	
Eröffnungsphase/ Kontaktphase	• Small-Talk (Wetter, Anreise) zur Entspannung des Bewerbers • kurze Vorstellung von Unternehmen und Interviewer • Übermittlung wertschätzender Grundhaltung • Nennung Ziel und Ablauf des Gesprächs
Vorstellung des Bewerbers	• persönlicher Hintergrund • Ausbildung, Beruf • Werdegang, Erfahrungen • Interessen

Dar. V.4: Phasen eines Interviews (Jäger, Wickel-Kirsch 2020, S. 54)

Phasen eines Interviews	
Diagnosephase	Fragen aus Unterlagen und zur Selbstdarstellung • biografiebezogene Fragen • situative Fragen • offene Fragen
	Fachfragen zu Verhaltensweisen, Einstellung, Motivation • standardisierte oder teilstandardisierte Fragen • W-Fragen zu Situation-Aktion-Ergebnis • evtl. Stressfragen
Vorstellung der Position	• Aufgaben • Verantwortungsrahmen • hierarchische Einbindung, Schnittstellen • Umfeld (Vorgesetzter, Kollegen, Mitarbeiter)
Beantwortung der Fragen des Bewerbers	Der Bewerber soll alle Informationen erhalten, die er für seine Entscheidungsfindung benötigt.
Schlussphase	• Zusammenfassung der Gesprächsergebnisse • Details zu Kündigungsfrist, Gehaltsvorstellung • Fragen zum weiteren Vorgehen • Kostenerstattung • Dankeschön für Vertrauen und Interesse

Die Eröffnungsphase dient dem Warm-up und dem Herstellen einer angenehmen Gesprächssituation. Entscheidend ist dabei, dass beide Seiten sich gut vorbereitet haben; einerseits mit einem gründlich erarbeiteten Gesprächsleitfaden und einem guten Überblick über die bislang vorlegenden Dokumente aus der Vorauswahl sowie andererseits, dass von der Bewerberseite bereits Einblick in die einschlägigen Website des Unternehmens mit Hinweisen zur strategischen und wirtschaftlichen Situation, zu den Grundsätzen des Personalmarketings, der Personalentwicklung und des Employer Branding genommen wurde.

Allerdings muss man gleichwohl in Zeiten des demografischen Wandels sowie bei Klein- und Mittelbetrieben Abstriche machen. Aber auch dann müsste eine Website ohne jeden Bezug zu Personalthemen Misstrauen wecken. Hinzu kommen weitere Aspekte, die mit Bewerbungen aus dem Ausland verbunden sind. Hier sollten beide Seiten ihren guten Willen zeigen: Englische Sprachkenntnisse sollten vorhanden sein, aber auch das erkennbare Bemühen auf der Bewerberseite, sich mit der sozioökonomischen und politischen Situation in Deutschland zu beschäftigen. Die Vorstellung des Bewerbers sollte durch gezielte Fragen, eigentlich wie ein Journalisten-Interview gesteuert werden, sodass eine möglichst flüssige Präsentation zustande kommt.

Entscheidend ist die sich anschließende Diagnosephase. Mit offenen Fragen (z. B. Warum? Wieso? Weshalb?) ist die Berufsbiografie abzufragen und die Einstellung zur Arbeitssituation der zu besetzenden Position. Dabei bieten sich sowohl Fragen an, die sich spontan heraus entwickeln, als auch sogenannte standardisierte Fragen, die sich in eine Rangskala einordnen lassen. Die Standardfrage »Warum arbeiten Sie?« Reicht z. B. von »Arbeit ist mein Lebenselixier« bis hin zu »Arbeit ist Zwang«. An diesem Beispiel erkennt man aber auch, dass solche Fragen zu erwünschten Antworten führen: Er gibt schon zu, nur deshalb zu arbeiten, weil man es eben muss. Insgesamt sollte man darauf achten, dass der Redeteil der Unternehmensvertreter sich in der Minderheit befindet.

Aufgabe der Unternehmensseite ist es, sodann die Position vorzustellen und eventuelle Bewerberfragen zu beantworten. In der Schlussphase können Vertragsbestandteile besprochen werden (z. B, Gehaltsrahmen, Kündigungsfristen). Ferner wird das weitere Vorgehen besprochen und es erfolgt eine Zusammenfassung des bisher Erreichten. Wichtig ist, dass jedes Interview zu Ende geführt wird: Auch die Bewerberseite kann grundsätzlich ihre mögliche Kritik in Beschwerdeportalen äußern, was das Arbeitgeber-Image beschädigen kann. Außerdem sind die Gesprächsergebnisse hinreichend gründlich zu dokumentieren und auf der Unternehmensseite objektiv und gründlich zu besprechen. Dabei ist auch zu entscheiden, inwieweit weitere Auswahlinstrumente noch herangezogen werden sollen. Bei den A-Kandidaten wäre das der Fall, während man bei den Übrigen noch abwarten kann.

Tests

Grundsätzlich kann zwischen Eignungs-, Intelligenz- und Persönlichkeitstests unterscheiden.

- Eignungstests
  Eignungstests können insbesondere dann als relativ verlässlich angesehen werden, wenn motorische Fähigkeiten überprüft werden, wie z. B. Drahtbiegetests oder die Eigenschaften, die zum Vorbereiten oder Anfertigen von Speisen erforderlich sind. Entsprechendes gilt für das Überprüfen des Seh- und Hörvermögens oder für Konzentrationstests.
  Die Durchführung erfordert erfahrenes Personal und eine ruhige Umgebung, damit man nicht abgelenkt wird und man sich konzentrieren kann. Deshalb ist es nicht unproblematisch, wenn solche Tests per Videokonferenz durchgeführt würden. Andererseits eignen sich Tests, die per Computer, Telefon, Smartphone oder anderen technischen Geräten durchgeführt werden durchaus zur Vorbereitung und Selbstprüfung (vgl. z. B. Weinert 2004).
- Intelligenztests
  Letzteres gilt auch für Intelligenztests. Sie haben sich inzwischen vielfach bewährt und sind, was das logische Denken, das Kombinationsvermögen oder das Sprachgefühl betrifft, recht verlässlich. Allerdings ist zu bedenken, dass z. B. der Tatbestand der Hochbegabung nur bedingt eine sichere Eintrittskarte für Tätigkeiten bedeutet, die vor allem die praktische Intelligenz oder die soziale Intelligenz erfordern. Aber im Hinblick auf analytische und konzeptionell ausgerichtete Tätigkeiten werden verlässliche Ergebnisse erzielt.
- Persönlichkeitstests
  Der Reifegrad von Persönlichkeitstests hat sich dank ausgeprägter arbeits-, berufs- und organisationspsychologischer Forschung in den letzten Jahren deutlich weiterentwickelt. Als typische Führungseigenschaften gelten die sogenannten »Big Five«:
  - Openness — Offenheit für Erfahrungen
  - Consciousness — Perfektionismus
  - Extraversion — Geselligkeit
  - Agreeableness — Verträglichkeit
  - Neuroticism — niedrige emotionale Labilität

  Insgesamt spricht man auch vom »OCEAN«-Modell, wobei man sich zunächst via Eignungsprofil das gewünschte »Soll« zusammenstellen kann. Beruhend auf der Annahme, dass die Ausprägung der Big Five weitgehend stabil ist, kön-

nen nun psychologisch ausgebildete Diagnostiker Testbatterien kombinieren und auch online anwenden, da wissenschaftlich getestete Fragen standardisiert zu beantworten sind.
Sicherlich wird man aus einem introvertierten Analytiker mit autistischen Zügen keine präsentationsroutinierte Rampensau machen können, aber dennoch wäre die Annahme der Verhaltensstabilität letztlich der Sargnagel für jede Form von Organisationsentwicklung. Hier geht man immerhin von dem Anspruch aus, die Betroffenen zu Beteiligten zu machen und z. B. das Qualitätsbewusstsein, die Kundenorientierung oder das Serviceverhalten zu verbessern.
Gleichwohl sind die Persönlichkeitstests längst aus dem Stadium einer gewissen Scharlatanerie mit Anleihen aus der Klinischen Psychologie (z. B. Tintenkleckstests bei Schizophrenie) hinaus und können Persönlichkeitsmerkmale gut abbilden. Ein Restrisiko bleibt immer, was z. B. das erwünschte Antwortverhalten betrifft, wenn die Testfragen zu einfach erscheinen, oder die persönliche Tagesform.
Hinzu kommt das Potential, das mit dem Einsatz Künstlicher Intelligenz verbunden ist, indem sich die Fragen situativ stärker als bisher individuell anpassen lassen.

Andererseits haben Klein- und Mittelbetriebe, die ohnehin bei der Auswahldiagnostik benachteiligt sind, häufig keine ausgebildeten Psychologen und sind deshalb auf die Hilfe von externen Beratern angewiesen, die sie sich kaum leisten können. Deshalb ist das gute, alte Einstellungsinterview nach wie vor von großer Bedeutung, vorausgesetzt, man verwendet professionelle Fragetechniken und bereitet sich gründlich vor.

Präsentationen

Auch vor dem zuletzt genannten Hintergrund kommt positionell ausgerichteten Präsentationen eine große Bedeutung zu. In gewisser Hinsicht sind sie mit Arbeitsproben verwandt; während Letztere vergangenheitsbezogen sind, hat man nun die Möglichkeit, bestimmte Fach-, Methoden- und Persönlichkeitskompetenzen der sich bewerbenden Person kennenzulernen. Dies kann sowohl per

Video erfolgen, z. B. mit anschließendem Online-Interview mit mehreren Arbeitgebervertretern aus verschiedenen Standorten, als auch klassisch beim Zielunternehmen. Auch hier sollten mehrere Personen bei der Auswertung beteiligt sein.

Rollenspiele

Rollenspiele sind ähnlich wie Präsentationen zu betrachten und lassen sich u. U. mit ihnen kombinieren. Insbesondere die Verhaltenskomponente steht hier im Vordergrund, z. B. im Hinblick auf konfliktäre Situationen. Natürlich lässt sich dergleichen nicht von der methodischen und der fachlichen Dimension trennen.

Assessment Center

Assessment Center sind zwar aufwändig und verursachen mit einer Länge von häufig mehr als einem Tag recht viel Zeit. Ihr großer Vorteil liegt aber in der Kombination mehrerer Auswahlmethoden und in der Tatsache, dass mehrere Personen am Auswahlprozess beteiligt sind und sich untereinander austauschen können. In der folgenden Übersicht (► Dar. V.5) sind die denkbaren Übungen vertikal aufgeführt und zugleich sind die horizontal die Anforderungsmerkmale zu ersehen, über die man einschlägige Erkenntnisse gewinnen kann.

So kann man z. B. mit Gruppendiskussionen – entweder mit oder ohne Rollenvorgaben –, Interviews, Vorträgen und Rollenspielen z. B. das Durchsetzungsvermögen, die Kommunikationsfähigkeit und die Überzeugungskraft gut erkennen, sofern beim Assessment Center geschulte und erfahrene Personen zum Einsatz kommen, die über eine souveräne, eigene Meinung verfügen, die sie auch gegenüber eventuell beteiligten Hierarchen vertreten können.

Da es sich insgesamt um eine aufwändige bzw. teure Auswahlmethode handelt, ist ihr Einsatz insbesondere beim Führungsnachwuchs, z. B. bei Trainee-Positionen oder als Potential-AC in der Personalentwicklung sinnvoll, wenn zugleich hinreichend viele Personen, z. B. zehn, gleichzeitig eingeladen werden. Einzel-ACs sind dann viel teurer und kommen insofern, wenn überhaupt, bei der Besetzung von Top-Positionen in Betracht. Hier sind die Kandidaten inzwischen aufgeschlossener geworden. Renommierte Headhunter können dann auch neben längeren Interviews und Online-Tests auch mit Videoübungen, Fallstudien und Rollenspielen per Videokonferenz arbeiten. ACs haben inzwischen einen festen

Platz eingenommen, auch wenn sich übertriebene Hoffnungen nach dem Finden der »Top-Besten«, und das für längere Zeit, als illusionär herausgestellt haben.

Wichtig ist insgesamt und generell, dass die Übungen wirklichkeitsnah ausgestaltet werden und damit der sonst drohende Laborcharakter vermieden wird.

Dar. V.5: AC-Methoden und entsprechende Anforderungsprofile (Jäger/Wickel-Kirsch 2020, S. 142)

	Einzelinterview	Postkorb	Gruppendiskussion ohne Rollen	Gruppendiskussion mit Rollen	Intelligenztest	Vortrag	Interviewsimulation	Fallstudie	Entscheidungsübungen	Planspiel	Kooperationsübungen
Planung/ Organisation		x						x		x	
Kommunikationsfähigkeit	x		x	x		x	x		x		x
Überzeugungskraft	x		x	x		x	x		x		
Kooperation			x	x						x	x
sprachlicher Ausdruck	x		x	x		x	x	x			
Kreativität						x		x			
Durchsetzungsvermögen			x	x			x		x	x	
Aktivität/Motivation	x	x	x		x	x		x		x	
Entscheidungsfähigkeit		x							x	x	
Intelligenz					x	x		x			
Delegationsfähigkeit		x							x		
Belastbarkeit	x	x		x	x		x			x	
Führungsverhalten			x			x	x			x	
Flexibilität	x		x	x		x	x			x	
Einfühlungsvermögen			x	x		x	x			x	x

Befristete Einsätze

Befristete Einsätze kommen z. B. bei Hochschulabsolventen, Berufsrückkehrern oder anderen Neulingen in Betracht. Sie geben beiden Seiten die Gelegenheit, die neue Arbeitswelt kennenzulernen.

Schnuppereinsätze

Dieser befristete Einsatz kann auch als Praktikum stattfinden. Es soll aber der möglichst wirklichkeitsgetreue Einsatz im Vordergrund stehen. Insofern sind auch die eher langweiligen und monotonen Arbeitseinsätze ebenso zu berücksichtigen wie die schwierigeren und evtl. unangenehmen Facetten. Natürlich kann man von den unterschiedlichen Neulingen nicht erwarten, dass sie von Anfang an alles beherrschen. Insofern ist von den relevanten Führungskräften sowohl der unvermeidliche Trainings- und Personalentwicklungsaspekt zu bedenken als auch der Motivationsaspekt.

Probezeit

Grundsätzlich kann das Reinschnuppern mit einer Probezeit verbunden werden. Damit beginnt zugleich der Personaleinsatz. Die Bedeutung der Probezeit wird häufig unterschätzt. Dabei bietet sie die große und manches Mal die letzte Chance, mögliche Fehlentwicklungen zu korrigieren oder aber auch, nach gründlicher Diagnose, das Arbeitsverhältnis zu beenden. Auf jeden Fall ist die überraschende Verkündigung des Arbeitsabbruches am letzten Tag der Probezeit, und dann noch ohne Angabe von Gründen, tunlichst zu vermeiden. Dies ist nicht nur unfair und unprofessionell, sondern auch rufschädigend im Hinblick auf das Employer Image (vgl. Wunderer 2007).

4 Personaleinsatz und Diversity-Management

Obwohl die gesamte Arbeitstätigkeit, egal ob befristet oder unbefristet, mit Personaleinsatz gleichzusetzen ist, nimmt diese Phase unter dieser Bezeichnung ein Stiefmütterchen-Dasein ein. Bereits früher hatten wir auf die Arbeitszeitorganisation hingewiesen inkl. Homeoffice, Schichtarbeit und vielfältiger Individualisierungs- und Flexibilisierungstendenzen. Neben dem Arbeitsort spielt, wie ebenfalls bereits behandelt, der Arbeitsvertrag eine wichtige Rolle inkl. Teilzeitarbeit, selbständigen und unselbständigen Arbeitsverhältnissen.

Im Folgenden soll unser Augenmerk auf das eingesetzte Personal gelenkt werden. Obwohl Deutschland faktisch schon lange ein Einwanderungsland ist, wie es sogar Bundeskanzler Merz (CDU) betont, und der Personenanteil mit einem Migrationshintergrund in bestimmten Regionen – außerhalb Ostdeutschlands – ca. 15 Prozent beträgt, dominiert im Personalmanagement das Bild vom weißen, deutschen, männlichen Mitarbeiter. Spricht man stattdessen von Vielfalt, ist vom Phänomen des Diversity-Managements die Rede. Hier waren die USA Vorreiter. Dies scheint nun unter Präsident Trump ins Gegenteil umschlagen. Aber noch ist hoffentlich nicht aller Tage Abend.

4.1 Erscheinungsformen von Diversity

Vielfalt kann sehr vieles bedeuten: Sie kann sich auf die Geschäftsfelder bzw. die Branchen beziehen, was auch mit dem Sachverhalt der Diversifikation beschrieben werden kann. Es können aber auch unterschiedliche strategische Ausrichtungen gemeint sein oder die Vielfalt der organisationalen Funktionen und Aufgaben (vgl. Sepehri 2002).

Hier soll die Vielfalt der Mitarbeiter im Mittelpunkt stehen, wobei zwischen der aufgabenbezogenen und der personenbezogenen Diversität natürlich Wechselbeziehungen bestehen. Diese »Workforce Diversity« bezieht sich demzufolge auf die Mitarbeiter, ihre Tätigkeiten und damit verbundene Attribute.

Auf den ersten Blick kann man die Personen zwischen wahrnehmbaren und kaum bzw. weniger wahrnehmbaren Erscheinungsformen unterscheiden. Aber wenn man z. B. bei den vorgeblich wahrnehmbaren Merkmalen das Geschlecht, das Alter oder die Ethnie bzw. die Nationalität als Unterscheidungsmerkmal nimmt, dann gibt es bei jedem dieser Kriterien wiederum unzählige Abstufungsmerkmale: Wer ist tatsächlich alt oder jung? Gibt es nicht auch maskulin wirkende Frauen und umgekehrt? Und was ist ein tatsächlich ein »Biodeutscher«, etwa im Sinne der AfD?

Menschen unterscheiden sich somit faktisch auch hinsichtlich ihrer kulturellen und religiösen Werte, ihrer sexuellen Orientierung und ihrem Humor, aber auch hinsichtlich der unterschiedlichen Dimensionen von Bildung, sozioökonomischem Status und Hierarchie, aber auch der Sprachen und der damit verbundenen Kulturen oder ihrer Kompetenzen. Wie geht man mit dieser Realität personalpolitisch um?

4.2 Diversity-Ansätze

Faktisch gibt es in der Praxis unendlich viele Kombinationen von Diversity-Ansätzen. Dabei gibt es beträchtliche internationale bzw. interkulturelle Unterschiede, z. B. zwischen Affirmative Action in Südafrika, (sich aktuell verändernden) Antidiskriminierungsregelungen in den USA, Europa und Asien. Im Folgenden wird zunächst von der Situation in Deutschland ausgegangen und dann mit ausgewählten Ländern verglichen (vgl. Sepehri 2002).

Antidiskriminierung

Fairness und Gleichbehandlung stehen hier im Vordergrund (vgl. Krell 2008). Was ist das schon? Jedenfalls sollte es nicht mit Gleichmacherei verwechselt werden.

In Deutschland dürfen in Stellenausschreibungen keine Mitarbeitergruppen explizit ausgeschlossen werden. Üblich ist allerdings, dass Frauen explizit aufgefordert werden, sich zu bewerben, um ihre Repräsentanz in der Belegschaft zu erhöhen. Schwerbehinderte wiederum müssen bevorzugt eingestellt werden, allerdings bei »gleicher fachlicher Eignung«. Das Diskriminierungsverbot kann rechtlich bedeutsam werden, wenn deutlich wird, dass Ältere benachteiligt werden.

Quoten sind rechtlich nicht zulässig, können allerdings z. B. von Parteien im Rahmen ihrer demokratischen Willensbildung eingeführt werden. Sie können auch als Anspruchsziel formuliert werden, etwa mit der Norm, in Aufsichtsräten oder Unternehmensvorständen eine Frauenquote von z. B. 30 Prozent anzustreben.

In Südafrika gilt der Grundsatz der Affirmative Action, um die Diskriminierungen der Apartheidsperiode durch die prinzipielle Bevorzugung von Schwarzen und »Farbigen« bzw. Indern auszugleichen. Weiße Männer haben dann die schlechtesten Karten, weißen Frauen geht es relativ noch etwas besser. Auch heute noch nach vielen Jahren der Abschaffung von Apartheid haben sich diese Verhältnisse nicht grundsätzlich geändert, was insbesondere in den ersten Jahren danach zwar zu rigorosen Veränderungen in der Belegschaftsstruktur geführt hat, aber auch zu Leistungseinschränkungen.

In den USA ist bei Personaleinstellungen die Zusammensetzung der Bevölkerungsstruktur zu berücksichtigen. Andernfalls drohten Gerichtsklagen und Strafen. Aktuell versucht die Trump-Administration die von ihr beklagte Bevorzugung von Nicht-Weißen wieder zurückzudrehen und die Unternehmen sowie die Universitäten durch die Androhung von Sanktionen zu bewegen, ihre Diversity-Programme entsprechend zu modifizieren. Hier ist angesichts etlicher Gerichtsverfahren die weitere Entwicklung noch nicht abzusehen.

Marktzutritt

Diversity kann aber auch ökonomisch begründet sein. So erleichtert eine vielfältig zusammengesetzte Belegschaft, die in der Lage ist, sich auf die Bedürfnisse und Wünsche von Kunden unterschiedlicher kultureller Herkunft einzustellen, die Kundenorientierung. Zusätzlich wird die Interaktion mit Geschäftspartnern aus anderen Ländern erleichtert und die Anpassung an wechselnde Umweltbedingungen durch eine größere Perspektivenvielfalt gefördert. Last but not least stärkt eine entsprechende Personalpolitik das Image in Bezug auf das Personalmarketing und das Employer Branding.

Insgesamt ist die marktorientierte Diversity-Strategie in hohem Maße kultur- und ethnienorientiert, weil z. B. Polizeiangehörige oder Bank- und Versicherungsangestellte besser mit ihrem Publikum oder Kundenstamm kommunizieren können. Dies schließt aber nicht aus, dass z. B. die Gleichstellung von Mann und Frau oder die Altersstruktur nicht außer Acht gelassen wird (vgl. Sepehi 2002).

Lernen und Effektivität

Antidiskriminierung und Kunden- bzw. Marktorientierung lassen sich somit sinnvoll miteinander verbinden. Dann liegt der Schwerpunkt auf dem wechselseitigen

Lernen bzw. Optimieren im Sinne einer offenen Unternehmenskultur. Die Erwartung besteht darin, neue Perspektiven und Ideen zu gewinnen.

In diesem Sinne steht Kreativität und Problemlösung im Vordergrund. Allerdings ist das Kreativitätspotenzial von Diversity nicht unendlich. Gerade, wenn die Heterogenität zwischen den vielfältigen Gruppierungen zu groß sein sollte, kann auch das Gegenteil eintreten. Damit kommen wir wieder zu dem Ergebnis, dass es einer konsequenten, transformativen Führung bedarf, um Veränderungen erfolgreich zu gestalten. Damit stellt sich zugleich die Frage nach den Diversity-Schwerpunkten (vgl. Sepehri 2002).

4.3 Diversity-Schwerpunkte

Die Diversity-Schwerpunkte können wiederum vielfältig sein. Umso zahlreicher die Schwerpunkte sind, desto größer ist allerdings die Gefahr, die verschiedenen Facetten miteinander zu harmonisieren.

Gender

Frauenförderung zählt als der Klassiker unter den Diversitätsdimensionen. Mittlerweile hat sich in Deutschland vieles zum Besseren verändert, aber bis zur vollständigen Gleichberechtigung ist noch Luft nach oben. So verrichten die Frauen in durchaus erheblichem Umfang mehr Care-Arbeit als die Männer bezüglich Kinderbetreuung, Altenpflege und Hausarbeit. Mit zunehmender Hierarchieebene verringert sich der Frauenanteil; gibt es auf den untersten und unteren Ebenen mehr Frauen als Männer, verschiebt sich das von Level zu Level zugunsten der Männer. Frauenberufe werden in der Regel schlechter bezahlt als Männerberufe und selbst beim Vergleich zwischen den Gehältern derselben Ebene besteht häufig ein Pay Gap von ca. 20 Prozent. Letzteres liegt meistens an den Unterbrechungszeiten für die Kindererziehung sowie schlechter bezahlten Teilzeitpositionen. Aber auch Hochschullehrerinnen erhalten im Durchschnitt niedrigere variable Bezüge, eventuell weil sie nicht so energisch und zäh verhandeln?

Insgesamt gibt es aber durchaus Fortschritte, z. B. beim zunehmenden Anteil in Führungspositionen. Hinzu kommt, dass Frauen von den Männern die Bedeutung von Netzwerken übernommen haben, aber auch, weil mit zunehmendem

Anteil an einer Gruppe die Gruppenkohäsion zunimmt und damit auch Macht und Einfluss.

Dem zunehmenden Fach- und Führungskräftemangel im Rahmen des demografischen Wandels ist außerdem zu verdanken, dass die Diskussion um die Work-Life-Balance in der Familie bei zwei Erwerbstätigen (oder mehr) an Ernsthaftigkeit gewinnt und die Organisationen in Wirtschaft und Verwaltung im Sinne des Employer Brandings und Personalmarketings stärker an Frauen interessiert sind.

Trotzdem gibt es, auch aufgrund von Sozialisationserfahrungen und -prägungen bereits im Kindergarten nach wie vor typische Männer- und Frauenberufe ebenso wie Studienfächer. Dabei würden mehr Ingenieurinnen und Schlosserinnen oder mehr männliche Erzieher und Krankenpfleger die Organisationskulturen durchaus sinnvoll verändern (vgl. Krell 2008).

Alter

Nach wie vor zählen ältere Arbeitnehmer schnell zum alten Eisen. Andererseits prägen die Personen ab 60 Jahren die Wahlergebnisse und bestimmen damit indirekt die Diskussionen um die Wahlprogramme mit. Hier wäre zweierlei wichtig: Jüngere sollten schneller Führungsverantwortung übernehmen können, u. U. auch befristet. Überhaupt sollte Führung auf Zeit verstärkt zum Einsatz kommen und sich mit eher fachlich orientiert Lebensabschnitten abwechseln.

Ältere sollten sich auch noch mit 50 und danach umschulen lassen können, um in neuen Tätigkeitsfeldern neue Chancen zu erhalten. Warum sollte ein körperlich angeschlagener Fabrikarbeiter oder Handwerker z. B. nicht noch etwas Karitatives übernehmen, wenn er Lust dazu hat.

Nach wie vor wird Weiterbildung für Ältere jedoch als überflüssig angesehen. Dabei nimmt die Lebenserwartung fortlaufend zu, und die Renten und die Pensionen müssen finanziert werden. Last but not least gibt es immer noch viel zu wenige altersgemischte Teams und intelligente, nachhaltige Lösungen für den gleitenden Übergang in den Ruhestand (Rihn 2025, Müller 2025).

Interkulturelle Diversität

Auf die interkulturelle Diversität wurde bereits weiter oben im Abschnitt über die interkulturelle Managementforschung und die interkulturellen Wertvorstellungen eingegangen. Hofstede, Trompenaars und andere haben in diesem Zusammenhang z. B. unterschiedliche Vorstellungen über das hierarchische Denken, das Risikoverhalten, Zeitvorstellungen etc. geforscht, das von Kulturkreis zu Kulturkreis differiert (Trompenaas 1991).

Ähnlich wie bei homogenen und heterogenen Gruppen können die Effekte hinsichtlich Kreativität und Performanz unterschiedlich sein. Um möglichst positive Effekte zu erzeugen, müsste man auf jeden Fall ein kongruentes Verständnis von Unternehmenskultur haben, auch um eine gemeinsame Basis zu haben. Insofern sind interkulturelle Trainings im Rahmen der Organisationsentwicklung erforderlich (Pan Yaling 2021).

Allerdings geht die organisationspsychologische Forschung im Rahmen der Entwicklung von Persönlichkeitstests von ziemlich stabilen Persönlichkeitsmerkmalen aus, vor allem mit zunehmendem Alter. Insofern sind der interkulturellen Harmonisation bestimmte Grenzen gesetzt. Auch wenn Diversity nicht per se zu Leistungssteigerungen führt, sondern sogar das Gegenteil bewirken kann, kommen sowohl der Personalauswahl als auch der Personalentwicklung eine entscheidende Bedeutung zu für die Schaffung eines gegenseitigen Verständnisses und die Bildung gemeinsam zu teilender Werte. Nicht zuletzt können bei großen Unternehmen auch kulturelle Cluster gebildet werden, um eine personelle Geschlossenheit im Hinblick auf die optimale Ausnutzung von Marktpotentialen zu erhalten.

Inklusion

Heterogene Teams sollten auch Personen mit einem Handicap haben. Erfahrungsgemäß sind diese Menschen überdurchschnittlich motiviert, wenn sie spüren, dass sie akzeptiert werden und Erfolgserlebnisse haben. Rücksicht und Toleranz können sich positiv auf das Gemeinschaftsgefühl und die Unternehmenskultur auswirken und übertriebenem Konkurrenzdenken Einhalt gebieten.

Voraussetzung ist allerdings, dass auch Personen mit einem Handicap barrierefrei arbeiten können und alle behindertengerechten Arbeitsmittel bekommen, die sie brauchen. Leider ergeben Realitätschecks, die von und in bestimmten Organisationen von Zeit zu Zeit durchgeführt werden, dass es hier noch viele Mängel gibt, die allerdings häufig auf eine gewisse Gedankenlosigkeit zurückzuführen sind (Heese et al. 2024, Hamscha/Wondrak 2023, Koatsch 2021).

Sex

Die sexuelle Orientierung gehört mittlerweile auch zum festen Repertoire von Managing Diversity. Leider nehmen in vielen Ländern die homophoben Belästigungen zu. Die aktuelle amerikanische Regierung bildet hier ein weiteres unrühmliches Diskriminierungsbeispiel.

Aus Sicht der weiter oben beschriebenen Diversity-Ansätze braucht man mit »abweichender« sexueller Orientierung kein Problem zu haben. Erstens fällt es unter das Toleranz- und Antidiskriminierungsgebot, wonach jeder nach seiner Façon selig werden kann. Zweitens sind viele queere Personen überdurchschnittlich geschmackvoll und deshalb in der Mode- und der Möbelbranche als Mitarbeiter und als Kunden sehr begehrt und drittens kann man von andersartig erscheinenden Personen auch viel Lernen.

Insofern ist es schade, dass sich die immer wieder festzustellende Tendenz, Minderheiten zu diskriminieren und zu kriminalisieren, wenn nicht gar zu verletzen, sich in autokratisch formierenden Staaten (z. B. Russland, Türkei, Ungarn, USA) nun auch auf die sexuelle Orientierung inklusive Transpersonen fokussiert und als Merkmal von »Dekadenz in woken, verweichlichten, kinder- und jugendgefährdenden Tendenzen« verächtlich gemacht wird. Dabei ist die Würde des Menschen doch unantastbar (vgl. auch Günther 2025).

4.4 Diversity: Quo vadis?

Managing Diversity hat, wie schon erwähnt, vor ca. 40 Jahren in Westdeutschland als Exotenthema in die soziologische und in die managementwissenschaftliche Diskussion Eingang gefunden. In Ostdeutschland wurde zwar die »sozialistische Völkerfreundschaft« propagiert. Interkulturell fundierte Zusammenarbeit in Wirtschaft und Gesellschaft gab es aber auch nicht.

Anfänglich wurde Diversity als US-amerikanisches Spezialphänomen betrachtet, eher als Rekrutierungsvorschrift und ziemlich losgelöst vom Rassismus insbesondere gegenüber der schwarzen Bevölkerung. Mit zunehmender Internationalisierung auch deutscher Firmen und einem wachsenden Anteil von Gastarbeitern und dann auch EU-Ausländern verstärkte sich die Diversity-Diskussion in Deutschland, bei den DAX-Firmen zunehmend im Gefolge der Programme zur Frauenförderung und Gleichstellung.

Bezüglich interkultureller Kommunikation hat man in Deutschland im Rahmen seiner Exportorientierung und der Globalisierung begonnen, Diversity als Normalphänomen zu begreifen, obwohl hier noch viel zu tun ist. Und just in diesem Moment fangen die Störfeuer an, wo die USA und China mit unterschiedlichen Strategien die Dominanz ihrer Länder und der damit verbundenen Kulturelemente verstärken.

Dabei bleibt nur zu hoffen, dass die deutschen Firmen weiter machen und nicht auch, wie es die AfD gerne möchte, auf eine gewisse »Deutschtümelei« zurückfallen. Hier sollte man sich im Gegenteil nicht beirren lassen. Alles andere wäre zivilisatorisch und ökonomisch eine Katastrophe. Die Henkel KGaA »hält jedenfalls an Diversity fest« (Die Zeit 2025).

5 Personalentwicklung und Training

5.1 Berufs- und Hochschulausbildung als Grundlage

Es gibt kaum einen Bereich, wo so viel geschrieben und gesprochen wird wie den der Personalentwicklung. Je nach Unternehmensgröße, -philosophie und -strategie liegt eine unterschiedliche Situation vor, aber dennoch ist es eine wichtige Führungsaufgabe und auch eine professionelle Herausforderung, die häufig verkannt wird. Manche Unternehmen haben über Jahrzehnte einen beträchtlichen Reifegrad erworben, andere Organisationen befinden sich noch im Anfängerstadium und wundern sich, wenn sich Erfolge nicht schnell genug einstellen.

Die Basis der Personalentwicklung als der Qualifizierung für gegenwärtige und für zukünftige Aufgaben ist die Berufsausbildung und die Hochschulausbildung. Hier verfügt Deutschland einerseits über die langjährige (und zuweilen verkannte) Tradition der dualen Berufsausbildung mit Ausbildungsstationen im Betrieb und in der Berufsschule, worüber andere Länder uns beneiden. Hinzu kommen die praxisorientierten Ausbildungswege der dualen Hochschulausbildung und der Studiengänge an den Fachhochschulen. Leider nimmt die duale Hochschulausbildung, wo man sowohl im Betrieb als auch an einer Hochschule ausgebildet wird, nur einen relativ geringen Anteil ein. Auch könnte der Anteil der anwendungsorientierten Fachhochstudiengänge höher sein, so dass die überwiegende Mehrheit eines Jahrganges an den Universitäten studiert, welche vom Anspruch her eine forschungsbasierte Lehre anbieten (vgl. Becker 2023, 2026).

Auch wenn Hochschulabsolventen in unterdurchschnittlichem Maße arbeitslos sind, stellt sich mittlerweile für die angehenden Praktiker die Frage, ob man nicht anstelle einer recht langen Bachelor- und Masterausbildung mit einer dualen Berufs- oder dualen Hochschulausbildung beginnen sollte, um dann ggfs. später ein wissenschaftliches Weiterbildungsstudium zu absolvieren.

Eigentlich fehlt es an einer soliden Diagnostik und Berufsberatung, auch an Orientierungskursen an den Hochschulen und einer engeren Zusammenarbeit zwischen dem beruflichen Bereich und dem Hochschulbereich, um maßgeschneiderte Berufswege zu definieren und Fehlentwicklungen zu vermeiden, die man sich angesichts des starken Fach- und Führungskräftemangels nicht mehr leisten kann.

Last but not least binden die Universitäten viele Studierende zu lange an sich, die dann doch nicht für die wissenschaftliche Laufbahn in Frage kommen, oder für die man bislang noch keine überzeugenden Karrieremodelle außerhalb der klassischen Professorenlaufbahn anbieten kann. Bislang ist noch jede Bundesregierung über Absichtserklärungen nicht hinausgekommen (vgl. Günther 2025).

5.2 Bildungsinhalte: Kompetenzen und Skills

Angesichts der bereits beschriebenen VUCA-Welt ist es nicht verwunderlich, wenn sich die Bedeutung der benötigten Fähigkeiten und der in diesem Zusammenhang erworbenen Kompetenzen verschiebt. Im Bereich der Berufsausbildung nimmt z. B. die Bedeutung von körperlicher Belastung generell ab. Auch wenn die Tätigkeit im Baugewerbe und in einem Stahlwerk eine gewisse Muskelkraft und körperliche Wendigkeit voraussetzt, wird doch manche Tätigkeit durch maschinelle Hilfsmittel erleichtert. Ausnahmen gelten allerdings für die Fahrradkuriere und für Lieferdienste, wo man längere Strecken mit dem Fahrrad zurücklegen muss. Trotz E-Bike bleibt z. B. auch der traditionelle Briefträgerberuf anstrengend. Wie lange wird es aber noch den klassischen Briefträger geben? Im kaufmännischen Bereich hat z. B. die Bedeutung einer umfassenden Lehre zum Bankkaufmann an Bedeutung abgenommen, wo die Filialen der Kreditinstitute zunehmend schließen und vieles online erledigt wird.

Insgesamt kann man sagen, dass anstelle der körperlichen Belastung die geistige Belastung zugenommen hat und auch die Verantwortung für komplizierte Geräte. So hat sich der Beruf des Elektrikers in Zeiten von »smart homes« total gewandelt; vom einfachen Strippenzieher kann keine Rede mehr sein (vgl. Zander 1990).

Insgesamt unterscheidet man zwischen folgenden Kompetenzen, die eine Person benötigt, um erfolgreich ihre Aufgaben zu bewältigen. Dabei geht es um Wissen, Fertigkeiten, Einstellungen und Verhaltensweisen (Wagner 1991):

- fachlich und methodisch
  - analytisches Denken
  - Zeitmanagement
- sozial und kommunikativ
  - Teamfähigkeit/Motivationsfähigkeit
  - Kritikfähigkeit/Konfliktfähigkeit
  - Empathie/emotionale Intelligenz
- aktivitäts- und handlungsorientiert
  - Entscheidungsfähigkeit/Durchsetzungsvermögen
  - Eigeninitiative
  - Risikobereitschaft

Natürlich hängt der Aktivitäts- und Handlungsbereich auch von der hierarchischen Position ab. Auf den höheren Ebenen ist insofern auch strategisches und visionäres Denken, Verantwortungsbereitschaft und Führungskompetenz gefragt. Hinzu kommt die immer wichtiger werdende interkulturelle Kompetenz.

Im Rahmen der Personalentwicklung sollte man aber auch früh genug anfangen, um die entsprechenden Potenziale zu erkennen und zu fördern. In diesem Zusammenhang spricht man auch vom Skills Management, wo es darum geht, die

Fähigkeiten der Mitarbeiter systematisch zu identifizieren, entwickeln und effektiv zu nutzen, um die Ziele der Organisation zu erreichen.

5.3 Personalentwicklung und Förderung

In Anlehnung an Manfred Becker kann man von der »Kompetenzpyramide der Führungskräfteentwicklung« ausgehen (nach Becker bei Wagner 2020, S. 464). Anknüpfend von unseren Überlegungen zur Personalentwicklung als Führungsaufgabe bezieht sich die Basis der Förderung auf den Bereich der ...

Leistung und Zusammenarbeit

- Strukturale Führung (PE-konzeption und Unternehmenskultur, Organisationsrahmen, Anreizsysteme, Stellenbeschreibung in Abhängigkeit von der Organisationsgröße, Unternehmensentwicklung)
- personale Führung (z. B. Ziele verdeutlichen, koordinieren, motivieren, kontrollieren, auswählen und beurteilen, gezielter Einsatz von Projektmanagement, um Potenziale zu erkennen)

Hier im täglichen Arbeitsalltag vollzieht sich nach erfolgter Personalauswahl und Eingliederung vor dem strukturellen und konzeptionellen Hintergrund des Unternehmens das Führungsgeschehen im Team und mit den Vorgesetzten. Hier werden u. U. auch die Widersprüche deutlich zwischen dem Offiziellen und dem Informellen, zwischen Anspruch und Wirklichkeit. Dabei spielt das Vorbild der Chefebene ebenso eine wichtige Rolle wie die Erfahrungswelt der Kollegen. Vor diesem Hintergrund werden nun Einführungs- und Fortbildungsveranstaltungen angeboten, die sowohl intern als auch extern angeboten werden. Hinzu kommen das eigene Lernen und das Sammeln von Erfahrungen und Eindrücken.

Führungsgrundlagen

- Überblicksseminare, Verhaltensseminare, Teamkonzepte
- Individuelles und kollektives Arbeitsrecht

Zwischen Grundlagenvermittlung und Vertiefung liegt eine gewisse Zeit der Transformation des Erlernten in die Praxis vor Ort. Dabei wird schnell klar, inwieweit das in den Seminaren Vermittelte eine reelle Chance hat, auch faktisch umgesetzt zu werden. Wenn es hier zu erheblichen Abstoßungsreaktionen kommen sollte, dann erfolgt die anschließende Vertiefung natürlich unter ungünstigen Rahmenbedingungen.

Führungsvertiefung

- Führungssituationen, Organisationsentwicklung
- Führungsinstrumente, Kommunikation und Information

Die nachfolgenden beiden Ebenen gelten für den Managementnachwuchs. Dabei passiert es immer wieder, dass wenn die sogenannten Sachzwänge es erfordern, Personen auch ohne diese Weiterbildung befördert oder extern angeworben werden.

Grundlagen der Unternehmensführung

- Struktur und Kultur
- Konflikt- und Kompetenzseminar

Dies führt natürlich zu Unmut und Zweifeln an der Verbindlichkeit der PE-Konzeption, was auch für die oberste Ebene der PE-Pyramide gilt.

Top-Management Issues

- Strategie und Struktur
- Beratung

Trainingsmethoden

Die betriebliche Weiterbildung hat mittlerweile ein Niveau erreicht, wo sie sich nicht zu verstecken braucht. Mittlerweile gibt es z. B. mit Rollenspielen, Fallstudien, Onlinezugängen inkl. Videotools, Selbstlerntools, Moderationswerkzeugen ein großes Set an Instrumenten, womit man gut arbeiten kann. Die Probleme liegen eher in Folgendem.

Zeit und Kosten

So besteht seit Längerem die Tendenz, mehrtätige Veranstaltungen zu verkürzen und auf Onlinekurse, allenfalls mit Blended Learning auszuweichen. Hierdurch besteht die Gefahr, dass Reflexionsphasen und das kritische Überdenken zu kurz kommen.

Dabei benötigen auch neuere Verfahren wie die Scrum-Methode oder das Design Thinking eine hinreichende Zeit, um überhastete, beliebige Ergebnisse zu vermeiden.

Instrumentalisierung

Umso mehr das kritische Nachfragen und das Widersprechen als lästig oder sogar als illoyal empfunden werden, desto mehr besteht die Gefahr, dass man sich dem Mainstream unterordnet und weiche Signale übersieht, welche auf sich abzeichnende Probleme hinweisen.

So prägnant diese Vorlagen sein können, so sehr wird häufig übersehen, dass jede konkrete Praxis-Situation anders ist. Insofern ist auch hier wieder sowohl analytisches wie kreatives, situatives Denken gefragt!

5.4 Personalentwicklung und Organisationsentwicklung

Personal- und Organisationsentwicklung (OE) hängen eng miteinander zusammen. OE wirkt verhaltens- und kulturverändernd. Beides sollte langfristig ausgerichtet sein. OE hat eine systemisch-strukturelle und eine verhaltensbetonte Komponente. Der Slogan lautet allgemein: »die Betroffenen zu Beteiligten machen«. Aber auch das Gegenteil ist wichtig: »die Beteiligten zu Betroffenen« machen. Jede Rationalisierungsmaßnahme wird z. B. kritisch beäugt nach der Art der Vorgehensweise.

Umgekehrt stehen folgende Verhaltensausprägungen im Mittelunkt, die sich wechselseitig beeinflussen:

- Service- und Kundenorientierung
- Qualitätsbewusstsein
- interkulturelles Verständnis
- nachhaltiges Denken
- gutes Betriebsklima
- und trotzdem: wirtschaftliches Denken und Handeln!

Trotz aller Heilsversprechen aus der Beraterbranche wird Organisationsentwicklung per se keine tiefgreifenden Verhaltensänderungen erzielen. Das zeigen auch die Erkenntnisse der Persönlichkeitspsychologie. Bereits bei der Personalauswahl muss ein Grundstein in Richtung transformationelles Denken gelegt werden. Falls zusätzlich die erforderliche Lernbereitschaft vorhanden ist, kann man jedoch sicherlich mit professionellen Trainern und Moderatoren das gewünschte Verhalten verbessern. Allerdings müssen auch die ökonomischen Rahmenbedingungen stimmen; harte Sanierungsschritte müssen insofern Erfolge zeitigen (vgl. Becker 2023, Krüger 1994, Palmer 2006).

6 Anreiz und Entgelt

Das organisationale Anreizsystem umfasst neben den materiellen auch diverse immaterielle Anreize (► Dar. V.6), was den Arbeitsinhalt, die organisationalen und die sozialen Rahmenbedingungen betrifft. Viele Organisations- und Führungsaspekte wurden bereits diskutiert.

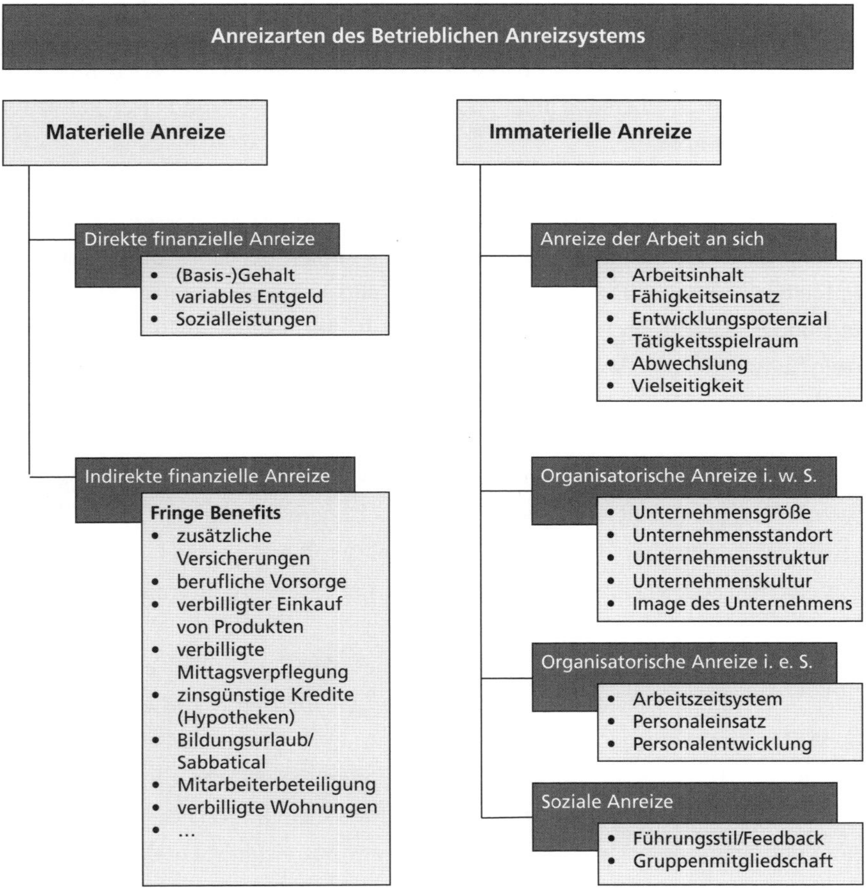

Dar. V.6: Komponenten des Anreizsystems (Wagner 2020, S. 232, Bayard)

6.1 Tendenzen und Moden

Die Entgeltfindung hat sowohl eine sachlich-analytische als auch eine machtpolitische Komponente. Wie bereits früher ausgeführt, wären z.B. ohne die Unterstützung der Gewerkschaften und der ihnen nahestehenden Parteien, insbesondere auch durch Arbeitskämpfe viele Absicherungen, die heute selbstverständlich erscheinen, nicht erreicht worden. Von Anfang an gab es die hierarchische Differenzierung zwischen den Kapitaleignern, aber auch den politischen Spitzen in der Staatsbürokratie und ihren Gehilfen, also den Angestellten z.B. als Bank- oder Industriebeamten einerseits und den gewerblichen Arbeitern und ihren Pendants in der Staatsbürokratie.

Mit der hierarchischen Differenzierung gab es die Statusunterschiede bezüglich Entgelthöhe, Arbeitszeiten und den Formen der sozialen Absicherung. So dauerte es sehr lange, in Westdeutschland bis in die 60er Jahre, bis einheitliche Entgelttarifverträge für Arbeiter und Angestellte sich nach und nach durchsetzten, und es dauerte noch länger, bis eine einheitliche gesetzliche Rentenversicherung für Arbeiter und Angestellte aus dem Zusammenschluss der Landesversicherungsanstalten für Arbeiter und der Bundesversicherungsanstalt für Angestellte entstand.

In den 50er Jahren wurde der Arbeiterlohn wöchentlich ausgezahlt. Angestellte bekamen ihr Gehalt monatlich und hatten längere Kündigungsfristen. Angestellte sahen sich eher als Gefolgsleute der mittleren und oberen Führungskräfte mit eigenen, sog. »gelben« Gewerkschaften. Bei vielen Arbeitern überwog, z. T. aus leidvoller Erfahrung, der Klassengegensatz.

In der Bundesrepublik Deutschland kam es allerdings früher als in England oder in Frankreich, nicht zuletzt im Gefolge der Sozialen Marktwirtschaft und der Mitbestimmungsgesetze, zu Harmonisierungsvorgängen zwischen den Verbänden der Arbeitsgeber und den Gewerkschaften. Sie wirkten z.B. bei REFA im Bereich der Arbeitswissenschaften und beim RKW, dem Rationalisierungskuratorium der Deutschen Wirtschaft, zusammen, um z.B. Grundsätze der Entgeltfindung, insbesondere bei der Arbeitsbewertung aufzustellen. Das stand keineswegs im Gegensatz zu der Tatsache, dass es regelmäßig über die Höhe des Entgeltes in Verhandlungen und ggfs. Arbeitskämpfen zu Auseinandersetzungen kam. Bei den Angestellten und dem Führungspersonal überwog eher der lautlose und individuelle Regelungsmodus.

In der Mehrzahl der Fälle wird der Input als Bemessungsgrundlage der Entgeltfindung betrachtet, wobei man hier zwischen dem grundsätzlich vorhandenen Arbeitsvermögen unterscheidet und dem konkreten Arbeitseinsatz. Andererseits kann man aber auch bezüglich des Outputs vom Arbeitsergebnis ausgehen oder aber auch vom Beitrag zum Erfolg bzw. zum Überschuss oder Gewinn einer Organisation. In diesen vier Fällen spricht man von folgenden Lohnformen:

- Zeitlohn bezüglich der potenziell vorhandenen Fähigkeit oder dem Anforderungslohn
- Leistungslohn (Akkordlohn, Prämienlohn, Leistungszulage)
- Erfolgsabhängige Entlohnung (Erfolgsbeteiligung, Provision, Tantieme) (vgl. Wagner 2020, 2026)

6.2 Basisvergütung

Im Folgenden wird hier vom Zeitlohn ausgegangen, wobei die Anforderungen am Arbeitsplatz im Vordergrund stehen. Neben den o. g. Leistungskriterien, welche sich in einer gewissen Variabilität ausdrücken, kann auch das Lebensalter, der Familienstand und die Dauer der Betriebszugehörigkeit eine Rolle spielen. Hinzu kommen spezielle Überlegungen, welche die Führungskräfteentlohnung betreffen.

Die Einstufung der Basisvergütung kann summarisch-ganzheitlich erfolgen oder im Gegensatz dazu analytisch mit bepunkteten und gewichteten Skalen für folgende Anforderungsarten:

- Ausbildungsniveau
  Das Spektrum reicht von un- und angelernt bis hin zum Hochschulabschluss (Promotion, Habilitation) oder bis zum unterschiedlichen Niveau der Berufsabschlüsse (Techniker, Meister). Je nach Tätigkeit steht eher der praktische oder der wissenschaftlich-technische Abschluss im Vordergrund. Jedenfalls konnten sich die Standesvertretungen der Wirtschaft und der Wissenschaft nicht auf ein einheitliches Ranking einigen.
  So wird der von den Industrie- und Handelskammern propagierte Bachelor und Master »Professional« von der Wissenschaft nicht recht ernst genommen und umgekehrt spielt die Promotion und erst recht nicht die Habilitation für die Berufspraxis eine so wichtige Rolle wie vielfach z. B. der Master of Business Administration (MBA): So sollte den aktuelleren Abschlüssen eine grö-

ßere Bedeutung beigemessen werden als den älteren Qualifikationen, insbesondere, wenn sich der Schwerpunkt der beruflichen Tätigkeit im Laufe eines Berufslebens deutlich verschoben hat.

- Umfang und Intensität der Berufserfahrung
  Hier beginnt die Einstufung beim Beruf-, bzw. beim Tätigkeitsanfang und steigert sich dann in Abhängigkeit von der Tiefe und von der Breite. Umstritten ist, ob man die Erfahrungseinstufung nach jeder Höhergruppierung in eine neue Entgeltstufe neu beginnen soll. Im Öffentlichen Dienst ist dies z. B. der Fall und führt häufig zu dem Ergebnis, dass man dann eine Zeit lang weniger verdient als auf der niedrigeren Entgeltstufe, aber mit einer relativ hohen Erfahrungsklassifizierung. Dieser Sachverhalt führt dann regelmäßig zur Demotivation und sollte deshalb vermieden werden.
- Körperliche oder geistige Beanspruchung (Belastung)
  Es wurde bereits erwähnt, dass bei vielen Tätigkeiten die körperliche Belastung infolge von Mechanisierung und Automatisierung abgenommen und stattdessen die geistige Belastung zugenommen hat. Bei der analytischen Form der Arbeitsplatzbewertung würde man somit die Gewichtung der körperlichen Belastung verringern und umgekehrt eine Erhöhung vornehmen. Trotzdem gibt es nach wie vor Berufe, insbesondere in der Baubranche und in der Stahlindustrie, wo nennenswerte körperliche Belastungen vorliegen, die in der Vergütung zu berücksichtigen sind.
  Andererseits führen die Merkmale der VUCA-Welt, wie insbesondere die vielfältigen Volatilitäten und Komplexitäten zu einer erhöhten psychischen Beanspruchung, welche bei vielen Tätigkeiten den körperlichen Belastungsaspekt überlagern.
- Art, Umfang und Intensität der übertragenen Verantwortung
  Hier sind zwei wichtige Bereiche zu unterscheiden:
  - Verantwortung für Personen
    Es ist problematisch, die Vergütung, wie traditionell üblich, direkt von der Anzahl der unterstellten Personen abhängig zu machen, insbesondere dann, wenn es über den direkten Unterstellungsbereich hinausgeht. Immer wieder kommt es vor, dass organisatorische Veränderungen blockiert werden, weil Entgelterhöhungen damit verbunden sind, die wiederum Ket-

tenreaktionen bezüglich weiterer Entgeltanpassungen auslösen. Sinnvoller ist es von der Qualität der zugeordneten Personen auszugehen und der strategischen Bedeutung der jeweiligen Position.

- Verantwortung für Gegenstände
  Damit ist z. B. der Wert der zu betreuenden Anlagen, Maschinen, IT-Systeme etc. verbunden, die ordnungsgemäß zu betreuen sind. Diese Werte können u. U. recht hoch sein. Die entsprechende Verantwortung wird nicht unbedingt nur von Führungskräften übernommen, sondern auch von weniger qualifiziertem Personal. So werden z. B. Pförtner häufig auf niedrigen Entgeltstufen eingeordnet, weil sie ja »ohnehin häufig nur herumsitzen«, haben aber zunehmend komplizierte und wichtige Systeme nebenbei zu überwachen.

Soziale Kriterien

Neben den aufgabenbezogenen Aspekten können auch soziale Kriterien bei der Vergütung eine nicht unwichtige Rolle spielen. Sie hat es traditionell am ehesten bei den Angestellten als den Gehilfen des Unternehmers gegeben, wurden aber auch zunehmend von den Gewerkschaften und den Betriebsräten erkämpft bzw. verhandelt.

- Betriebszugehörigkeit
  Die Betriebszugehörigkeit kann auch im Rahmen der o. g. Erfahrungsstufen berücksichtigt werden. Allerdings kann man diese Abstufungen auch auf die gesamte einschlägige Berufskarriere beziehen. Im Öffentlichen Dienst spielt die Dauer der Tätigkeit in einer Position eine wichtige Rolle.
- Alter
  Das Alter wird traditionell eher bei Angestellten als bei gewerblichen Mitarbeitern berücksichtigt; Angestellte »schaukeln« sich z. B. mittels übertariflicher Zulagen, die individuell vereinbart werden, eher hoch als Arbeiter, die u. U. viele Jahre dieselbe Eingruppierung behalten, es sei denn, sie werden Vorarbeiter, Gruppenleiter oder Meister. Ironie der Geschichte: in realsozialistischen Ländern verdienten die Meister u. U. dann weniger als die »Helden der Arbeiterklasse«.

- Familientand, Kinderzahl
  Verheiratete Personen kriegen insbesondere im Öffentlichen Dienst einen entsprechenden Zuschlag, ebenso Zuschläge für jedes Kind. In der Privatwirtschaft spielen diese Zuschläge eine geringere Rolle.

Führungskräftevergütung
Charakteristisch für die Vergütung von Führungskräften sind die variablen Entgeltbestandteile, auf die noch eingegangen wird. Ansonsten wird versucht, analytisch die Bedeutung der Führungsposition z. B. hinsichtlich

- des Aufgabenumfanges und der Reichweite seiner Bedeutung,
- der Eindringtiefe (Spezialisierung),
- der Bedeutung der externen und internen Kontakte und
- der Führungsverantwortung

zu unterscheiden. Hierzu gibt es sowohl analytische als auch summarische Bewertungsverfahren. Bekannt sind z. B. die job-classes der Unternehmensberatung Hay. Nicht zuletzt spielen aber auch Markteinflüsse zuweilen eine große Rolle, wenn wichtig erscheinende Personen abgeworben werden müssen. Mittelfristig werden solche Ausreißer aber auch wieder in das Firmensystem eingefügt (Zander 1990).

Entwicklungstendenzen
Analytische Arbeitsbewertungssysteme haben ihren Schrecken mittlerweile verloren, auch wenn viele Punkteskalen sich nicht mathematisch exakt berechnen lassen. Interessanterweise weichen die Einordnungsurteile der Experten von Arbeitgeber- und Arbeitnehmerseite häufig kaum voneinander ab. Allerdings versucht man häufig im Tarifbereich, das Niveau der unteren Entgeltgruppen überproportional zu erhöhen. Dabei spielt der Reallohnausgleich bei zeitweilig gestiegener Inflation eine wichtige Rolle. Allerdings gibt es zunehmend Regionen, vor allem in Ostdeutschland, wo Tarifverträge keine Rolle mehr spielen. Demzufolge gehen die Gewerkschaften tendenziell dazu über, ihre Erfolge vornehmlich für ihre Mitglieder zu erstreiten.

Darüber hinaus ist festzustellen, dass die Forderung nach der Verkürzung der Arbeitszeit wieder populär wird, obwohl zunehmender Fach- und Führungskräftemangel herrscht. Dies gilt z.B. für Lokomotivführer, deren Wochenarbeitszeit stufenweise verkürzt werden soll, wobei aber auch im Sinne einer gewissen Arbeitszeitflexibilisierung gegen entsprechende Zuschläge weiter so gearbeitet werden darf wie bisher. Ein weiteres Beispiel betrifft den Öffentlichen Dienst, wo man einen Teil der Sonderzahlungen in zusätzliche Urlaubstage umwandeln kann.

Populär ist auch die Forderung nach der Erhöhung des Mindestlohnes mit einer entsprechenden Abgrenzung vom Niveau des Bürgergeldes. So berechtigt das grundsätzlich ist, etwa auch im internationalen Vergleich der EU, ist dennoch zu fragen, warum man nicht stärker regional differenzieren sollte, damit die betroffenen Klein- und Mittelbetriebe konkurrenzfähig bleiben können.

6.3 Variable Vergütung

Grundsätzlich werden im Folgenden unterschieden (vgl. Wagner 2020):

- Leistungslohn
  Ausgangsbedingung beim Leistungslohn ist, dass man den gewünschten Output durch seinen Leistungseinsatz zeitlich oder mengenmäßig beeinflussen kann.
- Akkordlohn
  Je nach geleisteter Arbeitszeit pro Stück oder je nach Menge pro Stück wird über den Grundverdienst hinaus ein Akkordmehrverdienst bezahlt. Entsprechend gibt es den Akkordlohn als Zeit- oder als Mengenakkord. Üblich ist darüber hinaus ein Abschalten ab einer bestimmten Höchstleistung, um die Gesundheit nicht zu gefährden.
  Bei zunehmender Automatisierung ist die Beeinflussbarkeit des Outputs durch die menschliche Arbeitskraft allerdings immer weniger gegeben.
- Prämienlohn
  Dann ist der Prämienlohn eine sinnvolle Alternative zum Akkordlohn. In Betracht kommen:

- Mengenleistungsprämien, wenn die Menge z. B. durch arbeitsorganisatorische Maßnahmen beschleunigt werden konnte. Insofern liegt hier beim Akkordlohn ein anderer Sachverhalt vor.
- Qualitätsprämien
- Ersparnisprämien
- Nutzungsprämien

Grundsätzlich sind alle diese Prämien als Einzel- oder als Gruppenprämien denkbar, durchaus auch in kombinierter Form. Tendenziell hat die Abneigung gegen Gruppenprämien eher abgenommen, weil dadurch der Teamgeist gestärkt wird. Individuelle Prämienanteile würden dabei der Gefahr des Trittbrettfahrens entgegenwirken.

Leistungszulagen

Zusätzlich zum Grundentgelt wird eine Leistungszulage gezahlt. Von Provision spricht man hingegen, wenn, wie z. B. bei verschiedenen Versicherungstätigkeiten, die Anzahl oder der Umfang der Aktivitäten individuell beeinflusst werden kann.

Sowohl das Arbeitsergebnis als auch das Arbeitsverhalten werden in der Regel auf Basis mehrstufiger, verhaltensorientierter Beurteilungsskalen ermittelt, wobei jeweils vorformulierte Beschreibungen hier eine gewisse Hilfestellung geben sollen. Um dem klassischen Urteil von Oswald Neuberger zu begegnen, der im Beurteilungsvorgang die Gefahr von Ritualen sieht, die einem »Irrsinn mit Methode« gleichkommen, sollte man die Einsicht gewinnen, dass es grundsätzlich keine objektive Beurteilung gibt, man aber trotzdem versuchen sollte, die Phasen der

- Beobachtung,
- Beschreibung,
- Bewertung und
- Besprechung

sorgfältig vorzunehmen. Die VUCA-bedingte Praxis sieht leider häufig anders aus, weil z. B. für Beurteilungstrainings und das Trainings des Beurteilungsgespräches kaum hinreichend Zeit aufgewendet wird.

Das bedeutet wiederum, dass verschiedene Beurteilungsfehler an Bedeutung zunehmen. So dürfte es hierarchiebedingte Verzerrungen ebenfalls kaum geben wie personenbedingte Tendenzen zur Milde oder zur Schärfe oder das Vorurteil des ersten Eindrucks. Als Ausweg ist man zunehmend dazu übergegangen, den variablen Entgeltbestandteil mit Zielvereinbarungen zu verknüpfen.

Zielboni

Wie schon erwähnt, hat sich das Führen mit Zielen in allen Organisationen grundsätzlich durchgesetzt. Die ursprüngliche Fokussierung auf den Verkaufsbereich oder auf die Produktion wurde allmählich aufgegeben, obwohl auch dort die Zurechenbarkeit von Quantitäten abgenommen hat. Inzwischen hat man erkannt, dass es auch in den »indirekten Bereichen« und damit auch in der Verwaltung Ziele gibt, und warum eigentlich auch nicht?

Zielboni können auf individuellen oder auch gruppenbezogenen Zielvereinbarungen beruhen. Sowohl quantitative als auch qualitative Ziele sind denkbar, wobei erstere scheinbar exakter zu berechnen sind. Dabei sollte natürlich immer eine plausible Ursache-Wirkungs-Beziehung vorliegen. Die Ziele sollten nach Möglichkeit folgende Merkmale aufweisen:

- Realistisch und motivierend
- Das Anspruchsniveau sollte somit weder zu leicht noch zu schwer sein.
- Operationalisiert
- Ziele sollten spezifisch und konkret genug, messbar und gut terminiert sein.

Im Laufe der Zeit sind Zielvereinbarungen in vielen Bereichen immer üblicher geworden. Allerdings hat der Öffentliche Dienst, mit Ausnahme der Hochschulen und der öffentlichen Unternehmen, nur zögerlich von den Möglichkeiten Gebrauch gemacht. Wichtig ist, dass die Prämie nicht allmählich entweder den Charakter eines Wanderpokals bekommt (»Jeder kommt mal dran«) oder als Besitzstand wahrgenommen wird. In vielen Fällen kommt es zu Problemen, wenn sich die Leistungsindikatoren verschlechtert haben und man den variablen Entgeltbestandteil kürzen muss. Allerdings kommt es leicht zu Missverständnissen, wenn die Zielvereinbarung mehrere Perioden umfasst, und z. B. bei den Managern der

AG aktuell noch Boni gezahlt werden, auch wenn gravierende Verluste die Schlagzeilen bestimmen. Auch über die Höhe des Anteils der variablen Vergütung an der Gesamtvergütung gibt es unterschiedliche Meinungen: Je höher die Hierarchiestufe, desto mehr nimmt die absolute Höhe und der relative Anteil allerdings zu.

6.4 Gewinn- und Kapitalbeteiligung

Zwischen den Zielboni und einer Gewinnbeteiligung bestehen fließende Übergänge. Allerdings steht die Beteiligung am Unternehmenserfolg bei der Gewinnbeteiligung im Mittelpunkt. Zielvereinbarungen beziehen sich hingegen auch auf andere, insbesondere auch auf verhaltensbezogene Komponenten.

Gemäß der Gleichung Gewinn gleich Umsatz (Ertrag) minus Kosten (Leistung) kann man entsprechend an diesen Komponenten ansetzen. Insofern gibt es die Formen der:

- Ertragsbeteiligung
  Die erbrachte (Brutto- oder Netto-)Wertschöpfung oder der jeweilige, entsprechend berechnete Umsatz stehen im Vordergrund. Vielfach wird die Umsatzbeteiligung auch als Provision bezeichnet. Insbesondere im Verkaufsbereich und dort eher bei den oberen Führungskräften kommt die Provision zur Anwendung. Dabei kommen Industrie und Handel ebenso in Betracht wie Versicherungsprämien. Entscheidend ist die Beeinflussbarkeit des Umsatzes. So finden viele Verkäufe von Produkten und Dienstleistungen mit der Einschaltung von Key-Account-Managern statt, während am »point of sales« im Supermarkt die Warenpräsentation und der entsprechende Standort im Vordergrund stehen.
- Leistungsbeteiligung
  Kostensenkungen und Produktivitätserhöhungen gelten hier als Ansatzpunkt. Insofern unterscheidet man zwischen der ...
- Produktionsbeteiligung
  Z. B. geht es bei neuen Produkten darum, die Produktion hochzufahren und Lerneffekte zu nutzen. Dies geht dann oft einher mit Produktivitätssteigerungen.

- Produktivitätsbeteiligung
  Entweder geht es um die Steigerung der Kapital- oder der Arbeitsproduktivität. Dann steht die Höhe des Produktionsausstoßes im Verhältnis zur eingesetzten Investitionssumme oder zur Höhe der eingesetzten Arbeitskraft in quantitativer (Anzahl Personen, Arbeitsstunden) bzw. in qualitativer Hinsicht (insbesondere zum Personalaufwand)
- Kostenersparnisbeteiligung
  Ein isolierter Blick auf die Kosten kann u. U. kontraproduktiv sein. Oftmals handelt es sich um ein Kurieren an Symptomen, wenn keine saubere Kosten-Nutzen- oder Prozessanalyse erfolgt ist. Ein typisches Beispiel hierfür ist die »Kettensäge«-Personalabbaumethode von Elon Musk in der amerikanischen Ministerialverwaltung. Wer soll letztlich die (Teil-)Aufgaben erfüllen, die sicherlich noch zu erfüllen sind, und wenn es sich »nur« um Koordinationsaufgaben handeln sollte?
- Gewinnbeteiligung
  - Bilanzgewinnbeteiligung
    Hier ist zu unterscheiden, ob der Bilanzgewinn oder das Betriebsergebnis im Vordergrund steht. Dann spricht man von der
  - Substanzgewinnbeteiligung
    Im ersteren, o. g. Fall ist zu bedenken, dass der Bilanzgewinn durch Elemente des »neutralen Ergebnisses« verzerrt sein kann, ist das reine Betriebsergebnis u. U. nur relativ mühsam herauszufiltern. Natürlich gelten ähnliche Bedenken auch für die
  - Ausschüttungsgewinnbeteiligung
    Andererseits kann man argumentieren, dass die Anteilseigner ähnlich bedacht werden wie die berechtigten Arbeitnehmer.

Kapitalbeteiligung

Grundsätzlich wird zwischen der Eigenkapital- und der Fremdkapitalbeteiligung unterschieden. Im erstgenannten Fall kann es sich, je nach Rechtsform des Arbeitgeber-Unternehmens um Belegschaftsaktien oder die Ausgabe von GmbH- und Genossenschaftsanteilen handeln. Hinzu kommen eigenkapitalähnliche Beteiligungen in Form von Genussrechten oder stillen Beteiligungen. Fremdkapital wird generiert insbesondere durch relativ attraktiv verzinste Schuldverschreibungen oder Mitarbeiterdarlehen. Am weitesten verbreitet sind wohl Belegschaftsaktien, auch wenn deren Blütezeit offensichtlich vorbei ist bzw. sich auf die Prämiierung von Führungskräften fokussiert. Ansonsten sind es nach wie vor wenige Familienunternehmen, die mit gutem Beispiel vorangehen.

Ansonsten gibt es Bedenken sowohl von der Unternehmens- als auch von der Arbeitnehmerseite. Wer haftet z. B. für das unternehmerische Risiko? Gibt es dann auch eine Verlustbeteiligung? Stehen Schönwetter-Firmen also im Vordergrund? Trotz dieser berechtigten Fragen wird dabei oft übersehen, dass durch eine sichtbare Arbeitnehmerbeteiligung das Engagement und die Identifikation dieser Gruppierung sich sichtbar erhöht und auch die Bereitschaft, in schweren Zeiten auf eigentlich zustehende Anteile zu verzichten, durchaus steigt.

Andererseits macht es eventuell eher Sinn, den Arbeitnehmern im Rahmen der Gewinnausschüttung Beträge zur Verfügung zu stellen, die dann z. B. via. ETF-Fonds der Stärkung der betrieblichen oder der gesetzlichen Rentenversicherung dienen mögen. Aber hierzu ist die Diskussion nicht am Ende bzw. sie hat noch gar nicht richtig begonnen.

6.5 Sozialleistungsmanagement

Eigentlich ist der Begriff »Personalzusatzleistungen« treffender als »Personalnebenleistungen« oder auch »Sozialleistungen« (Grawert 2026). In Deutschland kommt man, wenn man zum Direktentgelt die Vergütung für arbeitsfreie Tage mit fast 25 Prozent, die Sonderzahlungen, Weihnachtsgeld und Urlaubsentgelt sowie die Sozialversicherungsbeträge der Arbeitgeber, die Kosten für die betriebliche Altersversorgung und die Ausbildung dazurechnet, je nach Branche auf ca. weitere zwei Drittel, also auf 160 bis 180 Prozent. Der Ausdruck »zweiter Lohn« ist somit recht treffend (Grawert bei Wagner 2020, S. 258). Bedenkt man die Situation des Arbeitnehmers, dann sind Abschläge für die Lohnsteuer und für die Renten- und Krankenversicherung einzukalkulieren, so dass häufig nur 70 bis 80 Prozent netto übrigbleiben. In Frankreich und in Skandinavien sind die sog. Arbeitskosten noch höher. Deutschland liegt mehr im Mittelfeld, auch wenn angesichts zeitweilig hoher Inflationsraten Entlastungen für Arbeitnehmer und Arbeitgeber gleichermaßen angemahnt werden. Zugleich stellt sich auch die Frage nach der Wirksamkeit und Sinnhaftigkeit bestimmter Sozialleistungen, etwa in Abhängigkeit vom Familienstatus und der Kinderzahl sowie von der jeweiligen Lebensphase.

Grundsätzlich unterscheidet man zwischen den gesetzlichen, den tariflichen und zum Teil betrieblichen und den freiwilligen Zusatzleistungen:

- Gesetzlich normiert sind die Kosten für den Mindesturlaub, die Lohnfortzahlung im Krankheitsfall und die Arbeitgeberbeiträge zur Sozialversicherung. Alle diese Komponenten stehen zurzeit (wieder) in der Diskussion wie meistens in Zeiten des konjunkturellen und des strukturellen Abschwungs. Ein schon lange vernachlässigter Dauerbrenner sind die Kosten für die gesetzliche Rentenversicherung und für die Krankenversicherung. Die Erhöhung des Renteneintrittsalters ist ebenso ein Tabu wie die zusätzliche Einführung kapitalgedeckter Rentenbestandteile oder die konsequente Zusammenführung auch von Selbständigen und Beamten. Stattdessen wird ausgewichen, es werden ideologische Brandmauern errichtet oder verschwiegen, dass die Einbeziehung von Beamten kurzfristig und für längere Zeit zu Kostensteigerungen führt, langfristig aber sehr sinnvoll sein kann. Ähnliche Handlungen sind bei den ausstehenden Gesundheitsreformen zu beobachten, welche neben unzähligen gesetzlichen und privaten Krankenkassen auch die entsprechenden Pflegeversicherungen betreffen und aus dem demografischen Wandel auch nur kosmetische Konsequenzen gezogen werden. Stattdessen werden »nur« geduldete Geflüchtete trotz erfolgreich erscheinender Ausbildung abgeschoben und aus Angst vor populistischen Strömungen keine konsequente Einwanderungspolitik betrieben.
- Tarifliche Zusatzleistungen
  Urlaubsgeld und Weihnachtsgeld sind in der Regel durch Betriebsvereinbarungen auf der Ebene einzelner Unternehmen oder tarifvertraglich geregelt. Hinzu kommen die generellen Arbeitszeitregelungen, insbesondere bei der Wochenarbeitszeit.
  Auf betrieblicher Ebene kann man eher solche Vereinbarungen aufkündigen oder Sparmaßnahmen vornehmen, wobei jeweils die oftmals langjährigen Besitzstände oder die mögliche Gegenmacht des Verhandlungspartners

zu bedenken ist. Am einfachsten ist das bei Beamten möglich, wo in einigen Bundesländern das Weihnachtsgeld drastisch gekürzt oder sogar gestrichen wurde.
Auf tariflicher Ebene wurde bei den Angestellten des Öffentlichen Dienstes das sogenannte 13. Gehalt mit dem Charakter des Weihnachtsgeldes zeitweilig gekürzt, aber dann doch wieder allmählich erhöht. Langjährige Richtschnur ist ein Monatsgehalt für Weihnachts- und Urlaubsentgelt zusammen. Aktuell wurden bei den Lokomotivführern und im Öffentlichen Dienst Erhöhungen bei den Urlaubstagen bzw. bei der Verkürzung der Wochenarbeitszeit durchgesetzt. Dabei ist eine gewisse Flexibilisierungs- und Individualisierungstendenz zu beobachten, die angesichts des verschärften Fachkräftemangels auch verständlich ist. So können Lokomotivführer auch auf ihnen zustehende Arbeitszeitverkürzungen verzichten und erhalten dafür ein höheres Entgelt. Im öffentlichen Dienst des Bundes und der Kommunen kann man eine Erhöhung der Urlaubstage mit den monetären Sonderzahlungen verrechnen. Zusätzlich bietet es sich generell an, derartige Arbeitszeitveränderungen auf bestimmte, meistens ältere Arbeitnehmergruppen zu konzentrieren, die überdurchschnittlich belastet sind.

- Freiwillige Zusatzleistungen sind vielfältig anzutreffen. Dabei ist zu beachten, dass durch »langjährige Übung« Besitzstände entstehen. Häufig werden dann auch Betriebsvereinbarungen abgeschlossen.
  Insbesondere sind hier zu nennen (Grawert bei Wagner 285ff.): Beihilfen und Unterstützungen bei Notständen oder zur Erholung, Unterstützung des Betriebssportes auf individueller Ebene oder durch die Finanzierung von Sporteinrichtungen, Überlassung von Computern oder Telekommunikationseinrichtungen, Darlehen an Arbeitnehmer, Deputate und Rabatte im Rahmen steuerlicher Möglichkeiten, Dienstfahrzeuge oder Dienstfahrräder zur privaten Nutzung, Fahrtkostenzuschüsse, Gesundheitsförderung, Kindergartenzuschüsse, Essensgutscheine, Warengutscheine etc. Hier haben sich in den letzten Jahren immer wieder neue Modifikationen ergeben.

Somit stellt sich in der Tat die Frage, wie man bestimmte Zusatzleistungen jeweils im Rahmen der gesetzlichen Möglichkeiten so zuschneidet, dass es für die Arbeitnehmer, aber auch für die Arbeitgeber einen besonderen Nutzen ergibt. Darstellung V.7 gibt einen entsprechenden Überblick. Hieraus wird deutlich, dass insbesondere die Verrechnung von Zeit und Geld vielfältige Möglichkeiten bietet. Im Kern handelt es sich um ein reduziertes Cafeteria-Modell, bei dem bestimmte Entgeltkomponenten miteinander ausgetauscht werden (Wagner/Grawert 1993).

Eine mittlerweile durchaus übliche Form ist das Sabbatical, der sogenannte Langzeiturlaub. Z. B. arbeiten Lehrer eine bestimmte Anzahl von Jahren länger als üblich und können dann den angesparten Zeitraum z. B. für Bildungsurlaub oder bildungsnahe Freizeitaktivitäten nutzen. Auf die Verrechnung von Mehrurlaub mit Entgeltbestandteilen wurde bereits hingewiesen. Interessant ist auch die Umwandlung von Teilen der variablen Vergütung als Zusatzleistung in der betrieblichen Altersversorgung (deferred compensation).

Während das PKW-Leasing gegen Entgeltverzicht etwas aus der Mode gekommen zu sein scheint, hat das Dienstfahrrad in Zeiten der Nachhaltigkeit zusätzliche Attraktivität gewonnen.

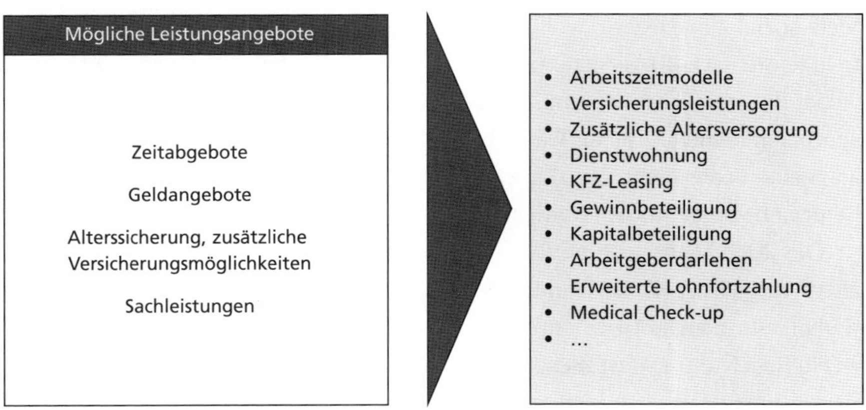

Dar. V.7: Cafeteria-Modelle als Ausdruck zielgruppenorientierten Managements von Zusatzleistungen (Wagner 2020, S. 247)

Cafeteria-Modelle hatten einen gewissen Hype in den 90er Jahren, stießen aber bald auf Mentalitätsbarrieren und steuerrechtliche Restriktionen. Mittlerweile ist eine gewisse Rückkehr zu pragmatischen, realisierbaren Lösungen erkennbar. Das gilt insbesondere für die Entgeltumwandlung in der betrieblichen Altersvorsorge und das Verrechnen von Zeit mit Zeit oder Zeit gegen Geld.

7 Ruhestand und Altersversorgung

Ruhestand und Altersversorgung beruhen traditionell auf drei Säulen: der gesetzlichen, der betrieblichen und der individuellen Altersvorsorge.

7.1 Gesetzliche Altersvorsorge

Bismarcks Konzept der umlagefinanzierten gesetzlichen Altersversorgung hat bis heute durchgehalten. Konrad Adenauer hatte es zu Beginn der Bundesrepublik Deutschland gegen Ludwig Erhards Bedenken ebenso verteidigt, wie zunächst geräuschlos die ostdeutschen Rentner in das System mit übernommen wurden. Viele sozial zunächst sinnvoll anmutende Errungenschaften wie die abschlagsfreie Rente nach 40 Versicherungsjahren und die Mütterrente wurden integriert, wobei die staatlichen Zuschüsse beachtlich hoch sind und nun angesichts des spürbaren demografischen Wandels sowohl ein Absinken des Rentenniveaus als auch eine bedenkliche Zunahme der Beitragssätze zu erwarten ist, wenn keine Reformen vorgenommen werden.

Die 2012 begonnene stufenweise Erhöhung des regulären Renteneintrittsalters von 65 auf 67 Jahre unter dem Arbeits- und Sozialminister Müntefering war bereits damals trotz unverkennbarer ökonomischer Notwendigkeiten auf wenig Begeisterung gestoßen, weil bis dato sehr viele Arbeitnehmer das reguläre Renteneintrittsalter gar nicht erreichten, sondern vorzeitig in Rente gingen. Dies geschah insbesondere bei den Großunternehmen in Verbindung mit lukrativen finanziellen Anreizen und im Zusammenspiel mit den Arbeitsagenturen, was die Zahlung von Arbeitslosengeld betraf.

Inzwischen hat sich das faktische Renteneintrittsalter sukzessive erhöht. Immer mehr Rentner arbeiten weiter, und die aktuelle Regierung plant, 2000 Euro monatlich steuerfrei zu stellen. Politisch umstritten sind Bestrebungen, das Rentenniveau bzw. die Beitragssätze zur Sozialversicherung durch steigende steuerliche Zuschüsse konstant zu halten, was zu Lasten der Jüngeren geht.

Eine weitere Erhöhung des regulären Eintrittsalters über 67 Jahre hinaus würde 2030 aktuell werden. Dies käme immer noch einem Tabu gleich. Skandinavische Modelle gehen hingegen von einer Kopplung mit der Lebenserwartung aus. Dies empfehlen auch ökonomische Sachverständige.

Nur zögerlich werden zusätzliche, kapitalgedeckte gesetzliche Rentensysteme diskutiert. Die Riester-Rente steht faktisch fast vor dem Aus. In Skandinavien haben sich solche Systeme durchaus bewährt, wobei Norwegen seine Energieressourcen nutzen kann. In den USA hat das aktuelle, erratische Verhalten der zweiten Präsidentschaft Trump gezeigt, dass stärkere Kursstürze die kapitalgedeckten Renten gefährden können und man sich in den USA auch auf Anleihen nicht mehr so verlassen kann wie früher. Umso mehr steigt die Bedeutung der anderen beiden Säulen der Altersvorsorge.

7.2 Betriebliche Altersvorsorge

Die betriebliche Altersvorsorge kann grundsätzlich mit denselben Vorsorgeinstrumenten (Versicherung, Fonds) arbeiten wie die private Altersvorsorge. Ein großer Vorteil liegt allerdings in der Steuerfreiheit der Beiträge, so dass eine Besteuerung der Begünstigten erst im Ruhestand erfolgt. Dann sind die Steuersätze meist niedriger.

Allerdings haben viele Unternehmen ihre Versorgungssysteme aus Wettbewerbs- und Kostengründen längere Zeit eingeschränkt. Insbesondere Gesamtversorgungssysteme oder endgehaltsbezogene Zusagen waren von diesen Maßnahmen betroffen. Inzwischen hat jedoch die Entgeltumwandlung an Bedeutung gewonnen, so dass neue Impulse entstanden sind, die sich sicherlich – nun auch aus Wettbewerbsgründen – weiter verstärken werden (vgl. im Folgenden Grawert 2026).

- Einzelvertrag
  Einzelvertragliche Zusagen des Arbeitgebers gibt es insbesondere bei (oberen) Führungskräften. Eine teilweise Finanzierung seitens des Arbeitnehmers ist dabei nicht ausgeschlossen, aber nicht üblich. Mittlere und obere Manager in der Privatwirtschaft erhalten nach einer gewissen Vertragslaufzeit von meistens drei bis fünf Jahren durchaus üppige Pensionszusagen. Sie tragen aber auch ein höheres Risiko, keine Vertragsverlängerung mehr zu bekommen oder ihre Position zu verlieren, wobei es, wie bei Zeitverträgen üblich, entsprechende Abfindungen gibt. Insgesamt haben die Bezüge der oberen Manager angesichts der Internationalisierungs- und Globalisierungstendenzen beträchtlich zugenommen und sich relational immer mehr von den Bezügen der anderen Mitarbeiter entfernt.
- Gesamt- oder Kollektivzusage
  Gesamtzusagen gelten für geschlossene Arbeitnehmergruppen. Sie können einseitig durch den Arbeitgeber verkündet und zur betrieblichen Übung werden, aber auch durch eine Betriebsvereinbarung, einen Tarifvertrag oder eine Besoldungsordnung abgeschlossen werden. An Verbreitung zugenommen hat dabei die Entgeltumwandlung.
- Entgeltumwandlung
  Bei der Entgeltumwandlung wird ein Teil des Entgelts, z.B. aus einer Prämie, gegen eine wertgleiche Anwartschaft auf Versorgungsleistungen umgetauscht. Damit ist letztlich ein Systemwandel verbunden, weil der Arbeitnehmer an der betrieblichen Altersvorsorge teilweise oder sogar ganz beteiligt ist. Der Arbeitnehmer hat es damit selbst in der Hand, welches Rentenniveau er bezüglich der zweiten Säule anstrebt. Dabei sind einerseits die beschriebenen Steuervorteile zu bedenken, andererseits kann der Arbeitnehmer ja immer auch noch selbst vorsorgen, oder man verfügt über ein eigenes, nennenswertes Vermögen.
- Zusagearten
  Insofern unterscheidet man auch zwischen leistungsorientierten und beitragsorientierten Zusagen, beitragsorientierten Zusagen mit einer gewissen Mindestleistung oder reinen Beitragszusagen, ohne dass das spätere Leistungsniveau feststeht.

- Durchführungswege
  Folgende institutionelle Alternativen sind denkbar:
  - Direktzusage
    In diesem Standardfall (mehr als die Hälfte des Deckungskapitals der betrieblichen Altersversorgung werden die Versorgungsleistungen aus dem Unternehmensvermögen auf dem Wege übe Rückstellungen erwirtschaftet. Über den Pensionssicherungsverein sind die meisten Risiken für die Arbeitnehmer abgesichert.
  - Unterstützungskasse
    Das sind rechtlich selbständige Einrichtungen mit eigener Verwaltung, welche somit administrativ unterstützen. Dabei besteht in der Regel eine Durchgriffshaftung, um die Arbeitnehmeransprüche abzusichern.
  - Pensionskasse
    Sie sind ebenfalls rechtlich selbständige Versicherungsvereine auf Gegenseitigkeit und vornehmlich noch bei großen Unternehmen anzutreffen.
  - Direktversicherung
    Hier wird vom Arbeitnehmer eine Lebensversicherung von mindestens fünf Jahren abgeschlossen. Der Verwaltungsaufwand ist für das jeweilige Unternehmen relativ gering; Gruppenversicherungen sind dabei möglich. Kleinere Unternehmen können auf diesem Weg dem Rechtsanspruch der Arbeitnehmer auf Entgeltumwandlung entsprechen.
  - Pensionsfonds
    Die Pensionsfonds ähneln der Pensionskasse sind aber in ihrer Anlagepolitik flexibler, die natürlich regelmäßig abgesprochen werden muss.
  - Nahles-Rente
    Hier handelt es sich um eine tarifliche abgesicherte Lösung. Der Arbeitgeber zahlt an die Vorsorgeeinrichtung einen festgelegten Beitrag ein, und zwar an eine Direktversicherung, Pensionskasse oder einen Pensionsfonds.

Entwicklungstendenzen

Erfreulicherweise ist die Anzahl der Anwartschaften auf betriebliche Altersversorgung gestiegen, und zwar von 14,6 Millionen im Jahre 2001 auf 20,9 im Jahre 2023.

Das Betriebsrentenstärkungsgesetz zeigt also Wirkung. Dies gilt vor allem auch für die beschriebene Möglichkeit der Entgeltumwandlung.

Zukünftig dürfte die Bedeutung der zweiten Säule der betrieblichen Altersvorsorge weiter zunehmen und damit die schwächelnde erste Säule abfedern. Erfreulicherweise gibt es durch die beschriebenen Durchführungswege Möglichkeiten für kleine und für große Unternehmen gleichermaßen. Und es gibt auch Möglichkeiten, das Leistungsvermögen der Arbeitnehmer, das insbesondere bei den Leistungsprämien, Tantiemen und Boni zum Ausdruck kommt, bei der Entgeltumwandlung mit heranzuziehen.

Benachteiligt sind die Angestellten im Öffentlichen Dienst, während die Beamten im Schnitt über ansehnliche Pensionen verfügen, und die Selbständigen. Das hat die aktuelle Verantwortliche für die Arbeits- und Sozialpolitik allerdings bereits erkannt. Man ist über die konkreten Vorschläge und ihre Umsetzung gespannt.

8 Personalabbau

Über diese Personalfunktion spricht man nicht gerne. Statt Entlassung und Kündigung spricht man schonender auch von »Freisetzung«. Gerne wird in diesem Zusammenhang der Begriff des »Schweinezyklus« gebraucht. Er beschreibt recht treffend das ständige Auf und Ab von Angebot und Nachfrage auf dem Arbeitsmarkt. Zurzeit werden die Knappheitserscheinungen deutlich, die durch den demokratischen Wandel verursacht werden. Insofern gibt es entsprechende Moden (und Mythen) beim ...

8.1 Outsourcing und Insourcing

Outsourcing ist untrennbar mit dem bereits beschriebenen Phänomen des Lean Managements verbunden bzw. dem Synonym für den permanenten Kampf gegen Bürokratisierung und Kostendruck. In diesem Zusammenhang wurden Qualitätszirkel aktiv, um einerseits die Qualitätsstandards zu halten, aber auch, um Rationalisierungsreserven auszuloten. In der Folge davon wurden Tochtergesellschaften gegründet, die in der Regel einer gewerkschaftlich weniger durchsetzten Branche angehörten mit niedrigerem Lohnniveau, um Kosten zu sparen.

Im Zusammenhang mit dem Wandel am Arbeitsmarkt änderte sich die Philosophie des Outsourcings dahingehend, dass nun stärker wieder »insourced« wird. Einerseits haben die Beschäftigten die Lohnunterschiede bei ähnlicher Arbeit durchaus zur Kenntnis genommen und begonnen, sich zu wehren. Andererseits kann die Arbeitsteilung aber auch stark erfolgt sein, dass nötige Koordinationsmechanismen erschwert werden. Dies gilt umso mehr für die internationale Arbeitsteilung, wenn wir merken, dass z. B. wichtige Medikamente fehlen bzw. die Lieferketten verstopft sind und somit die »verwöhnten« Europäer sich nicht mehr darauf verlassen können, dass ihnen quasi alles zur Verfügung steht, was sie sich wünschen.

Wollen wir hier etwas ändern, können wir nicht mehr weiter so rationalisieren wie bisher. Dabei bleibt allerdings offen, welche Rationalisierungsreserven durch KI entstehen. Allerdings hat bisher jede technologische Innovation Beides bewirkt: Entlassung von Arbeitskräften einerseits, aber auch das Entstehen neuer Tätigkeitsfelder, an die man bislang noch gar nicht gedacht hat. Insofern dürfte die Zeit komfortabler Vorruhestandsmodelle erst einmal vorbei sein.

8.2 Trennung

Die Beschäftigung von Personal folgt leider immer noch bestimmten Ritualen. Das gilt für die häufig unmethodische Personalauswahl ebenso wie für die Erscheinungsformen des Personaleinsatzes bei unzureichender Personalführung, die oberflächlichen Personalbeurteilungen und dann eben die Rituale beim Personalabbau.

Zum Standardwortschatz des professionellen Personalmanagers gehört es, dass betriebsbedingte Kündigungen vermieden werden sollen und eine Arbeitsplatzgarantie bis zum Jahre X erfolgt. Unter diesem beruhigenden Schirm kann man dann erst einmal verweilen, bevor, wenn dann die Stricke gerissen sind, komfortable Abfindungs- und Vorruhestandsregelungen zum Einsatz kommen. Im Gefolge dessen werden Aufhebungsverträge geschlossen, die nicht zu Kürzungen des Arbeitslosengeldes durch die Jobagenturen führen sowie Interessenausgleiche und Sozialpläne vereinbaren.

Was fehlt, sind Qualifizierungs- und Beschäftigungspläne. Natürlich ist es dem einzelnen Unternehmen oder der einzelnen Verwaltung nicht zuzumuten, die aktuellen finanziellen Ressourcen für überbetriebliche Aufgaben auszugeben. Sehr wohl könnten aber Qualifizierungsrückstellungen gebildet werden. Das Qualifizierungsgeld ist dabei ein Schritt in die richtige Richtung, auch wenn es gelegentlich als Bürokratiemonster bezeichnet wird (z. B. Groffy/Rebbe 2024). Dabei ist eine enge Kooperation mit den Arbeitsagenturen vonnöten. Dies umfasst insbesondere:

- eine fundierte Qualifikationsanalyse bzw. Bestandaufnahme des Arbeitspotentials,
- eine systematische Analyse der innerbetrieblichen Verwendungsmöglichkeiten für die Generation 50+, die mehr bietet als das Schlagwort von den »neuen 30«!
- eine entsprechende Analyse der außerbetrieblichen Einsatzmöglichkeiten.

Mit diesen Analysen ist es selbstverständlich nicht getan. Beratungs-, Trainings- und Coachingsaktivitäten sind erforderlich, um die Ergebnisse der Analysen mit Leben zu erfüllen. Dabei könnten auch die Älteren darin geschult werden, den Jüngeren ihr Know-how weiterzugeben. Dies gilt für langjährige Arbeiter ebenso wie für administrative Fachkräfte.

Insgesamt wird häufig ein konsequenter Neustart zu ermöglichen sein, der über das langjährig Bewährte hinausgehen könnte. Letztlich führend diese Überlegungen zum Konzeptbereich des Outplacements. Die Gretchen-Frage lautet allerdings auch, ob die Betroffenen tatsächlich länger arbeiten wollen oder stattdessen lieber das Geld entgegennehmen.

8.3 Outplacement

Outplacement ist seit Diskussionsbeginn in Deutschland nie wirklich über das Stadium des Exotischen hinausgekommen, auch wenn es immer wieder Vorschläge und Anregungen gibt (Schabel 2024). Die Grundannahme besteht darin, dass man die finanziellen Mittel, die man klassischerweise für Abfindungen und vorzeitige Pensionszahlungen ausgibt, zumindest teilweise für Outplacement-Maßnahmen verwendet. Dies erklärt schon einmal, dass Outplacement als arbeitgeberfinanziert bezeichnet wird.

Dabei wird unterstellt, dass die betroffene Person weiterhin gerne arbeiten würde und in der Vergangenheit verdienstvoll und loyal mitgearbeitet hat. In vielen Fällen hat man als langjährige, erfolgreiche Person das moderne Bewerben verlernt. Dann ist der Aufwand relativ gering, die entsprechende Form wieder zu erreichen.

Eine Statusaufnahme könnte aber auch ergeben, dass man einen Neuanfang wagen will. Dies impliziert eine gewisse Zeit für Umschulungsmaßnahmen und evtl. einen Entgeltzuschuss, um den Neuanfang zu erleichtern. Auch eine Start-up- Anschubfinanzierung oder ein Neubeginn als Nachfolger kommt in Betracht. Hier ist das New Placement mit vorherigen Abstimmungen mit den Arbeitsagenturen, Industrie- und Handelskammern etc. verbunden, um einschlägige Zuschüsse zu bekommen. Ohne Fantasie und guten Willen geht es nicht. Und da ist noch Luft nach oben. Wann folgen endlich Konsequenzen?

VI
Future of Work

1 Revitalisierungsoptionen des Arbeitsmarktes

Über den Rückgang der Bevölkerung in Deutschland von 82,5 Millionen in 2005 auf ca. 70 bis 2050 wurde bereits mehrfach und frühzeitig gesprochen. Die Folgen einer alternden Gesellschaft sind dabei nicht auf die leichte Schulter zu nehmen, da Arbeitsproduktivitäten sinken, Investitionen in andere Länder verlagert werden und der Innovationsgeist sinkt. In Japan hat diese Entwicklung bereits vor einigen Jahren begonnen. Aber immerhin hat dann dort eine faktische Entwicklung zur deutlichen Erhöhung des Renteneintrittsalters begonnen.

Obwohl auch die Anzahl der Einbürgerungen in Deutschland zugenommen hat und die Integration von Geflüchteten und Geduldeten in den deutschen Arbeitsmarkt trotz lebhafter populistischer Proteste, zumindest bei den Männern, durchaus erfolgreicher verlief als Bedenkenträger wahrhaben wollen, ist der Fach- und Führungskräftemangel deutlich sichtbar geworden: insbesondere an allen Paketauslieferungsfahrzeugen, Essensdiensten, in der Gastronomie und bei den Fahrzeugen des ÖPNV sind bekanntlich Aushänge zu lesen, auf denen Personal gesucht wird. Auch die lange Zeit zunehmende Anzahl von EU-Ausländern in Deutschland kann diesen Mangel nicht verdecken. Nach Ansicht seriöser Forschungsinstitute werden pro Jahr ca. 400.000 Arbeitskräfte netto gesucht. Um diesen Mangel zu decken, ist also Fantasie und guter Wille gefragt.

Interessanterweise hat das markante Absinken der Reproduktionszahlen bei den Geburten unter die magische Zahl »2,2«, welche eine Stabilität der Bevölkerungszahl verheißen würde, mittlerweile in vielen Ländern der Erde begonnen. Faktisch sind mittlerweile alle Industrienationen der Welt davon betroffen, China eingeschlossen. Selbst in Afrika ist mittelfristig mit einer Stagnation und auf längere Sicht einem Rückgang der Bevölkerung zu rechnen. Allerdings bestehen durchaus deutliche Unterschiede von Land zu Land, weil die Emanzipation der

Frauen und die Kosten für die Kindererziehung neben der Berufstätigkeit unterschiedlich spät eingesetzt hat.

Im Endeffekt ist aber jeweils immer mit einer hohen Anzahl von kinderlosen Personen, Einzelkindern und einem hohen Anteil älterer Menschen zu rechnen, die versorgt werden müssen und bei steigender Lebenserwartung trotzdem aus dem Arbeitsleben ausscheiden.

Muss das so bleiben? Das bevölkerungspolitische Geschehen und Handeln ist grundsätzlich langfristig ausgerichtet und recht träge, was die Reaktionsgeschwindigkeit betrifft. Auch wenn Kinder bekanntlich nach neun Monaten zur Welt kommen und dann in zivilisierten Gesellschaften Kitas und Schulen besuchen, wofür Erzieher und Lehrer benötigt werden, um dann nach 10 bis 13 Jahren die Hochschulen und die Arbeitsstätten zu frequentieren: Es ist eine komplexe Entscheidung, sich innerhalb eines biologisch vorgegebenen Zeitfensters für ein oder für mehrere Kinder zu entscheiden. Und dank unterschiedlicher Verhütungsmittel kann man die Anzahl der Wunschkinder ohnehin leichter begrenzen.

Je höher der Lebensstandard in einer Gesellschaft ist, desto niedriger dürfte der Kinderwunsch sein. Schließlich sind die Zeiten in diesen Gesellschaften vorbei, in denen man sich noch recht preisgünstig Haushalts- und Küchenhilfen und häusliche Betreuungskräfte leisten konnte. Paradoxerweise werden Kinder auch bei den Doppelverdienern in den Wohlstandsgesellschaften wohl immer mehr als zu kostspielig empfunden. Entsprechende Entwicklungen zeichnen sich inzwischen nun auch in den sich stärker entwickelnden Ländern ab, wo man lange Zeit als Expatriate mit Familie auf relativ »preisgünstiges Personal« zurückgreifen konnte.

Lange Zeit war es ein Tabu, Deutschland als Einwanderungsland zu betrachten. Eigentlich wird diese Tatsache bis heute nicht wirklich akzeptiert. Beide Teile Deutschlands verfügen hier sowohl über gemeinsame als auch naturgemäß getrennte Erfahrungen. Eine erste Flüchtlingswelle kam nach dem Ende des Zweiten Weltkrieges aus den Gebieten jenseits der Oder-Neiße-Grenze, also Schlesien und Pommern sowie Ostpreußen. Für die ausgebombten »Kerndeutschen« war es nicht einfach und auch ein Ärgernis, weitere Personen bei sich aufzunehmen oder auch behördlich zugewiesen zu bekommen. Für die Westdeutschen kamen dann ab den 50er Jahren, insbesondere ab 1953 die Flüchtlinge aus der Ostzone dazu.

Obwohl jeweils viel Neid und Missgunst im Spiel war, gepaart mit Egoismus und mangelnder Solidarität, wurde durch den wirtschaftlichen Aufbau-Aufschwung in beiden Teilen Deutschlands vieles glattgebügelt. Letztlich wurde viel neuer, zum Teil rekonstruierter Wohnraum geschaffen, und es entstanden viele neue Arbeitsplätze. Hinzu kam, dass die Flüchtlinge aus dem Osten gut ausgebildete und tüchtige Arbeitskräfte waren und durchaus schneller zu ihrem Siedlungshäuschen kamen als mancher Einheimische. Auch kulturell waren die Zuströme (manchmal gerade) noch zu akzeptieren, wenn auch in manchen Gemeinden das ursprünglich rein Evangelische oder rein Katholische sich nun mischte. Und Ehen mit Paaren unterschiedlicher Religion führten häufig zu Konflikten und Akzeptanzproblemen in der Verwandtschaft.

Die zweite Zustromwelle betraf die Gastarbeiter in den 60er Jahren. Allein der Name ist schon Programm. In Ostdeutschland waren es Personen aus befreundeten sozialistischen Freiheitsbewegungen und entsprechenden Ländern, wo man nach Aufständen und Bürgerkriegen Zuflucht gewährte. Dies galt z.B. für Chile und Kuba, Mosambik, Angola und Vietnam. Diese Personen wurden nie richtig akzeptiert und lebten häufig in abgetrennten Wohngebieten. Bezeichnenderweise kam es dort nach der Wende zu Unruhen und pogromartigen Verfolgungen, insbesondere im Norden der früheren DDR.

In Westdeutschland kamen die »Gäste« aus Spanien, Italien, Griechenland und der Türkei, aber auch aus den Ländern des damaligen Jugoslawiens und vereinzelt aus arabischen Ländern. Sie wurden z.B. in der Automobilindustrie, aber auch in der chemischen Industrie und in der Elektrobranche dringend benötigt. Auch diese Arbeitskräfte lebten weitgehend isoliert in separierten Firmenunterkünften. Allerdings entdeckten die Deutschen im Laufe ihres Wirtschaftswunders die meisten der o. g. Länder zunehmend als Urlaubsland und freundeten sich vor allem mit den gastronomischen und lukullischen Seiten dieser Länder an. Letztlich galt und gilt dies auch für die Türkei, wo schon eher kulturelle Animositäten aufgrund der islamischen Religion zu verzeichnen waren. Trotzdem sprach man nicht von »neuen Bürgern«, die es dann allerdings zunehmend in der zweiten und in der dritten Generation gegeben hat, sondern man lebte in der Fiktion, dass man die ausländischen Arbeitskräfte jederzeit wieder zurückschicken könnte.

Viele Bürger können auch heute noch verständlicherweise nicht zwischen ausländischen Asylsuchenden, Kriegs- und »Wirtschafts«-Geflüchteten sowie der Freizügigkeit unterliegenden EU-Ausländern und regulär für den Arbeitsmarkt angeworbenen Fach- und Führungskräften unterscheiden. Hier ist also noch viel Aufklärungsarbeit erforderlich. In diesem Sinne ist ein »Pakt der Gutwilligen« zu schließen. Das könnte im Einzelnen z. B. Folgendes bedeuten.

Volljährige Personen ohne Asylanspruch können nur dann fest unterkommen, wenn Bedarf nach Arbeitskräften für sie besteht und sie arbeitsfähig und arbeitswillig sind. Ansonsten dürfen sie nicht bei uns bleiben. Letztlich gilt das auch für Personen mit Asylanspruch. Sie bedürfen meistens zusätzlich einer psychologischen bzw. psychotherapeutischen Behandlung, um Traumata zu behandeln. Aber warum sollen sie nicht auch arbeiten können?

Langfristig sollten beide Gruppen nach Möglichkeit mit ihrem Heimatland in Kontakt bleiben, damit sie zumindest perspektivisch interkulturelle und arbeitsplatzrelevante, sozioökonomische Kontakte herstellen können. Die aktuellen Beispiele Syrien und Türkei zeigen, dass Zeiten sich ändern und es sinnvolle Rückkehrmöglichkeiten geben kann.

Grundsätzlich gilt dieser internationale Zusammenhang auch für angeworbene Fach- und Führungskräfte. Letztlich nehmen wir anderen Ländern zu unserem Vorteil vorübergehend wertvolle Humanressourcen weg, die eines Tages dort wieder ihr Know-how einbringen, aber auch als wertvolle Botschafter zwischen den »Welten« fungieren können. Voraussetzung dafür dürfte allerdings sein, dass eine weitgehend kompatible, demokratieorientierte Wertebasis zwischen den einzelnen Ländern besteht, z. B. im Hinblick auf die Gleichberechtigung aller und die Ablehnung des Antisemitismus.

Ansonsten sind im Inland bislang ungenutzte Arbeitsmarktreserven zu erschließen (vgl. auch personalmagazin 09/24, Fuchs et al. 2021). Dies betrifft insbesondere die folgenden Arbeitnehmergruppen, auf die in den weiteren Abschnitten dann noch näher einzugehen sein wird:

- Frauen
  Deutschland hat im internationalen Vergleich eine relativ hohe Teilzeitquote bei den Frauen. Während die Männer meistens besser verdienen, ist zugleich

das Kindergarten- und Kitasystem immer noch nicht flächendeckend ausgebaut.

- Ältere
  Arbeit im Rentenalter stößt immer noch auf Unverständnis. Dabei werden die Finanzierungsprobleme für die Altersversorgung tendenziell immer größer.
- Studien- und Berufsabbrecher
  Das Studien- und Berufsberatungssystem ist noch sehr ausbaufähig. Hier wird für unsystematische und falsche Beratung viel Zeit verschenkt. Eigentlich müssten an den Berufsakademien und den Fachhochschulen deutlich mehr Personen eingeschrieben sein als an den Universitäten. Berufsberatung und Berufsorientierung kommt zu kurz.
- Arbeitsverweigerer
  Acht Stunden pro Arbeitstag muss man aushalten bzw. bewältigen können. Zur oftmals misslungenen Studien- und Berufsberatung kommen häufig psychische Probleme, die viel Zeit und Verständnis erfordern.
- Personen mit Handicaps (Inklusion)
  Inklusion war längere Zeit ein Zauberwort für die Lösung vieler Integrationsprobleme. Dabei wird der individuelle Förderbedarf ebenso unterschätzt wie die mangelnde Bereitschaft vieler Arbeitgeber, betreffende Personen einzustellen.
- Langzeitarbeitslose
  Der Sockel an Langzeitarbeitslosigkeit ist nach wie vor recht hoch und nur schwer abzubauen. Hier ist viel Geduld für Maßnahmen erforderlich, die mit den o. g. Problemfeldern (Berufsberatung, Arbeitsmotivation) zu kombinieren sind.
- Ehrenamt
  Auch hier gibt es noch viele, bislang ungenutzte Möglichkeiten, um einer sinnvollen Tätigkeit nachgehen zu können.

Technologischer Fortschritt und KI

Auch dieser arbeitsmarktentlastende Beitrag zum demografischen Wandel ist nicht zu unterschätzen. KI wird sicherlich noch viel Entlastung bringen im Hinblick auf die o. g. Reservepotenziale am Arbeitsmarkt. Zusätzlich können aber auch neue Tätigkeitsfelder entstehen, wodurch die Nachfrage nach Arbeitsplätzen wiederum steigt.

Die Ausnutzung aller – der internationalen und nationalen – Arbeitsmarktreserven und des technologischen Fortschritts müsste einher gehen mit einem konsequent wahrgenommenen Lebensphasenkonzept (► Dar. VI.1).

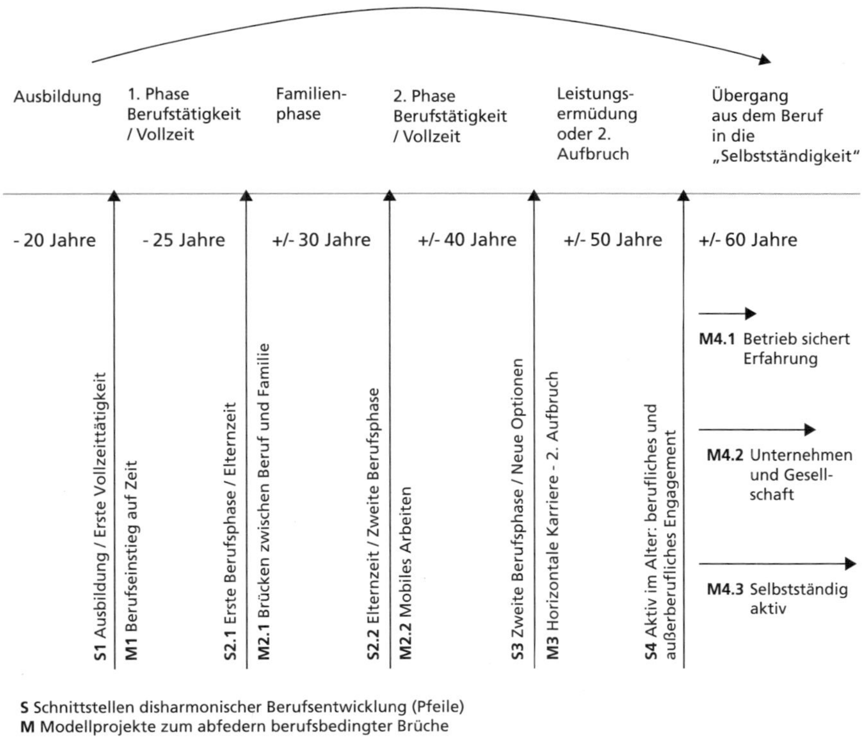

Dar. VI.1: Karriereverlauf im Laufe eines Berufslebens (Wagner 2020, S. 788)

Die Darstellung beginnt, wie schon einmal kurz erwähnt, mit der Ausbildungsphase, in der mittels Schul-, Hochschul- und Berufsausbildung die Grundlagen für den Berufseinstieg und die erste Berufsphase gelegt werden. Nach der Partnerschaft folgt die Brücke zur Elternzeit bzw. zur Vereinbarung von Familie und Beruf. Jetzt ist auch mobiles Arbeiten denkbar und eine zweite Berufsphase nach

Ablauf der Elternzeit und der damit verbundenen Erziehungsphase. Die zweite Berufsphase oder zweite, horizontale Karriere etwa ab Beginn des Lebensalters 50 würde ebenso neue Arbeitsmarktreserven erschließen wie die Phase »aktiv im Alter«, sei es beruflich, außerberuflich oder ehrenamtlich.

1.1 Frauen

Fachleute sind der Meinung, dass eine Erhöhung der Vollzeitquote von Frauen den Arbeitsmarkt bereichern würde. In der Tat ist die Teilzeitquote von Frauen in Deutschland mit 49 Prozent relativ hoch, während die Teilzeitquote bei Männern nur 15 Prozent beträgt. Wie kann man das erreichen? Welche Problempunkte müssen umschifft werden?

Zunächst ist zu berücksichtigen, dass ein Konflikt zu dem Ziel besteht, die Geburtenrate zu erhöhen. Mit jeder Schwangerschaft sind naturgemäß Schonzeiten und notwendige Erholungszeiten verbunden, die sowohl der Mutter als auch dem Baby zugutekommen sollen. Verdienstvollerweise gibt es seit 1992 die Erziehungszeiten, verbunden mit dem Erziehungsgeld, von bis zu drei Jahren, an denen sich beide Elternteile beteiligen können. In den meisten Fällen sind das die Frauen, während die Männer sich mit zwei Monaten »begnügen«.

Vor diesem Hintergrund sind sowohl strukturelle als auch kulturelle Veränderungen erforderlich (vgl. Regnet 2017):

- Strukturelle Veränderungen
  Das Netz an Kindertagesstätten ist endlich flächendeckend auszubauen. Bislang bestehen hier immer noch große Lücken, die allerdings regional unterschiedlich sind. So gab es in der ehemaligen DDR schon aus Arbeitsmarkterfordernissen ein relativ gutes Angebot, damit, zynischerweise gesagt, die Frauen sowohl »in die Produktion« gehen und anschließend dann noch den Haushalt führen konnten. Aber auch Westberlin hatte aus Gründen der mit dem Standort verbundenen Arbeitsplatzsicherungserfordernisse ein ziemlich gutes Angebot schon für berufstätige Mütter mit jungen Babys ab mehreren Monaten.

- Ein weiteres zentrales Problem stellen die Lohnungleichgewichte zwischen den Partnern dar. In vielen Ehen verdient der männliche Teil nicht mehr allein deshalb mehr, weil er den attraktiveren, besser bezahlten Beruf ausübt; durch die mittlerweile eingetretene, verstärkte Akademisierung der Frauen ist das nicht mehr per se bedingt: »Arzt heiratet Krankenschwester« muss nicht mehr sein. Die Ursache für die Pay Gaps von ca. 15 bis 20 Prozent liegen in dem zeitweiligen Ausscheiden der Frau aus dem Beruf. Fortschrittliche Unternehmen bieten zwar mehrjährige Rückkehrzeiten ein. Die berufliche Karriere mit den damit verbundenen Gehaltssteigerungen wird unterbrochen und nach dem beruflichen Wiedereintritt wird an dem früheren Entgelt und der betreffenden Position angeknüpft. In eheähnlichen, heterosexuellen Partnerschaften trifft der beschriebene Sachverhalt genauso zu. Nur bei homosexuellen, männlichen Partnerschaften mag es diese Unterschiede nicht so ausgeprägt geben, wenn anstelle längerer Erziehungszeiten entweder eine Tagesmutter oder eine Kita einspringt. Letztlich müssten es die Frauen generell genauso machen.
  Die Lösung müsste also darin bestehen, für die Zeit der Abwesenheit ein »Schattengehalt« fortzuführen. Dies würde die Personalkosten natürlich entsprechend verteuern. Es würde auch die Entgeltlogik im Öffentlichen Dienst von Deutschland radikal verändern. Dort setzt eine neue Tätigkeit an reduzierten Erfahrungsstufen an, so dass u. U. eine auf den ersten Blick höhergestufte Person dort mit Erfahrungsstufe 1 u. U. weniger verdient als eine Vergleichsperson mit einer hohen Erfahrungsstufe auf einer niedriger eingestuften Position.
- Hinzu kommt der Sachverhalt, dass viele Betriebe keine langfristige Personalentwicklung mehr betreiben. Einerseits ist die Dynamik der Aufgabenumwelt gestiegen. In der Folge werden z. B. Top-Manager durchaus zunehmend von außen berufen und sind dann nicht mehr das Ergebnis einer umfassenden Personalentwicklung mit Verwendungen auf hinreichend vielen Positionen in der Linie und in den Stabsbereichen. Andererseits ist Generation Z selbst an Veränderungen stärker interessiert und somit an einem Wechsel in eine andere Organisation. Aus diesen Entwicklungen folgt, dass das Unternehmensinter-

esse und auch die finanzielle Fähigkeit abnimmt, Rücklagen für den Abbau von Pay Gaps anzulegen.

- Letztlich führt kein Weg daran vorbei, dass eine Work-Life-Balance bei gut ausgebildeten Doppelverdienern – welche nicht zu der Kategorie »double income, no kids« gehören und insofern zwei bis drei Kinder großziehen wollen – auf der Partnerschaft beider Personen beruhen muss. Das müsste dann aber auch darin münden, dass die Betriebe zu einem gewissen Anteil zeitweilig auf den »zu engagierten« Einsatz ihrer Fach- und Führungskräfte verzichten müssen. Dies wäre dann nicht nur eine formal-strukturelle, sondern auch eine unternehmenskulturelle Frage. Es wäre letztlich eine Abkehr von dem langjährigen, aus der prähistorischen Zeit stammenden Modell, dass der Mann als »Jäger und Sammler« die Herausforderungen der rauen Außenwelt bewältigt und die Frau als liebevolle Mutter die Hausarbeit macht. Es wäre aber auch eine Abkehr von dem Modell, dass die Emanzipation der Frau damit erkauft wird, dass sie zusätzlich zu den beruflichen Anstrengungen auch die sogenannte Care-Arbeit weitgehend erledigt, was nach wie vor in hohem Maße der Realität entspricht.
- Im Prinzip müssten folgende Modelle möglich sein, die dann individuell unterschiedlich zu handhaben wären:
  - Die Kindererziehung wird weitgehend auf externe Träger, seien es stattliche oder privat-gemeinnützige Organisationen, übertragen. Dies wird eventuell noch kombiniert mit Au-pair-Personal, Ganztagsmüttern oder Haushaltshilfen. In Frankreich gibt es solche Beispiele, wo die Kindesmutter recht schnell nach der Entbindung wieder arbeiten geht.
  - Die Kindererziehung wird gemeinschaftlich geteilt. Dies könnte sowohl parallel als auch sukzessive von Kind zu Kind erfolgen. Gehaltseinbußen durch zeitweilige berufliche Abwesenheit würden dann beide Partner betreffen, sofern nicht das jeweilige (Groß-) Unternehmen aus personalpolitischen Gründen einen Ausgleich schafft.
  - Nicht zuletzt können Homeoffice-Regelungen hier flankierend wirken, verbunden mit einer angemessenen Ausstattung an Geräten für Videokonferenzen und den entsprechenden Räumlichkeiten.

Die kulturelle wie ebenso die strukturelle Herausforderung für die arbeitgebende Organisation in Wirtschaft und Verwaltung besteht darin, eine Reihe von Anpassungsmaßnahmen einzuführen, die allerdings schon längere Zeit immer wieder besprochen, aber nie konsequent umgesetzt worden sind. Dies betrifft z. B. den Sachverhalt, dass betriebliche Meetings vorwiegend ausschließlich während der regulären Arbeitszeit stattfinden dürfen.

Es betrifft aber auch die Bereitschaft, Führungsfunktionen bis zu einem gewissen Grade auf Teilzeitarbeit, etwa zu 80 Prozent zu akzeptieren und zu einem gewissen Maße auch mit Doppelspitzen zu arbeiten. Hier hat sich die literarische Meinung von der vormals strikten Ablehnung bis hin zur aufgeschlossenen Diskussion geändert. Das Beispiel SAP mit der Doppelspitze Klein-Morgan zeigte jedoch, dass kritische und komplexe Strukturmaßnahmen offensichtlich doch eine so enge fachliche und willensmäßige Abstimmung und Anstrengung erfordern, dass man von solchen Lösungen Abstand genommen hat. Aber was nicht geworden ist, kann ja noch werden. Generell sind enge Abstimmungsmechanismen, wie sie z. B. auch bei mehrdimensionalen Organisationsstrukturen oder beim gleitenden Übergang in den Ruhestand erforderlich sind, nach wie vor eine Art Achillesferse der Organisationstheorie.

Bleibt bei all den schönen Ideen noch der Hinweis auf die prekären Arbeitsverhältnisse und die Beschäftigung von Frauen in den Fabriken. Hier wurde historisch vieles einfach ausgesessen, von Interessengruppen beklagt, aber auch erduldet. Nach wie vor ist auch der Mindestlohn nur bedingt geeignet, um einen angemessenen Lebensabend abzusichern. Insofern sind die vielen Frauen, die in der Gastronomie oder anderen Servicebereichen arbeiten, auf eine funktionierende Kita- und Schul-Ganztagsbetreuung angewiesen.

Faktisch nicht zu vergessen ist noch eine wichtige Gruppe von Helfern, nämlich die Großeltern. Sofern sie noch fit sind und in der Nähe wohnen, stehen sie meistens gerne als »Feuerwehr« zur Verfügung. Bis der Pflegefall eintritt. Da die meisten Älteren nach wie vor zu Hause gepflegt werden, kann man sich denken, welche Personen es am ehesten trifft: nämlich die Frauen.

1.2 Ältere

Nach wie vor kann man lesen, dass ein großer, beträchtlicher Anteil älterer Arbeitnehmer vor dem regulären Rentenalter aus dem Berufsleben ausscheidet. Fairerweise ist aber auch zu konstatieren, dass der Anteil der Personen zunimmt, die sich der Altersgrenze 65 annähern oder noch länger arbeiten. Im internationalen Vergleich nimmt Deutschland einen mittleren Platz ein, wenn man den Anteil der Erwerbstätigen im Alter von 60 bis 64 nach einer Tabelle von 2012 sich anschaut (► Dar. VI.2).

Dar. VI.2: Erwerbstätige im Alter von 60–64 Jahren (Wagner 2020, Seite 776)

Erwerbstätige im Alter von 60–64 Jahren Anteile in Prozent (2012)							
Deutschland	Italien	Spanien	Frankreich	GBR	USA	Südkorea	Japan
46,5	22,8	31,7	21,7	45,3	52,0	56,1	57,6

In Süd-Europa (Italien, Spanien, Frankreich) hört man deutlich früher auf zu arbeiten, arbeitet z. T. aber auch länger, in Großbritannien ist es vergleichbar, während man in USA, Japan und Südkorea höhere Alterswerte vorfindet.

Gründe für das vorzeitige Ausscheiden

Warum scheiden so viele vorzeitig aus? Die Frage wäre leicht beantwortet, wenn man bedenkt, dass die früher übliche »Volksschule« oder besser »Hauptschule« nach 8 bzw. 9 bis 10 Jahren endete und dann für die Mehrzahl der gewerblich Tätigen das Arbeitsleben mit 14 bis 16 Jahren begann. Bis zum Alter 65 sind es dann 50 Jahre, bei den Älteren noch unterbrochen durch die Wehrpflicht bzw. den Ersatzdienst. Insofern ist es verständlich, wenn das immer noch bestehende Angebot, nach 45 ununterbrochenen Beitragsjahren ohne Abschläge aus dem Erwerbsleben auszuscheiden, recht häufig angenommen wird.

Allerdings wird diese (durchaus teure) Möglichkeit mittlerweile eher von den finanziell Bessergestellten wahrgenommen. Auch Personen, die z.B. mit 19 Jahren nach dem Abitur eine Berufsausbildung begonnen haben, können demnach mit 64 Jahren ohne Abzüge ausscheiden, auch wenn das reguläre Renteneintrittsalter nun aktuell zwischen 66 und 67 Jahren liegt. Finanziell schlechter Gestellte können sich diese Möglichkeit meistens nicht leisten und sind darauf angewiesen weiterzuarbeiten, obwohl sie wohl eine anstrengendere Arbeit hinter sich haben. Umso mehr stellt sich diese Personengruppe die Frage nach einer modifizierten, abgeänderten neuen Berufsperspektive.

Die Flexibilität des beruflichen Ausscheidens bleibt von diesen Überlegungen unberührt. Dabei gibt es für verschiedene Berufsgruppen wie Bergleute, Polizisten, Berufssoldaten und Offiziere ohnehin einen vorgezogenen Eintritt in den Ruhestand. Auch hier sollte man an ein Umdenken bezüglich des Berufszyklus denken. Es sei denn, man entscheidet sich bewusst für das Privatleben mit damit verbundenen, hoffentlich sinnstiftenden Hobbies.

Umdenken bezüglich Lebenszyklus

Bei einer zunehmenden Lebenserwartung von zurzeit 78,3 Jahren bei den Männern und 83,2 Jahren bei den Frauen und prognostiziert für 2050 bei 84 Jahren bei den Männern und 88 Jahren bei den Frauen stellt sich natürlich die Frage, wie die dann ca. 20-jährige Spanne zwischen ca. 68 Jahren des Ausscheidens aus dem Beruf und dem Lebensende nicht nur finanziert, sondern auch sinnvoll ausgefüllt werden kann.

Verschiedene Studien zeigen, dass mit etwa 50 Jahren in der angestammten Berufstätigkeit entweder eine Leistungsermüdung bzw. ein Erstarren in der Berufsroutine eintritt oder aber auch ein zweiter Aufbruch erfolgen kann. Natürlich ist es auch denkbar, dass man mit 50 Jahren die Karriereleiter weiter erklimmt. Aber ist das denn nicht auch so etwas wie eine neue Herausforderung? Bei Politikern ist es durchaus üblich, weil eine neue Legislaturperiode neue Chancen für ein Wahlamt erbringen können. Aber auch bei renommierten Forschern, die in dieser Altersphase nach ihren bisherigen Erfolgen nun Spaß und Freude am Hochschulmanagement bekommen und dann größere Institute oder ganze Hochschulen führen.

Gibt es aber institutionelle Vorkehrungen, um die Menschen in der Arbeitswelt sinnvoll beraten zu können? Die Arbeitsagenturen sind nach wie vor überfordert, und haben mit dem Management der üblichen Beschäftigungsschwankungen genug zu tun. Insgesamt fehlt es an dem Bewusstsein, den 50-Jährigen eine Grundlage zu vermitteln, um entweder neue Wege gehen zu können oder den Übergang aus dem Beruf sinnvoll zu gestalten. Dies gilt natürlich auch für die Selbständigkeit, die Unternehmensnachfolge oder für das Ehrenamt. Erforderlich wären diagnostische Verfahren zur alternativen Berufsberatung, verbunden mit einem Coaching für die Renaissance der beruflichen Tätigkeit.

Stattdessen sind wir alle in unseren Routinen gefangen. Auch die Weiterbildung müsste sich viel stärker auf das Neue und Innovative konzentrieren. Solange es hier aber keine Änderung gibt, bleiben viele Potenziale verschenkt, sofern sie nicht der Eigeninitiative überlassen sind: Pensionierte Polizeibeamte arbeiten dann bei Sicherheitsfirmen, hohe Offiziere engagieren sich in der Politikberatung. Aber das große Heer der Erwerbstätigen wird, wenn überhaupt, mit Kursen zur Vorbereitung auf den Ruhestand beglückt. Sicherlich sind viele Menschen froh, wenn sie den bisherigen Beschäftigungsmühlen entronnen sind, aber, warum hat man nicht mehr »Wumms«, um über alternative Beschäftigungsmöglichkeiten nachzudenken (Schabel 2024, Sterz 2019)? Insgesamt entsteht so der Eindruck, dass die Älteren eher als abzuwickelnde Beschäftigungskategorie angesehen werden und viel zu wenig als produktive Arbeitsmarktreserve. Dabei geht es natürlich um sinnvolle, Spaß machende Arbeit. Und hierzu muss man sich auch mehr mit den Möglichkeiten und Grenzen, den Stärken und Schwächen dieser Altersgruppe auseinandersetzen. Es bleibt abzuwarten, welchen Effekt der neu geplante steuerfreie Zuverdienst von 2.000 Euro für nichtselbständig Beschäftigte im Rentenalter auslösen wird.

Altersgerechte Gestaltung von Arbeitsgeräten und Arbeitsprozessen

Auf jeden Fall verfügen die Älteren über eine Menge an Knowhow. Damit einher gehen u. U. (Wagner, S. 781):

- Sozialkompetenz und Gelassenheit
- Berufserfahrung und Geübtheit
- Pflichtgefühl und Zuverlässigkeit
- Qualitätsbewusstsein

Eine abnehmende Tendenz betrifft dagegen u. U.:

- Muskelkraft, Höhr- und Sehvermögen
- Schnelligkeit in körperlicher und infomationsverarbeitender Hinsicht

Um diesen Tendenzen entgegenzuwirken, sind Fitness- und Trainingsprogramme anzuraten. Hierdurch kann man vieles wieder ausgleichen. Hinzu kommen ergonomisch gestaltete Arbeitsplätze und technische Hilfsmittel, die körperlich anstrengende Tätigkeiten, wie z. B. im Pflegebereich, erleichtern.

Arbeitsprozesse können mit Prinzipien moderner Arbeitsorganisation attraktiver gemacht werden. Insbesondere ist der Monotonie am Arbeitsplatz durch Möglichkeiten der Arbeitsplatzbereicherung und -erweiterung sowie systematisch durch Job Rotation und die Teilnahme an teilautonomen Arbeitsgruppen entgegenzuwirken. Im letzteren Fall können Junge und Ältere viel voneinander lernen. Natürlich können auch flexible Arbeitszeitmodelle bereichernd und entlastend wirken. So kann man für die Gruppe der über 55-jährigen von folgender Stärken-/Schwächen-Analyse mit entsprechenden Chancen und Risiken ausgehen (► Dar. VI.3.):

SWOT-Analyse | Altersgruppe über 55 Jahre		
Interne Faktoren (Blick nach „innen") / Externe Faktoren (Blick nach „außen")	Stärken	Schwächen
	• großes Wissen • reich an Erfahrung • gute Netzwerke	• hohe Personalkosten • geringe Belastbarkeit • hohe Mitarbeiterzahl
Chancen	ausbauen	aufholen
Wachstum mit altersspezifischer Innovation (stark branchenabhängig)	• Wissenstransfer • interne Netzwerke • externe Netzwerke	• Gesundheitsförderung und Prävention • spezifische Zielvorgaben unter angepassten Arbeitsumgebungen
Risiken	absichern	vermeiden
• Marktverluste durch geringe Innovationskraft • geringe Anpassungsfähigkeit an Marktveränderungen	• Wissen und Netzwerke für Kerngeschäfte und Aufagben • Prozesse und Strukturen für gute „Trans-Age"-Kommunikation	• Zielvorgaben mit hoher Komplexität und zeitlicher Flexibilität • Aufgaben mit hohem Reiseaufwand • Überstunden • 3-Schicht-Modell

Dar. VI.3: SWOT-Analyse der über 55-Jährigen (Wagner 2020, S. 802)

Auf diese Weise kann man vorhandene Stärken absichern und ausbauen, Schwächen hingegen vermeiden bzw. ihnen entgegenwirken und auch um letztlich Innovationschancen zu wahren und Risiken abzusichern.

Insgesamt sind somit für die Älteren vielfältige Einsatzmöglichkeiten denkbar, welche sowohl den zukünftigen (flexiblen) Einsatz beim bisherigen Arbeitgeber betreffen als auch den Wechsel zu neuen Unternehmen mit neuen Arbeitsmarktoptionen bis hin zur Selbständigkeit und dem Ehrenamt.

1.3 Studien- und Berufsabbrecher

Im Jahre 2023 haben mehr als ein Viertel aller Studienanfänger in Deutschland ihr Studium abgebrochen. Bei Universitäten liegt die Quote etwas höher als bei Fachhochschulen. Entsprechendes gilt für die Ingenieurwissenschaften mit 33 Prozent im Vergleich zu den Wirtschaftswissenschaften, bei Zugangsberechtigten mit beruflicher Ausrichtung ist sie ebenfalls höher als bei Berechtigten mit einer schulischen Ausrichtung. Bei ausländischen Studierenden ist das ebenso der Fall.

Im Bereich der Ausbildungsabbrüche lag die Quote im Jahre 2022 bei 29,5 Prozent! Dabei gibt es regionale Unterschiede. Baden-Württemberg, Bayern und Sachsen haben z. B. niedrigere Abbruchquoten als im Rest von Deutschland. Darüber hinaus liegen die Abbrüche bei Auszubildenden ohne Hauptschulabschluss höher als bei Personen mit Fach-Abitur. Folgende Berufe sind besonders betroffen: Erzieher und Logopäden, also Berufe, bei denen viel mit Kindern gearbeitet wird.

In beiden Abbruchfeldern gilt die mangelnde Passung von Person und Ausbildungs- bzw. Studienfach als Hauptursache. Deshalb liegt die Problemlösung bei der verbesserten Berufs- oder Studienorientierung, der individuellen Beratung, der verbesserten passgenauen Vermittlung und Unterstützung während der Ausbildungsphase (vgl. Schröder 2025). Dies ist leichter gesagt als getan, denn man wird tiefer ansetzen müssen:

- der Erzieherberuf
  Erzieher verkörpern eine wichtige, total unterschätzte und immer noch unterbezahlte Berufsgruppe. In vielen Städten und Gemeinden sind sie nur bedingt in der Lage, Kinder fachgerecht und intensiv so zu betreuen, dass eine Integration mit Kindern aus sozialen Brennpunkten und aus Geflüchtetenfamilien gelingt. Dabei ist der Erwerb der deutschen Sprache ungemein wichtig, um die Grundschulreife zu erlangen. Hinzu kommen interkulturelle Unterschiede, die eigentlich eine Chance darstellen, wenn sie nutzbringend berücksichtigt werden könnten.
  Vor diesem Hintergrund sind verbesserte Auswahlverfahren erforderlich, auch wenn großer Personalmangel herrscht. Letztlich muss das Image des Berufes gesteigert werden. Der Personalschlüssel ist zu verbessern. Die Teamorientierung ist zu stärken, auch die interkulturelle Kompetenz und die Sprachausbildung. Wenn man an die Bedeutung der Kitas und der Kinderhorte für die bereits erwähnte Frauen- und Familienförderung denkt, wundert man sich, dass in diesem Bereich noch so vieles im Argen liegt.

- die Lehrerausbildung
  Die Ausführungen zu den Schwachstellen des Erzieherberufes können fast nahtlos auf die Lehrerausbildung übertragen werden. Schon lange ist der Status der hoheitlichen Respektperson vorbei.
  Der Lehrermangel und die damit eng zusammenhängende Strategie, Seiteneinsteiger einzustellen, und auch die Strategie der Hilflosigkeit, Lehrer weiterhin zu verbeamten, weil konkurrierende Bundesländer es auch tun, hat die Einsicht verdeckt, dass zunächst die Studierfähigkeit und die Studierwilligkeit intensiver zu testen ist, bevor man mehrere Semester vergeudet. Zusätzlich sind schon frühzeitig begleitete Praktikumsphasen erforderlich, um sonst später auftretende Einsatzprobleme zu vermeiden und rechtzeitig alternative Einsatzmöglichkeiten in Berufen außerhalb des Lehrerberufes aufzuzeigen.
  Umgekehrt können Seiteneinsteiger wertvolle Impulse liefern, denn pädagogisch nutzbare Situationen gibt es z. B. auch im Verkaufstraining, dem Marketing, der betrieblichen Weiterbildung oder auch in der Wirtschaftsinformatik.
  Insgesamt ist wohl das gesamte deutsche Schulsystem wieder einmal kritisch zu hinterfragen. Letztlich fehlt es an einer Balance von Hochbegabtenförderung einerseits und der Förderung der Leistungsschwachen sowie der »Normalen« andererseits. In Verbindung mit der im Folgenden angesprochenen »Faszination Universität« kapriziert man sich häufig zu stark auf Schnellläuferklassen und die Hochschulreife nach zwölf Jahren, anstelle die Ganztagsschule als Gesamtschule und mit jahrgangsübergreifender Ausbildung in den Vordergrund zu bringen. Es ist doch bezeichnend, dass Deutschland im internationalen Vergleich hier hinterherhinkt.
- die Faszination der Universität
  »Mein Kind soll es einmal besser haben« wird in der Regel gleichgesetzt mit Abitur als Hochschulreife und Universitätsstudium. Die Substitution der Magister- und der Diplomstudiengänge durch das Bachelor- und Masterkonzept haben weder eine bemerkenswerte Verkürzung der Studienzeiten mit sich gebracht noch eine stärkere Berufsorientierung nach dem Bachelorabschluss. Im Gegenteil gibt es auch die Tendenz, nach dem Fachhochschulbachelor den Universitätsmaster anzupeilen. Eigentlich müsste eher eine Minderheit an

einer wissenschaftlichen Einrichtung studieren mit Promotions- und Habilitationsecht. De facto ist es aber umgekehrt.

- die Fachhochschule als »University of Applied Sciences«
  Die Fachhochschulen sehen sich immer mehr als Forschungseinrichtung wie eine Universität und plädieren für das Promotionsrecht, ohne im Allgemeinen über die finanziellen Forschungsressourcen zu verfügen. Hinzu kommt, dass die FH-Professoren nur in immer selteneren Fällen die eigentlich erforderliche, anspruchsvolle Managementpraxis aufweisen und zunehmend Wissenschaftler, die eigentlich für eine Universität qualifiziert sind, auch zu Fachhochschulen gelangen. Letztlich leidet darunter die anwendungsorientierte und die berufsorientierte Ausprägung des Marktes für Fach- und Führungskräfte.
- die mangelnde Verschränkung von Berufs- und Studienorientierung
  Leider war es den maßgebenden Vertretern der Wissenschaft und der Wirtschaft nicht gelungen, ein einheitliches Bewertungssystem für die akademische und für die berufliche Ausbildung zu schaffen. Immerhin kann man mittlerweile auch durch hinreichende Berufserfahrung und Berufsabschlüsse an den Hochschulen studieren, ohne das klassische Abitur zu haben.
  - Bewertungsprobleme
    Aber was ist mehr wert: ein Meister oder ein Master? Wie ordnet man die Promotion oder die Habilitation ein im Gegensatz zu einer Top-Management-Position? Leider konnte man sich nicht einigen. Die Kammern ersannen stattdessen die unattraktiven Abschlüsse »Bachelor und Master Professionell«. Ein integriertes Konzept sieht sicherlich anders aus.
  - die dualen Ausbildungsmodelle
    Immerhin gibt es zunehmend die Möglichkeit, ein Hochschulstudium, meistens an einer Hochschule oder einer Berufsakademie, mit einer Lehrausbildung zu verbinden. Das müsste allerdings viel stärker ausgebaut werden.
- Ein integriertes Konzept zur Problemlösung
  Unerlässlich sind Angebote zur Studien- und Berufsauswahlberatung. Hier müssen die Arbeitsagenturen noch professioneller werden. Aber auch die Unternehmen einerseits und die Hochschulen andererseits müssen ihre Auswahl- und Beratungsangebote pro Ausbildungsberuf und Studiengang inten-

sivieren, um Fehlbesetzungen schon von vornherein möglichst zu vermeiden (vgl. z.B. Brinck 2025).

- Durch Mentoring und Coaching müssten folgende Abwärts- und Aufwärtstransfers ermöglicht werden:
  - Wechsel von einer Lehrausbildung in eine andere Lehrausbildung, welche den festgestellten kognitiven Fähigkeiten und Motivationen besser entspricht
  - Wechsel von einer Lehrausbildung zu einem integrierten Berufsbildungszentrum, welches auch eine lernpsychologische Beratung und Betreuung umfasst
  - Wechsel des Studienganges an einer Universität
  - Wechsel des Studienganges von einer Universität zur Fachhochschule
  - Wechsel vom Studiengang via Berufsbildungszentrum in einen Lehrberuf, möglichst in Verbindung mit einem dualen Bachelor

Wichtig ist, dass der Wechsel nicht als Makel empfunden wird, sondern als sinnvolle Fortsetzung des Bildungsweges. Schließlich kann der neue Ausbildungsweg oder Studiengang dann den Nukleus bilden für die neue Karriere, aber dann unter realistischeren Rahmenbedingungen.

1.4 »Arbeitsverweigerer«

Die vielen Studien über die Frage »Warum arbeiten wir?« zeigen, dass etwa 8 bis 10 Prozent der Befragten Arbeit als lästig und als unangenehm empfinden. Es mag sein, dass es davon wieder einen harten Kern gibt, der wirklich nicht arbeiten will. Aber man soll die Hoffnung nicht aufgeben, dass man doch noch etwas erreichen kann. Im Idealfall sollte ja der Spruch von Konfuzius gelten: »Wer gerne arbeitet, hat keine Arbeit« bzw. empfindet Arbeit nicht als Arbeit. Deshalb sollen im Folgenden mögliche Gründe aufgespürt werden, die zur Demotivation führen und daraus Möglichkeiten abgeleitet werden, die zur Problemlösung beitragen mögen (vgl. Tieben 2016, Hirschauer 2019).

Der erste Ursachenkomplex zielt auf die schlechten familiären und persönlichen Startbedingungen junger Menschen:

- Man wächst in einem Elternhaus auf, wo der Bezug von Sozialhilfe als selbstverständlich empfunden wird.
- In der Folge kommt es zu Armut und finanziellem sowie weiterem Unterstützungsbedarf (z.B. durch eine Tafel)
  Hier wird deutlich, dass in mehrerlei Hinsicht Unterstützung ansetzen muss:
  - Intensive Kitabetreuung mit sozialpädagogischer Unterstützung
  - Unterstützung durch gemeinnützige Organisationen (z.B. Lesepaten bei Rotary)
  - Flankierende Unterstützung der Eltern bezüglich Ausstieg aus der Langzeitarbeitslosigkeit
- In der weiteren Folge entsteht durch mafiöse Ausbeutung des Sozialsystems ein gewisser Wohlstand, der das Bedürfnis nach Arbeit in den Hintergrund treten lässt.

Diesen Clanstrukturen ist mit der Härte des Gesetzes zu begegnen und mit Sanktionen bei Arbeitsverweigerung. Hinzu kommen die o. g. Maßnahmen, weil man ja nicht die Kinder für ihre Situation bestrafen darf.

- Man wächst in einem Elternhaus auf, wo der Konsum von Drogen als Selbstverständlichkeit angesehen wird. Hier ist neben dem Drogenentzug geduldige, sozialpädagogische Unterstützung angesagt. Zusätzlich gelten auch hier dieselben Maßnahmen wie weiter oben.
- Man wächst mit einer alleinerziehenden Person auf, die finanziell gerade so die Kurve kriegt.
  Die Situation von Alleinerziehenden ist gewiss nicht einfach. Auch hier sind die Maßnahmen erforderlich, die jetzt schon mehrfach angesprochen worden sind. Zusätzlich wäre ein Mentor wünschenswert, der für eine individuelle Betreuung zuständig ist.
- Es gibt keine Förderung durch eine Kita mit Vollzeitbetreuung. Laut Gesetz darf das eigentlich seit mehreren Jahren nicht mehr sein. Umso schlimmer ist es, wenn so etwas noch vorkommt. Im Sinne unserer Kinder ist hier ein konsequentes Chancen-Gesetz erforderlich, das zu flächendeckenden Angeboten

verhilft. In diesem Sinne würde es das seit 2021 geltende Kinder- und Jugend-Stärken-Gesetz ergänzen.

- Es gibt keine Förderung durch ein Schulsystem, welches die Stärken der Person hinreichend und rechtzeitig erkennt.
  Leider wird häufig zu viel Augenmerk auf die Leistungsstarken gelegt oder die Kinder aus bildungsnahen Schichten. Stattdessen bieten integrierte Gesamtschulen als Vollzeitschule die besten Voraussetzungen, um unterschiedlichen Schülerprofilen gerecht zu werden. In Deutschland scheint es bezüglich der Integrierten Gesamtschulen immer noch viele Vorurteile zu geben. Im internationalen Vergleich sind diese Schulformen jedoch weit verbreitet.
- Es gibt keine Arbeitgeber, die Schüler ohne Schulabschluss nehmen.
  Diese Haltung ist auf den ersten Blick verständlich. Warum soll sich ein Arbeitgeber auch schon solchen Herausforderungen stellen? Insofern ist die Kooperation mit erfahrenen Partnern erforderlich, die z. B. auf die Qualität von Eignungstests und auf die Faszination des Praktischen setzen. Mancher Kandidat findet es vielleicht gut, wenn er die Gelegenheit bekommt, die Verantwortung für ein schweres Transportgerät zu bekommen, wenn er sich Mühe gibt und Erfolgserlebnisse erfährt, welche die Motivation steigern. Manches Mädchen bekommt vielleicht Spaß, eine Straßenbahn fahren zu dürfen. Natürlich sind Enttäuschungen vorprogrammiert, aber mit etwas Geduld und Zuspruch kann man doch etwas erreichen.
- Es gibt kaum Arbeitgeber, die noch Hauptschüler als Azubis einstellen
  Warum eigentlich? Häufig liegen katastrophale Leistungen vor, die ihre Ursachen aber nicht nur in der Person, sondern auch in den o. g. Lebensumständen haben. Ansonsten gelten die dieselben Argumente wie die soeben geäußerten, wenn auch in abgemilderter Form. In vielen Fällen ist schon einiges getan, wenn man in kleinen Gruppen arbeiten und auf die Individualität der einzelnen Personen näher eingehen kann.

Ein weiterer Ursachenkomplex bezieht sich einerseits auf die zu fördernde Leistungsfähigkeit, andererseits auf die Leistungswilligkeit bzw. auf die Motivation:

- Bestimmte Schwächen beim Rechnen, Lesen und Schreiben werden nicht rechtzeitig erkannt.
  Hier sind durchaus schon Fortschritte im Unterschied zu früheren Zeiten erzielt worden. Inzwischen kennt man z. B. prominente und erfolgreiche Politiker, die sich als Legastheniker outen – dank computergestützter Rechtschreibtools kann man inzwischen auch komplizierte, längere Texte schreiben, von der Unterstützung durch KI ganz zu schweigen.
- Hochbegabungen werden häufig nicht rechtzeitig erkannt. Häufig werden sie auch nicht konsequent gefördert.
  Wieso können Hochbegabte Schul- oder Studienschwierigkeiten haben, wenn sie doch so intelligent sind? Z. B. gibt es viele Autisten, die nicht richtig kommunizieren können, aber z. B. in Arbeitsgebieten der Informatik hervorragende Ergebnisse erzielen. Vielfach werden Hochbegabte in der Schule zu Störenfrieden, weil ihre originellen Ideen als Blödsinn abgetan werden oder ihre schnellen Gedankenblitze das Lehrpersonal überfordern. Insofern sind auch Hochbegabte rechtzeitig zu erkennen und gezielt zu fördern, damit ihr Stärken allseits zur Geltung kommen.
- Isolationsphasen in der Pubertät oder bei Pandemien wie Corona führen zu Depressionen und Leistungsabbrüchen.
  Hier ist auch noch viel zu tun, um die Integration in die Gesellschaft und in die Arbeitswelt wiederherzustellen. Immer noch wird Long-Covid unterschätzt. Die Langzeitfolgen können erheblich sein und können nur mit viel Geduld und psychotherapeutischer Professionalität angegangen werden.
  Im Genesungsprozess stellt man dann fest, dass nicht jeder noch Vollzeit arbeiten kann. Acht Stunden können also sehr lang sein. Man muss Geduld haben und erkennen, dass die hochgepriesenen Methoden der Zielorientierung, des Multitasking und des agilen Managements nicht mehr sind als leere Worte.

Insgesamt muss Arbeit also Spaß und Sinn machen. Auch Geduld ist häufig erforderlich sowie Verständnis. Die oftmals genannte VUCA-Welt passt hier allerdings nicht wirklich, allenfalls nach längerem Training. Wenn allerdings das richtige Matching erfolgt zwischen Person und Aufgabe, dann ist sicherlich vieles möglich. Der zeitliche und damit kostenmäßige Aufwand ist sicherlich nicht zu unterschätzen (Beck/Ullrich 2024).

1.5 Inklusion

Inklusionspädagogik steht zurzeit an den pädagogischen Ausbildungsstätten hoch im Kurs. So werden entsprechende Fachleute eingestellt und Studienplätze sowie Ausbildungskapazitäten geschaffen. Damit wird auch einer internationalen Forderung der UNESCO stattgegeben (Stähler 2013).

Allerdings muss bezüglich der Förderung von Personen mit körperlichen und mit geistigen Einschränkungen oder Behinderungen beim Lernen und beim sozialen Umgang entsprechend differenziert werden. Sicherlich führten »Sonderschulen« hier zu Ausgrenzungen und zu Stigmatisierungen. »Förderschule« hört sich schon fortschrittlicher an, kann aber zu denselben Effekten führen. Umgekehrt ist es eine Illusion zu glauben, dass man alle Personen zugleich und zu jeder Zeit gemeinsam unterrichten kann. Die Kunst besteht wohl im intelligenten Mix zwischen Gemeinschaftsunterricht und Förderunterricht.

Einerseits lernen auch die anderen Schüler, wie man miteinander lernt, sich hilft und sozial miteinander interagiert. Andererseits kann ein zu hohes Lernniveau, z.B. im Hinblick auf die Erkenntnisse der höheren Mathematik, zur Überforderung bei den Personen mit entsprechenden Handicaps führen und die Mathematikgenies zur Frustration, weil man nicht richtig vorankommt.

Als fatal hat sich inzwischen die Schulpraxis in verschiedenen Bundesländern erwiesen, nach der Inklusionsphase in der Grundschule für die Leistungsstarken die Schnellläuferklassen am klassischen Gymnasium vorzusehen und für die Mehrheit der anderen die Gemeinschaftsschule als eine Art integriertes Auffangbecken, wo fehlendes pädagogisches Personal inkl. fehlende Sozialpädagogen letztlich zur Frustration und zu Leistungseinschränkungen führen. Dabei kommt noch hinzu, dass die interkulturelle Komponente weitgehend nicht richtig beachtet wird. Schließlich gibt es auch hier Personen mit bestimmten Einschränkungen.

Was ist also zu tun?

- Körperliche Handicaps
  Hier zeigen z. B. die Paralympics, zu welchen Leistungen Personen mit körperlichen Handicaps fähig sind. Dabei zeigt es sich, dass folgende Voraussetzungen gegeben sein müssen:
  - Technische und gesundheitsmedizinische Unterstützung nach dem jeweils neuesten Stand der Technik
  - Konsequente Barrierefreiheit
  - Individuelle Betreuung
  - Daraus sich ergebende Leistungsmotivation

Hier ist somit vollkommene Inklusion möglich. Probleme ergeben sich allerdings, wenn die körperlichen Beeinträchtigungen so umfassend sind, dass z. B. durch das Zucken der Augenlider mit integrierter Schreib-/Sprechfunktion die unzureichende oder nicht vorhandene Funktion der Hände und der Stimme subsituiert werden müssen. Das Beispiel Stephen Hawking zeigt jedoch, wie man nach einer ungünstigen medizinischen Prognose noch sehr lange aktiv sein kann.

- Kognitive Handicaps
  Auch hier ist mehr möglich, als man gemeinhin denkt. Seit längerem gibt es »Werkstätten für Behinderte«, wie man im Volksmund so sagt, mit einer wichtigen Betreuungsfunktion. Man sollte aber m. E. versuchen mehr zu erreichen. Insofern ist auch die Fantasie der Unternehmen und der Öffentlichen Verwaltung gefragt, welche Tätigkeiten in Frage kommen. Das Beispiel von Cafés mit einem bestimmten Prozentsatz leistungseingeschränkter Personen zeigt, dass solche Betriebe mit dem Verständnis der Kunden rechnen können und von daher auch ihre Berechtigung haben. Wichtig ist vor allem die Beachtung von Respekt und Menschenwürde.
- Soziales Lernen
  Früher hat man von »Lernbehinderten« gesprochen. Da körperliche und kognitive Fähigkeiten durchaus vorhanden sind, geht es hier darum, die sozialisations- und psychisch bedingten »Lähmschichten« abzutragen und zur »Motivationsschicht« vorzudringen. Dazu braucht es sicherlich viel Geduld und intensive sozialpsychologische Betreuung. Wenn nun aber genügend

Selbstvertrauen und gegenseitige Wertschätzung zur Selbstmotivation führt, hat man schon viel gewonnen.

- Interkulturelle Inklusion und Integration
  Hier ist sicherlich noch viel zu tun. Viel wurde vernachlässigt und blieb unbeachtet. Über die Bedeutung von intensiven Sprachkursen, die Förderung schon in der Kita etc. wurde schon gesprochen. Hinzu kommt die interkulturelle Komponente mit jeweils verschiedenen
  - Traditionen
  - Religiös geprägten Wertvorstellungen
  - Frauenbildern
  - Vorstellungen zur Emanzipation etc.

  In der Erkenntnis dieser Dinge liegt ein wichtiger Schlüssel für eine erfolgreiche Integration in die Gesellschaft und damit natürlich auch in den Erziehungs-, Schul- und den Bildungsbereich und last but not least in die moderne Arbeitswelt.

Konsequenzen für die Arbeitswelt

Die bisherigen Ausführungen gelten gleichermaßen für den Früh-Erziehungs-, den Schul- und Hochschulbereich sowie für die Arbeitswelt. Während bei den Kitas noch diverse Abdeckungslücken bestehen, hat man in Schule und Hochschule immerhin verschiedene Mechanismen eingeführt, um für das langsamere Erlernen zeitliche Gutschriften zu erteilen. Nachholbedarf besteht allerdings im interkulturellen Bereich.

Betrüblich ist, dass sich die Betriebe in Wirtschaft und Verwaltung mit relativ geringen finanziellen Kompensationszahlungen von der Verpflichtung zum Einstellen von Personen mit Handicap freikaufen können. Diese Quote beträgt 5 Prozent. Damit wird eine große Chance vertan, denn diverse Studien zeigen übereinstimmend, dass Personen mit Handicap überdurchschnittlich hoch motiviert sind und auch ihre Fluktuation geringer ist. Hinzukommt, dass die Betriebe für einen bestimmten Zeitraum finanzielle Zuschüsse bekommen, wenn sie entsprechende Personen beschäftigen.

1.6 Langzeitarbeitslose

Wer mindestens ein Jahr arbeitslos ist, gilt als langzeitarbeitslos. Meistens ist der Zeitraum aber länger und droht dann, chronisch zu werden. Langzeitarbeitslosigkeit birgt vielfältige Probleme für die Betroffenen, die sowohl die persönliche Lebenssituation als auch die gesellschaftliche Teilhabe betreffen. Neben finanziellen Schwierigkeiten und dem Verlust sozialer Kontakte, können auch gesundheitliche Beeinträchtigungen und psychische Belastungen wie Depressionen oder Ängste auftreten (vgl. IAB 2017).

Folgende Probleme und Folgen der Langzeitarbeitslosigkeit sind zu nennen:

- Langzeitarbeitslosigkeit führt oft zu Armut und finanziellen Schwierigkeiten, da das Arbeitslosengeld oft nicht ausreicht, um den Lebensunterhalt zu decken.
- Der Verlust des Arbeitsplatzes kann zu einem Rückzug aus sozialen Kontakten und Beziehungen führen, was die soziale Isolation verstärkt.
- Langzeitarbeitslosigkeit kann sowohl körperliche als auch psychische Erkrankungen wie Depressionen, Angststörungen oder psychosomatische Beschwerden auslösen oder verstärken.
- Die lange Zeit ohne Arbeit kann dazu führen, dass Fähigkeiten verkümmern und die Motivation sinkt, wieder ins Berufsleben einzusteigen.
- Langzeitarbeitslose werden oft mit Vorurteilen und Stigmatisierung konfrontiert, was ihre Chancen auf eine Wiedereingliederung in den Arbeitsmarkt zusätzlich erschwert.
- Langzeitarbeitslosigkeit kann die Teilhabe am gesellschaftlichen Leben, wie beispielsweise kulturelle Veranstaltungen oder Sportangebote, erheblich einschränken.

Deshalb gibt es vielfältige Herausforderungen für die Wiedereingliederung dieses Personenkreises:

- Oftmals sind Langzeitarbeitslose nicht mehr auf dem neuesten Stand ihrer beruflichen Kenntnisse oder verfügen über keine ausreichende Qualifikation für den aktuellen Arbeitsmarkt.
- Mit zunehmendem Alter wird es für Langzeitarbeitslose schwieriger, eine neue Stelle zu finden.
- Körperliche oder psychische Erkrankungen können die Jobsuche zusätzlich erschweren.
- Langzeitarbeitslose fühlen sich oft stigmatisiert und haben ein geringeres Selbstvertrauen, was sich negativ auf ihre Jobsuche auswirken kann.

Deshalb benötigt man Geduld beim Angebot von Unterstützungsmaßnahmen und weiteren Lösungsansätzen. Beratungsstellen und Jobcenter bieten Unterstützung bei der Jobsuche, der Erstellung von Bewerbungsunterlagen und der Entwicklung beruflicher Perspektiven. Erfahrungsgemäß steht dabei häufig die schnelle Vermittlung im Vordergrund und weniger das länger andauernde Ansetzen an den eigentlichen Problemursachen. Trotzdem können Weiterbildungen und Umschulungen helfen, die Qualifikationen an die aktuellen Anforderungen des Arbeitsmarktes anzupassen. Entsprechende Förderprogramme des Staates können Arbeitgebern zusätzliche finanzielle Anreize bieten, Langzeitarbeitslose einzustellen.

Große Bedeutung kommt den Angeboten zur Stärkung sozialer Kontakte und zur Überwindung von Isolation zu. Sie können helfen, Langzeitarbeitslose wieder stärker in die Gesellschaft einzubinden. Aufklärungskampagnen und öffentliche Diskussionen können dazu beitragen, Vorurteile abzubauen und Langzeitarbeitslose besser zu akzeptieren.

Es ist wichtig, dass Langzeitarbeitslose frühzeitig Unterstützung erhalten, um die negativen Folgen der Arbeitslosigkeit zu minimieren und eine Wiedereingliederung in den Arbeitsmarkt zu ermöglichen. Auch bei guter Arbeitsmarktlage ist und bleibt die Langzeitarbeitslosigkeit ein gravierendes Problem.

Das Hauptproblem dürfte aber auch sein, dass in der Regel keine gründliche Revision des bisherigen Karriereverlaufs inklusive einer sorgfältig erarbeiteten und entsprechend begleiteten Neuorientierung erfolgt. Natürlich ist das zunächst finanziell nicht unerheblich, kann sich aber auch langfristig rechnen und zu einer möglichst langen, als sinnvoll empfundenen neubestimmten beruflichen Tätigkeit führen.

1.7 Integration von Migranten

Ziel von Integration ist es, den Zusammenhalt in der ganzen Gesellschaft zu stärken (Fintrup 2018). Dabei fühlt sich die deutsche Gesellschaft zurzeit subjektiv als überfordert; immerhin sind im Zuge des Syrien- und des Afghanistan-Konfliktes sowie des Überfalls Russlands auf die Ukraine fast drei Millionen Geflüchtete und Asylsuchende nach Deutschland gekommen (Fintrup 2018).

Sicherlich hat der Slogan »Wir schaffen das« ebenso nicht reibungslos funktioniert wie der Spruch von den »blühenden Landschaften«, die es eines Tages in Ostdeutschland gäbe und bis heute nur in Teilen Wirklichkeit geworden sind.

Wesentliche Grundlage für die Gestaltung der Integrationspolitik des Bundes sind das Aufenthaltsgesetz und das Bundesvertriebenengesetz. Hier ist der Mindestrahmen für die Integrationsangebote des Bundes gesetzlich festgeschrieben. Von einer möglichst schnellen und nachhaltigen Integration profitieren nicht nur die Menschen, die zu uns kommen, sondern wir alle. Integration betrifft dabei Alteingesessene ebenso wie Zugewanderte. Dabei wird die Dauer und der Aufwand für eine gelingende Integration häufig unterschätzt. Unser Zusammenleben soll prinzipiell von Respekt, gegenseitigem Vertrauen, von Zusammengehörigkeitsgefühl und gemeinsamer Verantwortung geprägt sein. Das sind hehre Ziele, die aber auch kulturell, personell und finanziell hinreichend unterfüttert sein müssen.

Die Integration von Zugewanderten soll Chancengleichheit und die tatsächliche Teilhabe in allen Bereichen ermöglichen, insbesondere am gesellschaftlichen, wirtschaftlichen und kulturellen Leben. Leider behindern langwierige Anerkennungsprozeduren und damit verbundene Statusprozeduren häufig die konkrete Umsetzung. Hinzu kommt Intoleranz, Neid und Fremdenfeindlichkeit. Einerseits gibt es regional sehr unterschiedlich hohe Anteile von Personen mit Migrationshintergrund. Andererseits herrscht große Unkenntnis über die Art und Höhe der Sozialleistungen, weshalb es schnell zu Neiderscheinungen kommt. Und es kommt auch zu Missbrauch, weil das deutsche Sozialleistungsniveau international durchaus am höchsten ist, deshalb kriminelle Verbünde aktiv werden und Missbrauch getrieben wird.

Voraussetzung dafür ist, dass die Menschen, die zu uns kommen, die deutsche Sprache lernen und Grundkenntnisse unserer Geschichte und unserer vielfältigen Demokratie erwerben. Hierbei geht es insbesondere um die Bedeutung der freiheitlich demokratischen Grundordnung Deutschlands, des Parteiensystems, des föderalen Aufbaus, der Sozialstaatlichkeit, der Gleichberechtigung sowie der Toleranz und der Religionsfreiheit. Religionsfreiheit bedeutet aber auch, dass z. B. antisemitische Parolen ebenso zu unterbinden sind wie islamfeindliche Fundamentalkritik. Letztlich bildet das Grundgesetz die Grundlage für das Zusammenleben der Menschen in Deutschland.

Gelungene Integration bedeutet, sich unserer Gemeinschaft zugehörig zu fühlen. Sie bedeutet die Entwicklung eines gemeinsamen Verständnisses, wie wir in der Gesellschaft zusammenleben. Zuwanderung kann deshalb nur als wechselseitiger Prozess gelingen. Sie setzt die Aufnahmebereitschaft der Mehrheitsgesellschaft voraus – wie auch die Bereitschaft der Zugewanderten, die Regeln des Aufnahmelands zu respektieren und sich um die eigene Integration zu bemühen. Hier ist in den letzten Jahren offensichtlich einiges schiefgelaufen.

Integration erfordert ein Engagement in vielen Lebensbereichen und von allen staatlichen Ebenen. Viele Bundesressorts, die Länder und vor allem die Kommunen, aber auch viele nichtstaatliche Akteure bringen sich ein. Die Bedeutung des zivilgesellschaftlichen Engagements ist bei der Zuwanderung von Geflüchteten in den vergangenen Jahren in besonderer Weise deutlich geworden. Gelingende Integration fördert den gesellschaftlichen Zusammenhalt insgesamt und steigert zugleich die Attraktivität unseres Landes auch für ausländische Fachkräfte.

Diese wohlklingenden Worte dürfen nicht darüber hinwegtäuschen, dass sowohl Asylsuchende und Geflüchtete auch nach Deutschland kommen, um die Vorteile der deutschen staatlichen Sozialleistungen in Anspruch zu nehmen. In Deutschland akzeptierte und übliche Werte werden häufig nur unzulänglich beachtet. Dazu zählt z. B. das Verbot antisemitischer Parolen und die Nicht-Akzeptanz bestimmter Bekleidungsgewohnheiten in muslimischen Kreisen, die über das inzwischen weitgehend akzeptierte Kopftuch hinausgehen. Eine Vollverschleierung behindert das Kennenlernen und z. B. das Autofahren.

Hinzu kommt eine regionale Fremdenfeindlichkeit, insbesondere und merkwürdigerweise in Landesteilen, wo es nur unterdurchschnittlich viele Geflüchtete gibt. Deshalb ist die aktuelle Bundesregierung aus verschiedenen politischen Gründen bestrebt, nun restriktiver vorzugehen. Dabei sind viele Kontrollprobleme bei der Zuwanderung und bezüglich der Abschiebeprozeduren bei der Rückkehr in das Herkunftsland leider und immer noch nicht rechtssicher ausgestaltet. Oder sie scheitern an bürokratischen Hürden.

Faktisch ist Deutschland schon lange ein Einwanderungsland. Das wird allerdings bis heute nicht offen und transparent kommuniziert. Deswegen ist dann auch unklar, welche Form von Integration bei den Migranten anzustreben ist, ohne in Konflikt mit der Geflüchtetenproblematik zu geraten. Dabei zeigt das Beispiele der letzten Jahre seit 2015, dass durchaus etliche, vorerst nur geduldete Geflüchtete in den Arbeitsmarkt integriert werden konnten oder intensiv dabei sind. Trotzdem besteht Abschiebegefahr, was auch bei der beschäftigenden Wirtschaft zu Verunsicherungen führt.

1.8 Einwanderung

Das deutsche Einwanderungsgesetz, oft auch als Zuwanderungsgesetz bezeichnet, regelt die Einreise, den Aufenthalt und die Integration von Ausländern in Deutschland. Es umfasst verschiedene Bereiche wie Fachkräfteeinwanderung, Familiennachzug, Flüchtlingsschutz und die Erteilung von Staatsangehörigkeit (Meier-Braun et al. 2017). Es dient sowohl der Steuerung der Zuwanderung als auch der Förderung der Integration (Fintrup 2018). Nach dem Scheitern der Ampelregierung in Deutschland werden aktuell Revisionen am Zuwanderungsgesetz vorgenommen, die noch nicht abgeschlossen sind. Bereits geändert wurde die Dauer des Zeitraumes, den man mindestens braucht, um die deutsche Staatsangehörigkeit zu beantragen. Dieser wurde von drei wieder auf fünf Jahre verlängert.

Als wichtige Elemente eines Einwanderungsgesetzes gelten Regelungen für folgende Belange.

Fachkräfteeinwanderung

Das deutsche Gesetz erleichtert die Einreise von Fachkräften mit Berufsausbildung oder Hochschulabschluss aus Drittstaaten. Es gibt vereinfachte Verfahren für IT-Fachkräfte mit Berufserfahrung und die Möglichkeit einer Chancenkarte zur Arbeitsplatzsuche.

Es hat lange gedauert, bis es zu dieser gesetzlichen Regelung kam. Dabei hat das Bundesarbeitsministerium sich schon vor etlichen Jahren nach Best-Practice-Beispielen umgeschaut, wo Einwanderung als sinnvoll, weil notwendig angesehen wurde. Entsprechende Länder sind Kanada, Neuseeland und Australien sowie die USA.

Von diesen Ländern, die inzwischen über einen relativ hohen Lebensstandard verfügen, geht auch eine erhebliche Attraktivität auf Wirtschaftsflüchtlingen und Asylanten aus. Allerdings sind diese Länder aus regionalen Gründen nicht so einfach zu erreichen, so dass, je nach politischer Konstellation, drastische Abwehrmaßnahmen erfolgen, die bis zur Zwangsinternierung in Drittstaaten (z. B. Papua-Neuguinea im Falle von Australien) reichen. Bekannt und mittlerweile berüchtigt ist das Problem der illegalen Zuwanderung nicht zuletzt in den USA, wo allerdings viele Millionen sogenannter illegaler Einwanderer z. B. im Agrarbereich nützliche Dienste leisten und nur sehr schwer zu ersetzen sind.

Ansonsten ist es typisch für diese Länder, dass es politische Programme gibt, in denen der qualitative und der quantitative Bedarf von Einwanderung festgelegt und transparent gemacht wird. Hinzukommen Punktebewertungssysteme, bei denen ein bestimmter Schwellenwert erreicht werden muss. Ansonsten ist es erforderlich, dass man einen zeitlich ausreichenden Arbeitsvertrag mit einer bestimmten Mindestgehaltssumme vorweisen muss. Da Einwanderung und Flucht, egal aus welchen Gründen, konzeptionell streng zu trennen sind, erfolgt die Beantragung zur Einwanderung vorab noch beim Aufenthalt im Heimatland. Andernfalls spricht man in Deutschland vom Wechsel des Status vom Asylanten, anerkannten oder geduldetem Geflüchteten einerseits und den Einwanderern andererseits.

Nicht anerkannte oder nicht geduldete Personen müssen grundsätzlich wieder zurück, sofern es sich um ein sicheres Herkunftsland handelt. Diese sogenannte Rückführung bzw. Abschiebung ist zurzeit mit diversen faktischen und rechtlichen Problemen verbunden, auf die hier nicht weiter eingegangen werden soll. Für uns entscheidend ist, ob die zurzeit hohe Zahl von geduldeten und anerkannten Personen auch arbeiten darf bzw. dazu verpflichtet ist, um nicht die Ansprüche auf das Bürgergeld und andere Sozialleistungen zu verlieren. Wenn dieser Zugang zum Arbeitsmarkt also offen ist, dann erhalten die diversen Integrationsangebote erst einen tieferen Sinn. Hinzu kommt eine weitere Möglichkeit, den Fachkräftebedarf zu befriedigen. Ansonsten ist man sich politisch weitgehend einig, die Zahl der Nicht-Einwanderer möglichst zu begrenzen.

Chancenkarte

Analog zur Green Card in den USA gibt es in den EU-Mitgliedsländern inzwischen die Chancenkarte. Sie basiert auf einem Punktesystem, das Qualifikation, Sprachkenntnisse, Berufserfahrung und Deutschlandbezug berücksichtigt.

Mit der Chancenkarte in Deutschland arbeiten

Die Chancenkarte soll die Arbeitssuche für Personen in Deutschland erleichtern. Inzwischen gilt diese Regelung seit 2024 auch für Angehörige aus Drittstaaten. Damit können Bewerber hoffentlich auch ohne langwieriges Anerkennungsverfahren in Deutschland arbeiten. Die Chancenkarte berechtigt zu einer zweiwöchigen Probearbeit oder zur Aufnahme einer Nebenbeschäftigung (bis zu 20 Stunden in der Woche). Personen mit Chancenkarte dürfen ein Jahr lang in Deutschland bleiben. In dieser Zeit soll der Fokus auf der Arbeitssuche liegen. Eine Verlängerung der Chancenkarte um bis zu weitere zwei Jahre ist unter engen Voraussetzungen möglich. Die Verlängerung müssen Sie bei der örtlichen Ausländerbehörde beantragen.

Voraussetzungen für die Chancenkarte

Anhand des Punktesystems können Sie die benötigten Auswahlkriterien mit den eigenen Voraussetzungen abgleichen. Insgesamt müssen Sie sechs Punkte erreichen, um die Chancenkarte zu bekommen. Grundvoraussetzung sind Deutschkenntnisse auf dem Level A1 oder Englischkenntnisse auf dem Level B2 sowie eine (mindestens) zweijährige Berufsausbildung oder ein Hochschulabschluss, der im Herkunftsland anerkannt ist. Zusätzlich müssen Sie nachweisen, dass Sie finanziell abgesichert sind, zum Beispiel über eine Nebenbeschäftigung (bis zu 20 Stunden in der Woche). Nachweisen können Sie das anhand eines Arbeitsvertrages (Für diese Grundvoraussetzungen gibt es noch keine Punkte!). Zu den weiteren Kriterien des Punktevergabesystems zählen Sprachkenntnisse, Berufserfahrung, Alter und Deutschlandbezug. Für die Altersmerkmale entscheidend ist der Zeitpunkt der Antragstellung.

Die Punkteverteilung für die Chancenkarte soll so erfolgen, wobei die Anzahl der beschriebenen Punkte als aktuelles Beispiel zu betrachten ist:

- Grundvoraussetzung: Ausreichende Deutschkenntnisse auf dem Level A1 oder Englischkenntnisse auf dem Level B2 sowie eine mindestens zweijährige Berufsausbildung nach den Regeln des Herkunftslandes. Daneben müssen Sie über ausreichende finanzielle Mittel verfügen. Der Nachweis darüber kann beispielsweise mithilfe eines Arbeitsvertrags für eine Nebenbeschäftigung (bis zu 20 Stunden pro Woche) erfolgen.
- 4 Punkte gibt es für die Teilanerkennung eines ausländischen Berufsabschlusses oder für die Erlaubnis, einen reglementierten Beruf auszuüben (z. B. Erzieher, Krankenpfleger oder Ingenieur). Diese Kriterien erfüllen die wenigsten Bewerber.
- 3 Punkte gibt es für fünf Jahre Berufserfahrung (in den letzten sieben Jahren) im gelernten Beruf sowie einer vorausgehenden zweijährigen Berufsausbildung nach den Regeln des Herkunftslandes. Alternativ bekommen Sie 3 Punkte für gute Deutschkenntnisse auf dem Sprachniveau B2.
- 2 Punkte gibt es für eine zweijährige Berufserfahrung mit vorausgehender Berufsausbildung (in den letzten fünf Jahren). Wenn Sie nicht älter als 35 Jahre alt sind, bekommen Sie ebenfalls 2 Punkte. Außerdem werden ausreichende Deutschkenntnisse auf dem Sprachniveau B1 mit 2 Punkten bewertet.
- 1 Punkt gibt es für Bewerber, die nicht älter als 40 Jahre alt sind sowie für einen vorausgegangenen Aufenthalt in Deutschland (mindestens sechs Monate). Diesen müssen Sie anhand von Dokumenten nachweisen. Touristische Voraufenthalte zählen nicht dazu.

- 1 Punkt gibt es außerdem für sehr gute Englischkenntnisse (C1), hinreichende Deutschkenntnisse (A2), eine Ausbildung in Engpassberufen oder, wenn Sie gemeinsam mit Ihrem Ehepartner einen Antrag auf die Chancenkarte stellen.

Ergänzend gibt es noch die Westbalkanregelung. Staatsangehörigen aus Albanien, Bosnien und Herzegowina, Kosovo, Montenegro, Nordmazedonien und Serbien wird die Arbeitsaufnahme in Deutschland ermöglicht. Das Kontingent wurde auf 50.000 Arbeitskräfte pro Jahr erhöht.

Zusammenfassend lässt sich sagen, dass das Einwanderungsgesetz ein komplexes Regelwerk ist, das die Einwanderung nach Deutschland steuert und die Integration der Zuwanderer fördert. Es ist darauf ausgerichtet, sowohl den Bedarf an Fachkräften zu decken als auch eine geordnete und nachhaltige Zuwanderung zu gewährleisten. Leider dienen die durchaus sinnvollen Zurückweisungs- und Abschiebeprozeduren für viel Unruhe, wenn z. B. befristet Geduldete aus ihren Arbeitsverhältnissen herausgeholt und bei Nacht und Nebel ausgewiesen werden.

1.9 Ehrenamt

In vielen Bereichen wird ehrenamtlich gearbeitet und letztlich dafür auch der reguläre Arbeitsmarkt entlastet. Für viele Personen kann sie sehr bereichernd wirken, weil dem Dasein ein gewisser Sinn vermittelt wird. Ein Ehrenamt ist eine unbezahlte, freiwillige Tätigkeit, die dem Gemeinwohl dient. Es ist eine Form des bürgerschaftlichen Engagements, bei der Menschen ihre Zeit und Fähigkeiten ohne finanzielle Entschädigung einsetzen, um einen Beitrag zur Gesellschaft zu leisten. Oftmals wird eine Aufwandsentschädigung gezahlt, um entstandene Kosten zu decken (Grotendorst 2016).

Folgende Kriterien gelten für das Ehrenamt

- Freiwilligkeit
  Die Übernahme eines Ehrenamtes ist immer freiwillig und basiert auf der persönlichen Entscheidung, sich zu engagieren. Es ist zu bezweifeln, ob das vom DIW vorgeschlagene soziale Pflichtjahr für Rentner nicht doch einen Schuss

nach hinten bedeutet und den bislang bereits existierenden Initiativen einen Bärendienst erweist.

- Unentgeltlichkeit
  Im Kern ist ein Ehrenamt eine unbezahlte Tätigkeit. Es kann jedoch eine Aufwandsentschädigung geben, um Kosten, die durch die Tätigkeit entstehen, zu erstatten.
- Gemeinwohl
  Ehrenamtliches Engagement dient immer dem Wohl der Gemeinschaft und ist nicht auf persönliche Vorteile ausgerichtet.
- Vielfältigkeit
  Ehrenämter gibt es in vielen Bereichen, z. B. im Sportverein, in der Kultur, im sozialen Bereich, in der Umwelt, in der Nachbarschaftshilfe oder auch in der Kommunalpolitik.

Ehrenamtlich Tätige tragen somit dazu bei, dass Vereine, Initiativen und Projekte funktionieren, die das soziale, kulturelle und sportliche Leben bereichern. Durch das gemeinsame Engagement werden soziale Bindungen gestärkt und das Gefühl der Zusammengehörigkeit gefördert. Ehrenamtliche können neue Fähigkeiten erlernen, ihre Kenntnisse vertiefen und ihre Persönlichkeit weiterentwickeln. Ehrenamtliches Engagement ist ein wichtiger Bestandteil einer lebendigen Demokratie, da es die Beteiligung der Bürger am öffentlichen Leben fördert.

Ehrenamtliche Tätigkeit ist somit gleichzeitig sinnstiftend und sinnerfüllend. Damit schafft sie persönliche Befriedigung und Anerkennung nach innen wie nach außen. Und wo kann man sich ehrenamtlich engagieren? Hierfür kommen mehrere Bereiche in Betracht:

- Sportvereine
  Viele Sportvereine sind auf ehrenamtliche Helfer angewiesen, z. B. für die Organisation von Veranstaltungen, die Betreuung von Mannschaften oder die Jugendarbeit.
- Kulturelle Einrichtungen

Museen, Theater und andere kulturelle Einrichtungen suchen oft Unterstützung für verschiedene Aufgaben, z. B. bei Veranstaltungen, der Betreuung von Besuchern oder der Öffentlichkeitsarbeit.

- Soziale Einrichtungen
  Es gibt eine Vielzahl von sozialen Einrichtungen, die auf ehrenamtliche Helfer angewiesen sind, z. B. die Tafel für die Lebensmittelausgabe oder die AWO Ehrenamtsagentur für verschiedene Projekte.
- Nachbarschaftshilfe
  In vielen Gebieten gibt es Initiativen, die sich um die Belange der Nachbarschaft kümmern und Unterstützung bei alltäglichen Aufgaben anbieten, wie z. B. Einkaufen oder Begleitung zu Ärzten.
- Umweltprojekte
  Es gibt viele Möglichkeiten, sich im Bereich Umweltschutz zu engagieren, z. B. bei der Pflege von Grünflächen, der Organisation von Umweltaktionen oder der Bildungsarbeit.
- Feuerwehr und THW
  Sowohl die freiwillige Feuerwehr als auch das Technische Hilfswerk (THW) sind auf ehrenamtliche Helfer angewiesen.

Das sind nur einige, exemplarische Beispiele. Hinzu kommen z. B. »Citizen Science«- Projekte, bei denen Bürger die Forscher an der Hochschule in ihrer Stadt bei Erkundungen, Zählungen u. ä. unterstützen.

2 Zusammenfassende Erkenntnisse und Ausblicke

2.1 Problemlösungsszenario I: neue Angebote für den Arbeitsmarkt und/oder Künstliche Intelligenz

Wie bewältigen wir also den demografischen Wandel? Was sind die Auswirkungen der Künstlichen Intelligenz? In den letzten Abschnitten wurden die Entlastungsmöglichkeiten beschrieben, die wir erwarten könnten, wenn wir verschiedene

Reservepotenziale stärker ausschöpfen würden. Welche Alternativen sind möglicherweise zu erwarten (AuA 7/25)?

- Frauen
  Das Kindergarten- und Kitasystem wird weiterhin zu schleppend ausgebaut. Bedenklich ist, dass aktuell die punktuell freien Kitaplätze umgehend den staatlichen Sparmaßnahmen zum Opfer zu fallen drohen, statt konsequent diese Mittel für eine intensivere Förderung der Kinder mit Migrationshintergrund zu verwenden.
  Bedenklich ist auch der aus den USA herüberschwappende Trend der Tradwives, der nun in Deutschland von rechtspopulistischer Seite propagiert wird. Frauen sollen zurück an den Herd. TikTok und Instagram zeigen entsprechende Clips. Die AfD unterstützt diese Entwicklung.
  Insofern ist es noch nicht klar, inwieweit es zu einer höheren Beschäftigung von Frauen mit dem damit verbundenen Entlastungseffekt am Arbeitsmarkt kommen wird.
- Ältere
  Arbeit im Rentenalter stößt zwar immer noch auf Unverständnis. Mehrere Gründe sprechen aber inzwischen für eine höhere Erwerbsquote bei den Älteren. Hierzu gehört die gestiegene körperliche Fitness und Lebenserwartung und damit verbunden das Erfordernis, den bisherigen Lebensstandard durch eigene Erwerbsbeiträge absichern zu wollen und zu müssen.
  Deshalb ist es eine Mischung aus noch vorhandener, produktiver Schaffenskraft und materiellen Zwängen, die eine längere Beschäftigung realistisch erscheinen lassen.
- Studien- und Berufsabbrecher
  Wie beschrieben wurde, ist das Potenzial der Studien- und der Berufsabbrecher stärker auszuschöpfen. Berufsberatung und Berufsorientierung kommt oftmals leider zu kurz. Nida-Rümelin sieht aktuell eine stärker gewordene Abschottung zwischen dem beruflichen und dem akademischen Sektor, die es folglich zu überwinden gilt.

Eigentlich müsste eine neue Reform der Arbeitsagenturen und Jobcenter erfolgen. Es ist zu hoffen, dass der immer stärker werdende Arbeitskräftemangel die bislang noch existierenden Trägheiten überwinden hilft.

- Personen mit Handicaps
  Inklusion war längere Zeit ein Zauberwort für die Lösung vieler Integrationsprobleme. Dabei wird der individuelle Förderbedarf ebenso unterschätzt wie die mangelnde Bereitschaft vieler Arbeitgeber, betreffende Personen einzustellen. Auch hier ist ein konzertiertes Umdenken erforderlich.
- »Arbeitsverweigerer«
  Zur oftmals misslungenen oder verbesserungsbedürftigen Studien- und Berufsberatung kommen häufig psychische Probleme, die viel Zeit und Verständnis erfordern. Dennoch sind Integrationserfolge möglich.
- Langzeitarbeitslose
  Der Sockel an Langzeitarbeitslosigkeit ist nach wie vor recht hoch und nur schwer abzubauen. Hier ist viel Geduld für Maßnahmen erforderlich, die mit den o. g. Problemfeldern (Berufsberatung, Arbeitsmotivation) zu kombinieren sind. Wegen des steigenden Fachkräftemangels muss dieser Sockel unbedingt deutlich abgebaut werden.
  Es ist zu befürchten, dass auch hier vorwiegend im Rahmen einer dringend erscheinenden Reform der Soziallausgaben vorwiegend mit Sanktionen gearbeitet wird und die eigentlichen Problemursachen ungenügend berücksichtigt werden. Trotzdem sollte der Grundsatz »Fördern durch Fordern« unbedingt mehr zur Geltung kommen.
- Fachkräfte aus dem Ausland
  Wie schon weiter oben beschrieben, benötigen wir ausländische Fachkräfte sowohl aus den EU-Ländern als auch den anderen Ländern und Erdteilen. Wirtschaftsflüchtlinge machen in diesem Zusammenhang nur Sinn, wenn sie gezielt eingesetzt werden können, um die vielfältigen Bedarfe zu decken. Sie müssen dafür ebenso gut integriert werden wie die Asylsuchenden, die zugleich arbeitsfähig sind. Nicht anerkannte Personen sind insofern wieder zurückzuweisen, sofern dies ethisch gerechtfertigt ist. Andererseits darf Deutschland kein »Bürgergeldparadies« für Ausländer werden. Hier ist zu erwarten, dass der Einsatz von Ausländern gezielter erfolgen wird. Integration ist allerdings

teuer und zurzeit unpopulär. Umgekehrt werden Wirtschafts- und Arbeitsmarktreformen in den Herkunftsländern nur zögerlich unterstützt, von strukturell bedingten Arbeitsplatzverlagerungen aus den entwickelten Ländern ganz zu schweigen!

- Ehrenamt
  Das Ehrenamt kann immer sinnvoll sein. Auch hier gibt es noch viele, bislang ungenutzte Möglichkeiten, allein die Aufgaben im Pflegebereich werden hier zu einer Zunahme auch von gemeinnützigen und ehrenamtlichen Tätigkeiten führen.

Technischer Fortschritt, insbesondere Künstliche Intelligenz
Künstliche Intelligenz wird mit Sicherheit auch arbeitsmarktentlastend wirken, weil viele Prozesse beschleunigt werden können. Allerdings stehen wir mit dieser Entwicklung erst am Anfang, so dass vieles noch nicht abschließend beurteilt werden kann (personalmagazin 09/24, Fastenroth/Jochmann 2024). Letztlich können auch positive Arbeitsmarkteffekte entstehen.

Vielleicht lässt sich aus der Summe der aufgezählten Effekte folgende Vision entwickeln, die auf der Annahme beruht, dass in den nächsten 30 bis 50 Jahren weltweit der demografische Wandel seine Wirkung entfalten wird:

- In der ersten Phase werden ausländische Fachkräfte bei uns ausgebildet. Später können Sie als interkulturelle Botschafter zwischen dem Herkunftsland und Europa pendelnd tätig werden und evtl. auch zurückkehren.
- Der technische Fortschritt wird in allen Ländern Einzug halten. In den jüngeren Ländern evtl. schneller als in den klassischen Industrienationen. Die zunächst rationalisierende Wirkung ist ja unbestritten.
- Das wäre dann auch die Basis, dass einerseits Arbeitslosigkeiten sukzessive eingedämmt und andererseits mit Hilfe des technischen Fortschritts gleichzeitig genügend Spielraum für Zeit und Muße entsteht, ganz im Sinne von Frithjof Bergmanns Vorstellung von New Work. Dabei wäre es gut, wenn KI auch für die prekären Berufe entlastend wirken könnte. Insofern könnten Industrieroboter, vergleichbare Geräte z.B. in der Kranken- und Altenpflege und nicht zuletzt das autonome Fahren helfen, um schwere Arbeit zu erleichtern. Dabei

wäre es spannend, die Entwicklung in anderen Dienstleistungsbereichen wie der Gastronomie hier zu verfolgen.

- Aber leider trüben einige aktuelle Erscheinungen dieses schöne Bild:
  - Zölle der US-amerikanischen Regierung und darauf folgende Gegenmaßnahmen behindern die globale Wirtschaftsentwicklung
  - Gegen Flüchtlingsbewegungen werden Schutzzäune und andere Abwehrmaßnahmen eingeführt, die sich negativ auf die erforderliche Auswahl von qualifizierten Einwanderern auswirken.
  - Und last but not least sind insbesondere Europa und die Mitglieder der EU von digitaler Souveränität noch weit entfernt. Obwohl ein Aufwachen festzustellen ist, besteht nach wie vor die Gefahr, dass US-amerikanische und chinesische Unternehmen die Führerschaft nicht mehr zu nehmen sein wird.

Hoffentlich wird die soeben beschriebene Vision also nicht auch zum Mythos. Aber eine Mode ist sie allerdings auch noch nicht.

Problemlösungs-Szenario II: Utopien und Mythen bezüglich der Work-Life-Balance?

Ein zweites Szenario neben der langfristigen Lösung des demografischen und des technologischen Wandels betrifft die Work-Life-Balance. Sie ist der Schlüssel für viele Problemfelder. Sie betrifft die gemeinsame Betreuung und Erziehung von Kindern, die Arbeitsteilung im Beruf, in der Familie oder Lebenspartnerschaft, damit verbunden die Beseitigung oder Abmilderung des Pay Gaps und letztlich neben der Kinderbetreuung auch die Mitwirkung bei der Pflege der Älteren in der Familie.

- Kinderbetreuungsträume
  Die zurzeit sich eingependelte Verteilung der Kindererziehungszeiten zwischen den Partnern in der Familie, einer Lebensgemeinschaft oder einer Patchworkgruppe zwischen den weiblichen und den männlichen Mitgliedern von 5/6 zu 1/6 kann so nicht bleiben, wenn bei der Kinderbetreuung, der Haus-

arbeit und der Care-Arbeit Gleichberechtigung angestrebt werden soll. Was würde aber so eine Gleichverteilung bedeuten?

- Doppelkarrieren – Möglichkeiten und Grenzen
  In den Organisationen von Wirtschaft und Verwaltung müOte auf allen Hierarchieebenen die besagte Gleichstellung vorliegen. In vielen Organisationen ist diese Situation allerdings nur auf den unteren Hierarchieebenen gegeben. Nach oben wird die Luft immer dünner. Dabei bedeutet Gleichverteilung nicht unbedingt, dass diese auch in der Familie und im Haushalt bezüglich Haus- und Care-Arbeit praktiziert wird.
- Zweite Karriere? Möglichkeiten und Grenzen
  Auch Führungskräfte müssen konsequenterweise Teilzeit arbeiten können, wie auf den anderen Ebenen auch. Auch eine zweite Karriere muss im Berufsleben möglich sein. Aber wird sie auch wirklich gewollt, von beiden Seiten?
- Sabbaticals
  Der Langzeiturlaub würde die Möglichkeit geben, sich neu in Beruf und Familie neu zu positionieren. Konstruktive Beispiele gibt es bereits. Aber an der Umsetzung hapert es, und zwar insbesondere aus finanziellen und aus zeitlichen Gründen sowie an möglichen Synchronisierungsproblemen innerhalb einer Partnerschaft.
- Altenpflege
  Diese tickende Zeitbombe muss auch gemeinschaftlich angegangen werden. Faktisch kümmern sich die Frauen eher um diese Aufgaben bis hin zu osteuropäischen Frauen, die von Pflegediensten vermittelt werden und dann jeweils für mehrere Monate ihre Familie zu Hause lassen müssen. Tatsächlich werden zusätzlich noch viele Pflegeheime gebraucht, deren Finanzierung erst einmal bewältigt werden muss.

Eine überzeugende Work-Life-Balance gibt es tatsächlich nach wie vor leider recht selten. Bleibt Sie ein schöner Traum? Mit gutem Willen und visionärer Tatkraft sollte man die Hoffnung nicht aufgeben. Packen wir es an, damit es keine Mode bleibt und auch nicht wieder zum Mythos wird! Moden muss man verstehen und einschätzen, um sie richtig nutzen zu können.

Literatur

Wozu dieses Buch?

Meyerhoff, Joachim: Wann wird es endlich wieder so, wie es nie war, Köln 2015

I Zwölf Thesen zu Moden und Mythen im (Personal)-Management

Bleicher, Knut: Perspektiven für Organisation und Führung von Unternehmungen, Baden-Baden, 1971
Dreyer, Lianara, Ottaiano, Michael, Ferdinand, Jonas: Mangelware Arbeitskraft, WZB-Mitteilungen, Heft 186, Dezember 2024, S. 51-54
Felder, Rupert: weniger Papier, mehr Fortschritt: personalmagazin 08/24, S. 30ff.
Griggs, David et al.: Policy: Sustainability development goals for people and planet, Nature 2013, S. 305–307
Jann, Werner: Klempner, Ingenieure oder Wissenschaftler? Zur Rolle der Verwaltungswissenschaft in der Politikberatung. In: Politik und Verwaltung. Verstehen und Verändern, hrsg. v. Hafner, Jonas et al. Frankfurt am Main 2025, S. 41–64
Johansen, Robert: Leaders make the Future, San Francisco 2012
Kieser, Alfred: Moden und Mythen in der Organisation, DBW 1996, S. 21–36
Kocka, Jürgen: Geschichte des Kapitalismus, 4. Aufl., München 2024
Macharzina, Klaus, Wolf, Joachim: Unternehmensführung, 9. Aufl. Wiesbaden, 2010
Meadows, Dennis: The Limits to Growth, Cambridge, Mass. 1972; Die Grenzen des Wachstums, 9. Aufl., Leipzig 2024
Moser, Philipp-Johann: Was Hunger mit den Menschen macht, Die Zeit Nr. 35/2025, S. 30
Pichler, Martin: Moden kommen und gehen, personalmagazin 04/24, S. 47ff.
Rudzio, Kolja: Das bißchen Bürokratie? Kostet 146 Milliarden, Die Zeit Nr. 8/2025, S. 19
Schmeisser, Wilhelm (Hg.): Technologiemanagement und Innovationserfolgsrechnung, München, 2010
Sombart, Werner: Das Lebenswerk von Karl Marx, Jena 1909

II Historische Rückblicke

Barnard, Chester; The Functions of the Executive, Cambridge/Mass. 1938
Becker, Gerhard, Kistler, Ernst: Bismarcks Sozialgesetze, Bundeszentrale für politische Bildung, Bonn 2024
Beer, Stafford: The Heart of Enterprise, New York 1974
Bertalanffy, Ludwig v.: General Systems Theory, New York 1968
Bleicher, Knut: Das Konzept Integriertes Management, Frankfurt a.M., New York 2004
Bosetzky, H.: Der König vom Feuerland, Berlin 2011
Cyert, Richard M., March, James P.: A Behavioral Theory of the Firm, 2. Aufl. New Jersey 1992

Elbe, Martin, Richter, Gregor: Militär, Organisation und Institution, Wiesbaden 2023
Fayol, Henri: Administration industrielle et generale, Paris 1916
Ford, Henry: Mein Leben und Werk, Hanau 2014
Frese, Erich: Grundlagen der Organisation, 5. Aufl., Wiesbaden 1993
Furkel, Daniela, Rech, Gregory: KI-Werkzeuge für die Praxis, personalmagazin 04/24, S. 32–34
Gulick; Luther: Principles of Organizations, National Municipal Review, July 1925, S. 400ff.
Gulick, Luther, Urwick, Lyndall: Papers on the Science of Administration, New York 1987
Hartmann, Philipp: Eine Reise ins historische „Silicon Valley“ von Berlin, Berliner Morgenpost Nr. 2/2025, S. 20
Hammer, Michael, Champy, James: Business Process Reengineering, 5. Aufl. Frankfurt, New York 1995
Homans, George: Social Behavior as Exchange, AJS 1958, S. 597–606
Holtermann, Felix et al.: KI für Roboter und selbstfahrende Autos, tagesspiegel, 8.1.2025, S. 17
Kaplan, Robert S., Norton, David P.: Balanced Scorecard, Stuttgart 2024
Kieser, Alfred, Walgenbach, Peter: Organisation, Stuttgart 2010
Kirsch, Werner: Einführung in die Theorie der Entscheidungsprozesse, Wiesbaden 1977
Kühl, Stefan: Schattenorganisation, Frankfurt, New York 2023
Luhmann, Niklas: Soziale Systeme, Frankfurt am Main, New York 1984
March, James P., Simon, Herbert A.: Organizations, 2. Aufl. 1993,
Mandel, Ernest: Entstehung und Entwicklung der ökonomischen Lehre von Karl Marx, Reinbek bei Hamburg 1983
Parsons, Talcott: The Social System, Glencoe 1981
Pierre, Jolly: DuPont de Nemours, Wilmington 1977
Planet wissen: die Geschichte der Gewerkschaften, 2.3.2023, 1/10 bis 10/10
Pugh, D. S., Hinings, C. R., Turner, C.: Dimensions of organizational structure, ASQ 1968, S. 65–105
Pyhrr, Peter A.: Zero Base Budgeting, New Jersey 1973
Roethlisberger, Fritz Jules, Dickson, W.J.: Management and the Worker, Cambridge/Mass. 1939
Maslow, Abraham: Motivation and Personality, New York 1954
Neumann, John von, Morgenstern, Oskar: Spieltheorie und wirtschaftliches Verhalten, Würzburg 1967
Odiorne, George S.: Management by Objectives, New York 1965
Range, Thomas: Mensch mit Maschine, pesonalmagazin 07/2023, S. 18–22
Ricardo, David: Über die Grundsätze der politischen Ökonomie und der Besteuerung, Marburg 2006 (London 1817)
Sauer, Michael, Operations Research compact, München 2009
Schreier, Anna-Elisabeth, Wex, Manuela: Chronik der Hoechst Aktiengesellschaft 1863-1988, Lindenberg 2009
Schreyögg, Georg: Organisation, Wiesbaden 2003
Simon, Cord: Entrepreneurship im Kapitalismus, Marburg 2025
Schwarz-Gruppe, Interview, Die Zeit vom 24.12.24: Wir gehören zur kritischen Infrastruktur, S. 20
Senge, Peter: The Fifth Discipline, New York 1994
Smith, Adam: Der Wohlstand der Nationen, Leipzig 1776 (London 1776)
Staehle, Wolfgang H. et al.: Management, 9. Auflage, München 2025
Taylor, Frederick W.: Principles of Scientific Management, New York 1911
Ulrich, Hans: Die Unternehmung als produktives soziales System, Bern 1968
Vester, Frederic: Das kybernetische Zeitalter, Frankfurt 1974
Watts, Steven: The People's Tycoon, New York 2006
Weinert, Arnsfried B., Organisations- und Personalpsychologie, Weinheim 2004

Wendt, Wolf-Rainer: Geschichte der sozialen Arbeit I, Die Gesellschaft vor der sozialen Frage, 5. Aufl. Stuttgart 2008
Wagner, Dieter Organisation, Führung, Personalmanagement, 2. Aufl. Freiburg i. B., 1991
Wallraff, Bernd, Broßmann, Felix: KI größer denken, personalmagazin 07/24, S. 33ff.
Weber, Max: Wirtschaft und Gesellschaft, Frankfurt 1972
Wildenmann, Horst: Wissensmanagement, München 2003
Wittendorfer, Frank et al.: Siemens, Berlin 2010
Wolk, Roland de: American disruptor, Oakland California 2019
Womack, James P., Jones, Daniel T., Roos, Daniel: Die zweite Revolution in der Automobilindustrie, Frankfurt a.M. 1991
Zander, Ernst: Handbuch der Gehaltsfestsetzung, 5. Aufl. München 1990

III Die soziale Frage und der Wertewandel

Allmendinger, Jutta: Das Land, in dem wir leben wollen, München, 2017
Baurmann, Jana Gioia: Hier lenken alle mit (Opel-Hoppmann), Die Zeit 49/2024, S. 30
Bemmer, Ariane: Die ignorierte Generation X, tagesspiegel, 25.10.26, S. 6–7
Bergmann, Frithjof: Neue Arbeit, neue Kultur, Freiburg i.B., 2017
Engels, Friedrich: Die Lage der arbeitenden Klasse in England, Leipzig 1845
Gaitanides, Michael: Prozessorganisation, München 2007
Gekeler, Senta: Grenzenloses arbeiten, personalmagazin, 08/24, S. 54ff.
Gekeler, Senta: Was Unternehmen für die Deskless Workforce tun, personalmagazin 06/25, S. 28–31
Generation Z: Mitbestimmung, Die Zeit, Spiegel
Goddar, Jeanette: Die Mär vom faulen Azubi, Mitbestimmung N.4, August 2025, S. 26–29
Hammermann, Andrea: Resilienz: Gesund und erfolgreich in unsicheren Zeiten, PQ 04/24, S 20–25
Herbst, Uta: New Work in Brandenburg, Studie Universität Potsdam 2025
Hofstede, Geert: Cultures' Consequences, 2. Aufl. London 2001
Inglehart, Ronald: The Silent Revolution, Princeton 1977
Klenze, von, Maximilian: Generation Z will höheres Gehalt, PNN, 15.4.2025, S. 8
Maisch, Fabian: Die spannende Frage nach dem „Warum“ personalmagazin 07/24, S. 60–62
Maschmeyer, Beiersdorf, 4-Tage-Woche, Materialien Teilzeit, Workations AuA, 12/24, S. 42
Neuberger, Oswald, Kompa, Ain: Wir, die Firma, Weinheim 1987
Noelle-Neumann, Elisabeth, Strümpel, Burkhard: Macht Arbeit krank? Macht Arbeit glücklich, München, Zürich 1984
Peters, Thomas, Watermann, Robert H.: Auf der Suche nach Spitzenleistungen, Frankfurt am Main 1982
Planet Wissen: die Geschichte der Gewerkschaften, WDR 2.3. 2023
Rech, Gregoy: Präsenzarbeit muß besser werden, personalmagazin 06/24, S. 21–24
Rennefanz, Sabine: Die wahre Einheitsgeneration?, tagesspiegel 1.11.2025, S. 24
Rietze, Sarah, Zacher, Hannes: Healthy New Work: Auswirkung agiler Arbeit auf die psychische Gesundheit, PQ 01/23, S. 32–38
Sauerwein, Uwe: Wenn die Radikalisierung schleichend verläuft, Berliner Morgenpost 23.8.2025, Kultur
Schmicker, Sonja, Wagner, Dieter (Hg.): Der flexible Personaleinsatz, Aachen 2014
Sen, Amatya: Development as Freedom, New York 1999
Thinius, Max: Warum arbeiten wir?, AuA 5/24, S. 24–26
Ulich, Eberhard: Arbeitspsychologie, 7. Aufl., Zürich 2011
Unger, Christian, Richter, Carlotta: AfD kapert Hausfrauentrend, Berliner Morgenpost 5.7.2025, Politik 3
Wagner, Dieter et al.: Frithjof Bergmann in Brandenburg, PERSONALQuarterly 04/21, S. 50–51

IV Personalführung

Andersen, Kay: Work Different, personalmagazin, 06/24, S. 14–15
Barthel, Anna, Buengeler, Claudia: Wer dient, gewinnt, personalmagazin 04/24, S. 45–48
Bass, Bernhard M.: Leadership and Performance Beyond Expectations, New York 1985
Becker, Manfred: Personalentwicklung, 7. Aufl., Stuttgart 2023
Blake, Robert, J. Mouton: The Managerial Grid, Houston 1964
Cameron, Esther, Green, Martin: Making Sense of Change Management, London 2009
Felfe, Jörg (Hg.): Handbuch Mitarbeiterführung, 2. Aufl. Heidelberg 2024
Greenleaf, Robert K.: Servant Leadership, New York 1977
Gute Führung, schlechte Führung AuA 5/24
Hannebauer, Ninja: Executive Coaching, Diss., Potsdam 2026
Heinen, Edmund: Grundlagen betriebswirtschaftlicher Entscheidungen, 3. Auflage, Wiesbaden 1976
Hesse, Frederik, Bruch, Heike: New-Leadership-Kompetenzen, personalmagazin 11/21, S. 54–58
Höhn, Rainhard: Führung mit Stäben in der Wirtschaft, Bad Harzburg 1961
House, Robert et al.: Culture, Leadership, and Organizations, The Globe Study of 62 Societies, Los Angeles 2004
Hornung, Stefanie: Die neue Härte, personalmagazin, 09/25, S. 22–25
Krüger, Wilfried: Organisation der Unternehmung, 3. Aufl. Stuttgart, 1994
Lang, Reinhard, Genkova, Petra (Hg.): Handbuch Globale Kompetenz, Wiesbaden 2024
Mentzel, Wolfgang: Personalentwicklung, 5. Aufl. München 2018
Mintzberg, Henry: Strategie Safari, Frankfurt am Main 2005
Moderne Führungsmethoden, AuA S. 38–41
Palmer, I., Dunford R., Atkin, G.: Managing Organizational Change, Boston 2006
Odiorne, George S.: Management by Objectives, London 1965
Pause, Christoph: Keine schlechte Führung ohne schlechte Gefolgschaft, personalmagazin 11/2024, S. 34–35
Personalmagazin 09/25: Kommt die autoritäre Führung wieder zurück?
Picot, Arnold: et al.: Organisation, 9. Aufl., Stuttgart 2020
Rohwetter, Marcus: Beim nächsten Chef wird alles anders. Die Zeit 36/25, S. 19
Rusinek, Hans, Beschorner, Thomas: House of Change, pesonalmagazin 01/25, S. 32–36
Schäfer, Celine: Wenn die Chefin den Diener macht, Die Zeit Nr. 27/2025, S. 22
Schein, Edgar: Organisational Culture and Leadership, San Francisco 1985
Schermuly, Carsten, C.: Empowerment statt autoritärer Führung, Arbeit und Arbeitsrecht, 5/25, S. 7
Schermuly, Carsten C.: New Work, Gute Arbeit gestalten, Freiburg i. B., 2016
Schlage, Timo: Coachingtechniken, personalmagazin 02/25, S. 38ff.
Seligman, Martin E.P.: Helplessness, San Francisco 1975
Servant Leadership, Wenn die Chefin den Diener macht, Die Zeit
Tannenbaum, Robert Schmidt: How to Choose a Leadership Pattern, HBR 1973, S. 95–103
Timmerberg, Helge: Reinhold Würth: der Herr der Schrauben, München 2020
Tönnesmann, Jens: Der Chef, der die Chefs abschafft, Die Zeit 29/24, S. 20
Trompenaars, Fons: Riding the Waves of Culture. New York 1991
Wunderer, Rolf: Führung und Zusammenarbeit, 5. Aufl. Neuwied 2007

V Personalmanagement im Wandel

Arbeit trotz Rente? Mitbestimmung Individuelles Recht auf Weiterbildung
Beck, Christoph, Ullrich, Felicia: Orientierung und niedrige Hürden, Azubi-Recruiting-Trend, personalmagazin 08/24
Becker, Manfred: Personalentwicklung. In: Wagner, Dieter (Hg.): Praxishandbuch Personalmanagement
Diversity-Management, personalmagazin 08/22
Doye, Thomas: Performance Management. In: Wagner, Dieter (Hg): Praxishandbuch Personalmanagement
Eck, Klaus: Mitarbeiter als Influencer, personalmagazin 07/24, S. 28ff.
Grawert Achim: Achim Deferred Compensation, Bachem 1998
Grawert, Achim: Betriebliche Personalzusatzleistungen im Entgeltmanagement. In: Wagner, Dieter (Hg.): forthcoming, 2026.
Grawert, Achim, Deferred Compensation. In: Wagner, Dieter (Hg.): forthcoming, 2026.
Günther, Oliver: Die diverse Universität, Wien 2025
Heese, Claudia et al.: Wie Führungskräfte effektiv Inklusion und Kreativität in diversen Teams fördern können, PERSONAL Quarterly 01/24, S. 18–25
Flexibler Rentenübergang, Personalmagazin 05
Goecke, Friedrich: Mehr Geld für weniger Arbeit, personalmagazin 06/24, 62–65
Groffy, Greta, Rebbe, Nils: Bürokratiemonster oder Geldsegen (Qualifizierungsgeld), personalmagazin 08/24, S. 58–60
Hamscha, Susanne, Wondrak, Manfred: von Diversität zu Inklusion, pesonalmagazin 12/23, S. 16–19
Hamm, Ingo: Kettensprenger, Vahlen, München 2025
Hornung, Stefanie: Mehr Verwirrung als Transparenz, personalmagazin, 04/24, S. 16–18
Kerkmann, Christian: SAP bewertet künftig das Verhalten, tagesspiegel 21
Kowatsch, Wolfgang: Echte und vorgeschobene Barrieren in Unternehmen, personalmagazin 03/21, S. 20–23
Krell, Gertraude, (Hg.): Chancengleichheit durch Personalpolitik, 5. Auflage, Wiesbaden 2008
Kröger, Jens: Vergleichbarkeit von Kulturen, Hofstedes Kulturdimensionen
Krankenstand auf Rekordniveau, personalmagazin 03/2025
Müller, Claudia: Alt, aktiv, arbeitsfähig, personalmagazin 05/2025, S. 16–18
Pan Yaling: Diversitätsmanagement chinesischer Unternehmen in Deutschland, Interkulturelles Forum deutsch-chinesischer Kommunen, 2021 (1), S. 104–129
Personalabbau mit Transfermaßnahmen, Interview, AuA 9/25, S. 28–32
Produktivität braucht Gesundheit, personalmagazin 07/25
Rihn, Henning, Stein, Markus: Trennungskultur, AuA 8/25, S. 28–32
Schabel, Frank: Outplacement, personalmagazin 06/24, S. 57–61,
Seisreiner, Achim: Personalplanung. In: Wagner, Dieter (Hg.): Praxishandbuch Personalmanagement
Sepehri, Peyvand: Wahrnehmung von Diversity in international tätigen Unternehmen, München 2002
Social Media und Personalarbeit, personalmagazin Schwerpunkt 06/2026
Straub, Rainer: Recruiting als Königsdisziplin, personalmagazin 04/23, S. 3
Vormann, Claus: Mit Mut zu Transarenz, personalmagazin 05/24
Wagner, Dieter: Organisation, Führung, Personalmanagement, 2. Aufl. Freiburg i. B. 1991
ders.: Personalfunktion in der Unternehmensleitung, Wiesbaden 1994
ders.: Handbuch Personalpraxis, 3. Auflage, München 2026
Wagner, Dieter, Grawert, Achim: Sozialleistungsmanagement, München 1993

Weiterbildung Bosch, personalmagazin 12/2021
Wirtschaftlicher Erfolg, Produktivität, personalmagazin 01/25
Zielvereinbarungen, AuA 1/25, S. 9ff

VI Future of Work

Ausbildungslücke? Selbst schuld, FAZ 26.8.2014
Beck, Christoph, Ulrich, Felicia: Orientierung und niedrige Hürden: personalmagazin 08/24, S. 46–48
Brinck, Christine: warum immer mehr Studenten scheitern, bevor das Studium richtig beginnt, Die Welt, 20.10.25
Fastenroth, Lukas, M., Jochmann, Walter: Künstliche Intelligenz und ihre Auswirkung auf die Personalfunktion, BPM, Kienbaum 2024
Fuchs, Johann, Söhnlein, Doris, Weber, Brigitte: Demografische Entwicklung lässt das Arbeitskräfteangebot stark schrumpfen, IAB-Kurzbericht, 25/2021, S. 1ff.
Frintrup, Andreas: Berufliche Integration von Flüchtlingen und Migranten, Heidelberg 2018
Funkel, Daniela: Neue Ansätze für die betriebliche Bildung, personalmagazin 02/25, S. 16
Grotendorst, Andrea: Personalmanagement im Ehrenamt: München 2016
Hirschauer, Miriam Marie: Arbeitsverweigerung oder Arbeitsentzug, München 2019
IAB 1/2016, Hürdenlauf, der Weg aus der Langzeitarbeitslosigkeit, München 2016
KI und Arbeitsmarkt, AuA, 7/25
Kocka, Jürgen: Zukunft des Sozialstaates, tagesspiegel 15.1.2025
Meier-Braun, Karlheinz, Reinhold Weber (Hg.): Deutschland Einwanderungsland, 3. Auflage, Stuttgart 2017
Morgen, personalmagazin 09/24
Nachhaltigkeit, personalmagazin 2024/1
Regnet, Erika: Frauen ins Management, Göttingen 2017
Schabel, Frank: Neu geerdet zum neuen Job, personalmagazin 06/24, S. 56–61
Schröder, Tobias: kommunale Fachkräftesituation Potsdam, Projektbericht, FH Potsdam
Stähler, Thomas P: Inklusion behinderter Arbeitnehmer, Neuwied, 2013
Sterz, Karin: Ältere Mitarbeiter:Innen im Unternehmen, München 2019
Tieben, Nicole: Studienverlauf, Verbleib und Berufsstatus von Studienabbrecherinen und Studienabbrechern, BIBB, Tübingen 2016